U0499416

本书受到云南省哲学社会科学学术著作出版专项经费资助
本书为作者在云南民族大学博士后流动站期间科研成果

纳西族东巴及其
文化实践研究

——以云南省玉龙县鲁甸乡新主村为例

朱永强 ◎ 著

中国社会科学出版社

图书在版编目（CIP）数据

纳西族东巴及其文化实践研究：以云南省玉龙县鲁甸乡新主村为例 / 朱永强
著. —北京：中国社会科学出版社，2020.5
ISBN 978-7-5203-6262-7

Ⅰ. ①纳… Ⅱ. ①朱… Ⅲ. ①东巴文–研究②纳西族–民族文化–研究–玉
龙纳西族自治县 Ⅳ. ①H257②K285.7

中国版本图书馆 CIP 数据核字（2020）第 059465 号

出 版 人	赵剑英	
责任编辑	任　明	
责任校对	李　剑	
责任印制	郝美娜	

出　　版	中国社会科学出版社	
社　　址	北京鼓楼西大街甲 158 号	
邮　　编	100720	
网　　址	http://www.csspw.cn	
发 行 部	010-84083685	
门 市 部	010-84029450	
经　　销	新华书店及其他书店	

印刷装订	北京君升印刷有限公司
版　　次	2020 年 5 月第 1 版
印　　次	2020 年 5 月第 1 次印刷

开　　本	710×1000　1/16
印　　张	16.75
插　　页	2
字　　数	256 千字
定　　价	88.00 元

凡购买中国社会科学出版社图书，如有质量问题请与本社营销中心联系调换
电话：010-84083683

摘　要

　　纳西族主要聚居在中国西南部云南省丽江市境内，云南迪庆、四川凉山和西藏等地也有分布，总人口约为 30 万人。在地域上与藏、白、彝、普米、傈僳等少数民族相互依存，并与中原地区保持着密切的政治与文化联系，由此，在漫长的历史发展过程中纳西族形成了兼容并蓄、多元共存、与时俱进又能保持自身主体性的文化特征。东巴文化作为纳西传统文化的核心组成部分，对纳西族文化体系的构建起到了重要作用，如今也对区域稳定和谐发挥着积极意义。

　　纳西族有自己的语言文字，东巴文被外界誉为"世界上唯一活着的象形文字"，以之为载体书写的东巴经被列入联合国教科文组织"世界记忆遗产名录"。现存世的约 1400 册经书涉及了纳西族的传统宗教、文学、艺术、农事、建筑、历法、医药等领域，故被称为纳西族农业社会发展时期的"百科全书"。东巴文字与经书的掌握和传承者被称为东巴，是纳西族东巴教的祭司。在旧时，东巴祭司的身份以家族/家庭血缘传承的方式获得。然而在 20 世纪中叶，东巴文化遭到了毁灭性的打击，祭司的文化传承基本中断。90 年代以后，由于政府文化政策的调整和地方文化精英的努力，东巴文化发展迎来了转机，东巴典籍编译等文本抢救性保护取得了卓越的成效。

　　21 世纪初，随着丽江旅游业的发展，东巴文化作为一种文化资源广受追捧，民间仅存的东巴祭司大都被邀请到城市参与旅游业服务，受到经济利益的驱使，很多具有东巴家族血缘的年轻人重新加入学习东巴文化的队伍，东巴文化因此而掀起热潮。然而，旅游业在掀起东巴文化热潮，使传统文化受到外界广泛关注的同时，纳西族社区的传统经济发展模式也在全球化进程中转型，东巴文化的存在基础在发生改变。作为东巴文化的持有者，东巴在这样的社会变革中如何进行文化实践？如何定位自己？如何传承文化？本书基于对以上问题的思考而撰写，全书共分为七个章节。

　　绪论指出本文的研究背景和意义，梳理前辈学者的相关研究。第一章：鲁甸新主概况，交代田野点自然和人文环境。第二章：东巴家族的古与今，包括对新主村东巴文化发展历史的追溯和对当前祭司群体的描述。第三章：东巴与传承，对群体不同时期的东巴文化教学传承进行叙述。第四章：东巴与仪式，对群体的仪式实践做了阐述。第五章：东巴之间及"他者"，从不同视角对东巴群体内部关系进行梳理。结语分析东巴群体文化实践与"文化自觉"的关联，指出群体文化实践中存在的问题和不足。

通过研究我们发现，新时期的新主村东巴群体通过传统文化的教学传承和村落日常仪式组织，开展文化实践活动，取得了一系列成功的经验，新主村也因此成为纳西族地区传统文化复兴的代表性区域。其中，东巴祭司扮演了关键的角色，正是在祭司群体文化自觉的基础上，东巴文化的主体性才得以回归，而这也带来了东巴文化的复兴。

Abstract

The Naxi ethnic group mainly lives in the southwest of China,and most of them live in the city of Lijiang, Yunnan Province. Also Liangshan Prefecture of Sichuan, Tibet and other places also have the ethnic group. The total population is about 300000. In the region, the peoples of Naxi,Tibetan, Yi, Bai,Pumi, Lisu and other ethnic minorities are interdependent with each other. Thus, in the course of the long history, the Naxi has formed a compatible and multi-coexistence feature, and can maintain the characteristics of self-cultural subjectivity, advancing with the times. As a core component of Naxi traditional culture, Dongba culture has played an important role in the construction of the Naxi culture system , and now also play a positive role in regional stability and harmony.

Naxi has its own language, and Dongba text was known as the "world's only living hieroglyphics", with which *the Dongba Scripture* was included in the UNESCO's "World Memory Heritage List." About 1400 existing books cover the Naxi's traditional religion, literature, art, agriculture, architecture, calendar, medicine and other fields, and they are known as the "encyclopedia" of Naxi's agricultural society period. The person who has the mastery and inheritance of the words and scriptures of Dongba is known as Dongba, and he/she also is the priest of the Naxi tribe. In the old days, the identity of the Dongba priest was obtained in the form of family / family blood. However, in the middle of the last century, Dongba culture was devastated, and the priest cultural heritage was basically interrupted. After the 1990s, due to the adjustment of the government's cultural policy and the efforts of the local cultural elite, the development of Dongba culture ushered in a turn for the better, Dongba Classics' compiling and other text rescue protection has achieved remarkable results.

At the beginning of this century, with the development of tourism in Lijiang, as a cultural resource, Dongba culture has been widely promoted, and the only remaining Dongba priests are invited to the city to participate in tourism services. Driven by economic interests, many young people with the Dongba family blood have rejoined to learn Dongba culture team, and Dongba culture has boomed again. However, the tourism industry has lifted the upsurge of Dongba culture, and close attention has been paid to traditional culture widely. At the same time, the traditional economic development model of the Naxi community has also been transformed in the process of globalization, and the existing base of Dongba culture has been changed. As a holder of the Dongba culture, how does a Dongba practise culture in such social change? How does he position himself? How to inherit culture? Based on thinking about the above questions, the paper is divided into seven parts.

The first part is Introduction, in which the background and significance of this paper is pointed out, combing the relevant research of the older scholars. The second part covers the profile of Ludian's Xinzhu Village, and the account of the field's natural and human environment. The third part includes the account of the ancient and present of the Dongba family, containing the history of the Xinzhu Village's Dongba culture and the description of the current group of priests. The fourth part is about Dongba and inheritance, in which the different periods of the Dongba culture teaching heritage is described. Part fifth is Dongba and its rituals, consisting of the elaboration of the ritual practice of the group. Part sixth is to talk about the relationships between Dongba and the others, and to sort out the internal relations of the Dongba group from different perspectives. The seventh part is Conclusion, analyzing the association of Dongba group's cultural practice with "cultural consciousness", pointing out that problems and shortcomings of the group cultural practice .

Through the study, we find that the Dongba group's cultural experience of the Xinzhu Village has achieved a series of success through the traditional culture's teaching and the village's daily ritual organization in carrying out cultural practice, thus the Xinzhu Village has become one representative area of the revival of traditional culture of the Naxi area. Among them, the Dongba priest played a key role, and it is on the basis of priest group's culture consciousness that the Dongba culture's subjectivity has been able to restore, which also brought the revival of Dongba culture.

Key Words:　Dongba　Ritual　Cultural practice

目　录

绪　论

前辈研究者普遍认为，纳西族源于甘青高原河湟地带，为古羌部落的后裔，后沿岷江、雅砻江迁徙至金沙江流域，在与当地土著民族结合后逐步形成如今以丽江市玉龙纳西族自治县和古城区为核心的聚居区，区域纳西族人口占全国纳西族总人口的 65%以上。此外，云南香格里拉、宁蒗、维西，四川木里、盐边、盐源，西藏芒康、巴塘等地也有纳西族分布。据2000 年人口普查数据显示，纳西族人口为 30.88 万人①。在长期的生产生活实践中，纳西族先民创造发展出一套人与自然和谐共处的文化模式，随着以工业化和信息化为代表的全球化的推进，纳西族传统文化也经历着挑战和变迁。

一　选题背景和意义

（一）选题背景

1. 社会背景

20 世纪末至 21 世纪初，在中国西南地区的丽江发生了一系列的事件，它们对生活在这一区域的民族及文化产生了诸多的影响。1996 年 2 月 3 日，云南省丽江县②发生了里氏 7.0 级地震，伤亡人数 1.4 万人，其中死亡 245人，纳西族这个近 30 万人口的民族受到国内外的广泛关注。2001 年，丽江全年旅游业接待人数为 322.1 万人，2010 年达到 909.97 万人，2015 年，这个数据增长到 3055.98 万人。③1997 年 12 月，丽江古城申报世界文化遗产获成功，2003 年 8 月，纳西东巴古籍文献被列入世界记忆遗产名录，2006年 2 月，纳西族东巴画入选首批国家级非物质文化遗产名录。2004 年，丽江玉龙纳西族自治县鲁甸乡新主村东巴文化学校开始筹建，2008 年，新主村恢复了该村中断近 50 年的祭天仪式，2011 年，全市第一个非物质

---

① 《纳西族》，2015 年 7 月 27 日，http://www.gov.cn/guoqing/2015-07/27/content_2903126.htm，2016 年 11 月 25 日。

② 2002 年原丽江地区改为丽江市，原丽江纳西族自治县分为玉龙纳西族自治县和古城区。

③ 丽江市统计局：《丽江市 2015 年国民经济和社会发展统计公报》，2016 年 4 月 16 日，http://www.tjcn.org/tjgb/201604/32793_3.html，2016 年 11 月 25 日。

文化遗产基地——丽江市东巴文化保护传承基地在新主村东巴文化学校正式挂牌，2015 年，新主村东巴文化学校组织东巴开展百卷千册东巴经书的抄写工作，2016 年，新主村被列入云南省第三批省级非物质文化遗产保护传承基地名单。从这些看似毫无相关性的数据和事件中，我们大致可以得到以下三个方面的信息：旅游业成为丽江经济发展的支柱产业，纳西东巴文化受到外界的关注和认可，新主村的民族文化保护传承工作正在进行。从时间轴上看，以上三者近乎是平行的，都发生在过去的 20 年，从空间上，类似经历可以延伸到整个西南少数民族地区乃至整个中国民族地区。过去 20 年对于中国民族区而言，是风云突变的 20 年，长期以来过分追求经济增长速度忽视文化建设的社会发展模式在极大地改变了地区物质文化的同时，在一定程度上颠覆着民族地区传统文化的生长根基和价值观念。部分地区传统经济模式的被动改变不仅未能带来物质文质水平的改善，建构于民族地区特殊生态环境之上的文化体系正面临着转型或瓦解。经济全球化、西方主流文化入侵带来的风险丝毫不亚于半个世纪之前的文化浩劫，制度保障的缺失、资源占有不平衡、利益分配的不均衡等外因加上传统文化本身的内敛性以及缺乏自我保护机制等因素，导致部分民族文化原生地、文化传统和传统文化持有者在一定程度上丧失主体性，失去话语权，逐渐沦为各级政府、文化部门和企业获取政治、文化和经济利益的工具。

　　在过去 20 年的发展过程中，纳西族这个至今仍保留并使用本民族语言、文字和典籍的古老民族，有相当一部分人投身以传统文化开发和自然资源攫取为代价的旅游业中。在这个过程中，东巴文化的利用价值被发挥到极致，游客所到之处，皆有以"东巴"或"东巴文化"冠名命名的旅游产品和服务，几乎到了"全民皆旅游""满城皆东巴"的地步。这不仅使得外来的游客接触到了独特的文化传统，也让很多纳西人近距离地观察和感受到了传统文化的魅力。值得肯定的是，传统文化通过旅游业的带动，在一定的时间和空间范围内有了复苏的迹象，但是在过多地背离文化土壤、过分外界干扰之后，也带来了它的畸形发展。举一个简单的例子，目前丽江古城及周边店铺的铭牌都要求用汉字和东巴象形文字双语刻写，但很多是词不达意、南辕北辙、错用乱用者，让人啼笑皆非。

　　作为著名的"东巴之乡"，玉龙县鲁甸乡新主村在各个时期都曾为纳西族东巴文化的传承与发展做出了极大贡献。在旅游业兴起之后，也有为数不少的新主东巴参与其中。然而，在长则七八年，短则三五个月的旅游业参与经历之后，大多新主东巴都回到了家中，重新开启了"平时务农、需时事教"的传统东巴存在模式。相较旅游企业和研究机构聘任东巴在城市生存的状况，从回归农村的新主东巴群体身上能找到何种文化暗示？他们的文化实践与文化自觉存在何种关联？对新主东巴群体及其文化实践的深入研究到底能给纳西族文化的转型和社会转型带来何种启示？基于这样的社会背景，带着这一系列的问题，笔者选择以鲁甸新主村东巴群体及其文化实践为研究对象，探讨东巴文化主体性和传统文化自觉等问题。

2. 个人研究背景

笔者与东巴文化结缘是在大学本科期间，懵懵懂懂地在学校举办了以纳西东巴文化为主题的调查成果展，然后还在学校组织纳西族学生成立了"纳西文化传习会"。幼时，曾听奶奶讲述旧时村里祭天的场景，听闻村里只有成年男性才可以参加家族祭天仪式，妇孺则需避让，祭天队伍浩浩荡荡地扛着祭天大香条、背着祭天米箩奔赴祭天场，对此感觉甚是好奇和不解。2009 年，终于有幸在古城区金山乡贵峰村参加了一次纳西族祭天仪式，该村祭天仪式恢复于 1998 年，当时虽完全听不懂祭天东巴所诵的祭天经书，但被仪式场景深深地震撼，仪式结束时贵峰村长还分予笔者一块祭天福泽肉，嘱咐一定带回家中。2010—2011 年，先后四次赴新主村田野调查、取经，并参与三次祭天仪式（二次大祭天，一次小祭天），因长期在新主村活动，与村民建立了较好的关系，每次赴田野点前都会将前次拍摄的照片选择性洗印一些送给村民，其竟成了村民最喜欢的礼物。其间完成了以祭天仪式为主题的硕士学位论文，拍摄了三场祭天仪式、一场丧葬仪式的影像资料。在祭天仪式的参与和论文写作过程中，笔者逐渐产生了恢复老家中断已久的祭天仪式之想法，并拜托新主村东巴和圣典帮笔者抄写了四册仪式所用的祭天经书，为方便学习，和东巴一起为每册经书做了录音。2012 年春节期间，在丽江市东巴文化研究院和力民老师的主持、亲友和村民的通力协作下，恢复了本村消失近半个世纪的祭天仪式，在完成自己多年心愿的同时，也对本民族文化有了更深入的理解，深感实践传承的必要和重重艰辛。2013 年春节，完成了第一次的祭天仪式主持活动，此后 4 年一直担任仪式主持组织祭祀活动。相比 2013 年、2014 年需亲自操办所有与仪式活动相关的事务，后 4 年因为分工的合理与村民对仪式规程的熟悉，另有一个专门的仪式助手，笔者只需负责仪式程序的主持，仪式恢复渐入正轨。此外，笔者还于 2012 年在丽江恢复组织了纳西族传统东巴婚礼 1 次，2012—2017 年，在云南玉溪、北京等地主持了多次纳西族祭祀"三多"神仪式。从硕士毕业到目前为止，个人的研究兴趣和成果多以纳西族宗教仪式为主。

选择田野点之前，笔者曾与多位纳西文化研究者探讨东巴文化村落传承和变迁问题，一致认为，无论从社会经济发展状况，还是从文化传统和东巴数量与质量等角度分析，鲁甸新主村都是几大东巴文化重镇中较具代表性的区域。作为硕士学位论文的调查点，再次选择鲁甸新主村也算是对以往研究的继承和深入完善。

（二）研究意义

以新主东巴文化群体及其文化实践活动为研究课题，其意义一方面在于对历史上和当下新主东巴群体的生存境况和文化传承实践做综合描述和经验梳理，另一方面在于以文化自觉、实践论等学科理论为出发点，探讨传统文化的主体性、东巴及其实践活动的能动性等问题。再者，人是文化的创造者、持有者、实践者和传承者，对人的关注也是对文化的关注。对本体的重视，既是对人作为生命者的重视，也是对人创造力的尊重。回归到人自身，才能挖掘出文化所蕴含的深意。

1. 现实意义

随着传统社会发展模式、社会结构的变迁和人们价值观念的改变，传统文化的生态环境已经发生了巨大的变化。就东巴文化而言，在大多数纳西族村落中，随着老一辈东巴祭司的逐年减少、年轻东巴进城、适龄人口外流等情况的加重，导致了传统的家庭传承和"寄学拜师"①等村寨东巴文化传承方式面临绝迹。目前，纳西族地区②大概存在以下几种东巴文化传承模式：第一种为传统文化发源地学校传承模式。如新主东巴学校、宝山吾木东巴学校、塔城署明东巴学校和三坝汝卡东巴学校的传承。新主、宝山、塔城地处玉龙纳西族自治县，是历史上东巴文化发展的兴盛之地，三坝纳西族乡位于迪庆藏族自治州香格里拉县境内，被认为是纳西族东巴教的发祥地。近年来，政府、文化部门和地方文化精英合力在几个历史上东巴文化发展的重要区域兴建了若干东巴学校，以开展各类的文化传承活动。这些学校主要以开展短期强化培训班教学为主，东巴画、东巴造纸等国家级非物质文化遗产项目的实施，日常祭祀仪式开展等也属其文化传承工作内容。

第二种传承方式为企业东巴传承模式。历史悠久、形态丰富和分布广泛等特点，使丽江纳西东巴文化成为旅游企业产品研销的焦点和业内最受欢迎的吸金产项。为了长远利益，这些企业一方面长期从各地聘请东巴祭司进行旅游文化展演活动，另一方面招收东巴家族后裔进行东巴文化传习活动。此外还通过成立东巴文化协会、东巴定级考核等方式进行行业规范。

第三种模式为适龄儿童学校传承模式。2003年1月29日，原丽江纳西

---

① 郭大烈：《纳西族传统文化及其保护》，白庚胜、和自兴主编《郭大烈纳西学论集》，民族出版社2008年版，第50页。

② 此处限定"纳西族地区"意义在于昆明、成都、玉溪等地高校中，存在与东巴文化相关的本科和研究生教学活动，也属广义上的东巴文化传承活动。

族自治县人大常委会通过了《关于在全县小学教育中开设纳西语言传承和普及教育的决议》，并于 2003—2007 年分三批培训了近 200 名教师，在古城区、玉龙县的小学一年级至四年级开设母语课和东巴文化课。[①]目前，丽江市古城区和玉龙县部分小学仍在开展母语（纳西语、东巴文）教学活动，但大多流于形式。

　　第四种模式为村寨私塾传承模式。包括家庭传承——父传子和寄师拜学——师传徒两种模式。家庭传承遵循父子传承、长子继承的方式，学习者自幼（6、7 岁）便开始学习东巴文化直至能独立出师；寄师拜学则一般发生在鲁甸、塔城等历史上东巴文化的兴盛之地，"常有东巴把儿子寄到高明的东巴家中，白天劳务、晚上学经"[②]。村寨传承模式当前的瓶颈为东巴祭司的断代，很多以往大东巴比比皆是的村寨现已难觅东巴踪影，东巴家族祭司缺失的情况非常普遍。以新主村为例，现在传统的家庭父子传承的模式只有一个案例，其他多为新型的寄师拜学形式。所谓新型在于拜学但不寄师，多为农闲时节或夜间到师傅家学习。通过笔者的调查发现，虽然村寨传承方式没有政府与企业的资金和政策支持，缺乏后续保障性，但是该模式相比其他三种培养模式更容易被接受，传承的效果也最理想。这一方面是由于此方式与传统传承模式最为接近；另一方面是此类学习者通常不基于功利目的，学习东巴文化是出于对家族东巴血脉的责任感与使命感，其自发、自主的学习过程体现出较强的稳定性与持续性。

　　新主目前存在的传承模式为第一、第三、第四种，在三种模式的共同作用下，"东巴之乡"传统文化正在慢慢复兴，新主东巴群体在纳西族地区也逐渐被再次认可。对以上几种东巴文化传承方式的比较研究、经验梳理和效果的评估，不仅可以让我们了解传统文化现阶段存续的现状，对东巴文化的未来发展有预期的判断，也能为相关领域的文化研究者和政策制定者提供客观、理性的材料支撑，服务于民族文化的传承保护工作。这是本研究的意义之一。

　　2. 学术意义

　　许苏民先生在 1986 年首先提出了"文化自觉"[③]的观点，在 1997 年北京大学举办的第二届社会学人类学高级研讨班的总结会上，费孝通先生用

[①] 杨杰宏、张玉琴：《东巴文化在学校传承现状调查与研究》，《民族艺术研究》2009 年第 6 期。

[②] 郭大烈：《纳西族传统文化及其保护》，白庚胜、和自兴主编《郭大烈纳西学论集》，民族出版社 2008 年版，第 50 页。

[③] 许苏民：《思想史研究：从自在走向自为——三论中华民族的文化自觉》，《天津社会科学》2008 年第 5 期。

"文化自觉"这个概念表明研讨班的目的，认为"这四个字正表达了当前思想界对经济全球化的反应，是人们希望了解为什么世界各地在多种文化接触中会引起人类心态发生变化的迫切要求"①的体现。在《关于"文化自觉"的一些自白》一文中，费孝通指出："'文化自觉'的意义在于生活在一定文化中的人对其文化有'自知之明'，明白它的来历、形成的过程，所具有的特色和它的发展的趋向，自知之明是为了加强对文化转型的自主能力，取得决定适应新环境、新时代文化选择的自主地位。"②在文中费孝通进一步指出："我在提出'文化自觉'时，并非从东西文化的比较中，看到了中国文化有什么危机，而是在对少数民族的实地研究中首先接触到了这个问题。"③费孝通于 20 世纪 80 年代和 90 年代分别考察了内蒙古鄂伦春族聚居区和黑龙江赫哲族聚居区，一方面，自然环境的变化导致这两个人口少小民族的传统生计方式受到极大挑战，另一方面，全球化与信息技术的席卷极大地改变了两个民族的传统文化与价值观念。面对这样的情况，费孝通指出文化自觉只是指生活在一定文化中的人对其文化有"自知之明"，明白它的来历、形成过程、所具的特色和它发展的趋向，不带任何"文化回归"的意思，不是要"复旧"，同时也不主张"全盘西化"或"全盘他化"。费孝通认为，在社会转型时期少数民族生存受到威胁的情况下，"要从文化转型上求得生路，要善于发挥原有文化的特长，求得民族的生存与发展"④。文化转型不仅是针对一族一国而言，它是整个中华民族和全人类所面临的问题，"'文化自觉'这个概念可以从小见大，从人口较少的民族看到中华民族以至全人类的共同问题"。文化自觉理论的提出不但为我们在新时期解决民族文化存续问题提供了理论的指导，也是民族学中国化的重要理论成果，是中国民族学为世界民族学学科做出的重要贡献。

　　由于地缘和文化的特点，自 20 世纪 90 年代末开始，丽江便成了云南乃至中国西南地区较早受到以旅游业为载体的全球化与现代性冲击的地区之一。由于祭司群体的存在和文本典籍的传承，东巴文化系统至今仍保存得较为完整，表现出较强的生命力，无论是对人类文化完整性的意义抑或从它对纳西族的影响而言，都体现出未来文化转型的必要性与可能性。对

---

① 费孝通：《关于"文化自觉"的一些自白》，《文化与文化自觉》，群言出版社 2016 年版，第 399 页。

② 费孝通：《关于"文化自觉"的一些自白》，《文化与文化自觉》，群言出版社 2016 年版，第 403 页。

③ 费孝通：《关于"文化自觉"的一些自白》，《文化与文化自觉》，群言出版社 2016 年版，第 402 页。

④ 费孝通：《关于"文化自觉"的一些自白》，《文化与文化自觉》，群言出版社 2016 年版，第 403 页。

于东巴群体而言，文化持有者的身份使他们走在了全球化与现代性冲击的前沿，既是最早的收益者也成了最初的受害者，他们中的一部分人更充分地认识到东巴文化的价值，增强了文化的"自知之明"，另一部分人则放弃对文化的坚守和信仰，成为现代性的牺牲品。在这个充满诱惑、挣扎与反思的过程中，新主东巴群体大都历经了从农村到城市再返回农村的过程，他们所持有的文化也经历了在农村复兴—服务于旅游业—回归民间这样一个过程，这一方面是由新主村的社会经济状况所决定，另一方面是"文化选择"的结果。该群体及其文化实践活动也正是费孝通文化自觉理念在纳西族社区的实践，对其的深入探讨和研究，既是对文化自觉的再认识，也能给我们正在经历文化转型带来反思，提供学理上的支持。

二　相关研究动态与研究视角

本研究通过关注鲁甸新主村东巴群体及其文化实践活动，探讨在社会转型时期该群体如何在传统与现代之间做出应对。为更好地理解这一群体存续的社会文化背景，书中对"相关概念""东巴文化的研究现状"进行了梳理。同时，为提升本文研究内容的理论内涵，亦涉及了"文化自觉"和"理论视角"等内容。前人有关东巴祭司及东巴文化的研究成果为本研究提供了基础和动力，本书也将是对这些研究的一个补充。通过对新主东巴群体文化实践的研究实现与文化自觉的对话，是本研究的出发点之一。作为当代社会学、人类学大师，布迪厄提出了实践理论，对"场域""惯习"的解读和领会，对本研究深入阐述和理解"实践的本来面目"提供了理论和方法上的助力。

（一）相关概念界定

本研究涉及较多的地方性知识，为了行文和阅读的方便，将文中出现频率较高的部分概念做初步界定。

东巴："东巴"为"智者"[1]，是纳西族中从事传统宗教活动的祭司，"东巴本身往往是多才多艺的人，集写、唱、画、舞、医、匠于一身，是纳西族原始古代文化的创造者和传播者"[2]。东巴并非固定职业，除极少数名望极大的东巴之外，普通东巴日常行事与常人无异，只在有需之时主持宗教仪式活动。传统东巴祭司的传承遵照家庭内部长子继承制。传统上民间有"大东巴""东巴王""丁巴什罗"等对资深东巴的敬称方式。纳西族西部方言区的祭司被称为"东巴"，而居住在云南宁蒗、四川木里等东部

---

[1] 方国瑜、和志武：《纳西象形文字谱》，云南人民出版社1981年版，第42页。
[2] 郭大烈、和志武：《纳西族史》，四川民族出版社1994年版，第549页。

方言区的祭司则被称为"达巴"，"达巴没有文字，只有口诵经"①。2012年，在"丽江市东巴文化传承协会"组织的东巴、达巴定级考试中产生了"东巴、达巴大法师""东巴、达巴法师""东巴、达巴传承员"等"东巴学位"，对东巴祭司②的知识技能做等级区分。

东巴文化："东巴文化，一般认为，最迟形成于唐宋时期，已有近千年的历史"③，为纳西族及其周边各民族在漫长的社会历史发展过程中共同创造，由纳西族东巴祭司持有、传承的纳西族传统文化，主要以东巴经典、东巴音乐、东巴舞蹈、东巴绘画、东巴仪式、东巴工艺、契书和楹联碑刻等文化形式为载体，至今仍在部分纳西族聚居区域广泛流传，这一"活态文化"也是纳西族传统文化的核心部分。

学东巴：意为学习东巴文化，本研究中更多指涉以未来成为东巴祭司为目标的东巴文化学习活动，如以家庭培养、东巴学校传承等为途径获得东巴文化知识的活动，参与小学开设的东巴文化课程学习不在此列。

东巴法名：东巴祭司通过东巴教"降威灵"仪式获得的专有法名，纳西语称为"汁名"，意为"威灵之名"或"法力之名"，在过去，拥有法名的东巴才具备独立主持大型仪式的资格。东巴认为只有通过"降威灵"仪式并获得法名，该家族先辈东巴祭司的法力才能加持到受礼东巴身上，而拥有法名的东巴祭司在主持仪式的时候，也会因得到家族历代东巴的庇护而法力大增。古时，有无东巴法名也是村民评价东巴法力高低的重要标准。

东巴学校（传习院）：1930 年左右，新主著名东巴和世俊提出在民间筹办东巴学校的构思。1983 年丽江东巴达巴座谈会后，塔城著名东巴和顺在署明村创办纳西族地区第一所东巴学校。后在丽江东巴文化博物馆、古城区（原丽江县）金山贵峰、玉龙县（原丽江县）黄山乡、香格里拉县（原中甸县）白水台、玉龙县（原丽江县）宝山吾木等地分别建立东巴学校（传习院）④，此类机构为东巴文化面临断层危机之际，在政府、文化部门和文化精英主导下成立，为民间东巴提供传统文化学习的场所，多以"传习会""传习班""学习班""传承基地"等称谓出现，性质均相似相近。

纳西文化："纳西文化包括物质层面、精神层面以及制度层面的内容。

---

① 杨福泉：《东巴教通论》，中华书局 2012 年版，第 324 页。
② 本书中，"东巴"和"东巴祭司"并无实际意义的区别。
③ 郭大烈：《关于东巴文化及其研究》，郭大烈、杨世光编《东巴文化论集》，云南人民出版社 1985 年版，第 1 页。
④ 参见和力民《20 世纪 90 年代东巴文化研究评述》，和自兴、郭大烈等编《丽江第二届国际东巴文化艺术节研讨会论文集》，云南人民出版社 2005 年版，第 584—586 页。

就其结构而言，它由民间文化、东巴文化、仿汉文化三个部分组成。民间文化指世俗性的文化，如生产方式、生活形态、风俗习惯、口头语言文学、民间歌舞都概莫能外。……建筑在东巴文化基础之上的是东巴教文化。东巴文化就是保存于东巴教的文化。它包括东巴象形文字以及用它书写而成的 1400 多卷东巴经典、东巴音乐、东巴舞蹈、东巴绘画、东巴文学、东巴仪式、东巴工艺等。……至于仿汉文化……它包括纳西族文人所创作的汉文诗、词、歌、赋，汉族移民传入纳西族社会的工艺技术、汉式风俗习惯、汉语文教育体制、道教、儒教、汉传佛教等宗教信仰。"①民间文化、东巴文化和仿汉文化在内容和形式上都有相互包含的部分，历史上，它们为纳西族及周边各民族的和睦共处、区域的和谐稳定提供了精神动力和制度保障，如今，纳西文化在丽江及周边纳西族聚居区域发挥着重要的现实意义。

纳西学："纳西学，就是以纳西族为研究对象的学科。在实践上它贯穿古今；在空间上，它横跨东西。它既包括对纳西族的本性研究，也包含这种研究本身。就前者而言，有关纳西族的生存环境、存在历史、生活方式、精神信仰、组织制度；就后者而言，有关纳西族研究的理论与方法、学者与成果、历史与活动、机构与组织都囊括于其内"②纳西学者白庚胜先生提出的这一概念，一方面是对之前纳西文化研究的总括，另一方面也体现出近年来相关研究队伍的逐年扩大和研究成果的不断丰富。

（二）东巴文化研究

东巴经书作为东巴文化的主要载体，被誉为纳西族社会的"百科全书"，其独特的内涵和多元的形式在 19 世纪中晚期成为国内外研究者关注的对象。用纳西象形文字书写的东巴经书互不雷同的有 1400 多册，③现存世的约有 36000 册。国内收藏 24000 多册，其中，国家图书馆 3810 册，中央民族大学古籍办公室 1522 册，中央民族大学图书馆约 2000 册，中央民族大学博物馆 222 册，南京博物馆约 1000 册，台北故宫博物院 1300 多册，云南省社科院东巴文化研究所 658 册，云南省图书馆 516 多册，云南省博物馆 278 册，云南省文联（个人）1000 册，云南省丽江县图书馆（原）4000 册，云南省丽江东巴文化博物馆 1000 多册，丽江市非遗中心 1000 册，④迪

---

① 白庚胜：《纳西学发凡》，和自兴、白庚胜编《玉振金声探东巴——国际东巴文化艺术学术研讨会论文集》，社会科学文献出版社 2002 年版，第 370—371 页。

② 白庚胜：《纳西学发凡》，和自兴、白庚胜编《玉振金声探东巴——国际东巴文化艺术学术研讨会论文集》，社会科学文献出版社 2002 年版，第 370—371 页。

③ 参见和志武《东巴教与东巴文化》，郭大烈、杨世光编《东巴文化论集》，云南人民出版社 1985 年版，第 28 页。

④ 该部分经书主要由新主东巴抄写，未来将被国家博物馆收藏，现暂存于丽江市非物质文化遗产中心办理验收等相关手续。

庆州维西县文化局 360 册，迪庆州三坝文化站 650 册，玉龙县新主东巴学校 1000 册，民间约 3000 册。国外收藏的 12000 多册中，其中美国国会图书馆约 3080 册，哈佛大学约 1000 册，美国个人藏本约 4000 册，德国柏林国立图书馆 2000 多册、马立堡国立图书馆 1115 册，[①]另在英、法、荷兰、西班牙、比利时、意大利、瑞典、日本等国部分科研机构、博物馆和个人手中均有少量藏经。东巴文化早期的研究始于对东巴经典的研究，经典研究也成为前期东巴文化研究的主流和突破口。

1. 西方学者的研究

西方传教士和旅行家为较早关注东巴文化者，"1876 年法国传教士德斯古丁斯从云南寄回巴黎一本 11 页的东巴经摹写本《高勒趣赎魂》之后，对东巴古籍的收集、整理不断，研究成果层出不穷。"[②]1885 年，法国人拉卡帕里尔（Terrien de Lacouperie）[③]发表了关于东巴文文字学研究论文。1907 年和 1909 年，法国人巴克（J. Bacot）[④]两次到纳西族地区考察，1913 年，他出版纳西族文化研究专著《麼些研究》，该书是西方学者首部比较系统的研究纳西族社会历史和语言文字的专著。被誉为"西方纳西族研究之父"的美籍奥地利学者洛克（Joseph F. Rock），于 1922—1949 年旅居丽江，分别在 1947 年、1963 年和 1972 年出版专著《中国西南古纳西王国》与《纳西——英语百科辞典》上、下卷[⑤]，这三部书成为后来纳西族历史文化研究的重要参考资料。另有英国学者杰克逊（A. Jackson）、美国学者孟彻理（Charles Mckhann）、日本学者西田龙雄（Nishida Tatsuo）等人一直从事东巴文化研究，著作颇丰。值得一提的是，美国语言学家孙堂茂（Thomas Mpinson）和法国语言学家米可（Alexis Michanud）长期旅居纳西族地区从事纳西语研究工作，精通多地纳西语方言，是国外学者中该领域研究的代表人物。

1998 年，瑞士苏黎世大学民族学博物馆出版了由德国学者米希尔·奥皮茨（Michael Oppitz）和瑞士学者伊丽莎白·许（Elisabeth Hsu）主编的 Naxi and Moso Ethnography 一书（后被译为《纳西、摩梭民族志——亲属

---

① 参见和自兴、郭大烈等主编《丽江第二届国际东巴艺术节学术研讨会论文集》，云南民族出版社 2005 年版，第 596—597 页。

② 宋光淑主编：《纳西东巴文化研究总览》，云南大学出版社 2006 年版，第 21 页。

③ 郭大烈：《打开纳西文化宝库的金钥匙——评〈中国少数民族古籍总目提要·纳西族卷〉》，《论民族自尊与文化传承》，云南民族出版社 2011 年版，第 290 页。

④ 郭大烈：《打开纳西文化宝库的金钥匙——评〈中国少数民族古籍总目提要·纳西族卷〉》，《论民族自尊与文化传承》，云南民族出版社 2011 年版，第 290 页。

⑤ ［美］约瑟夫·洛克著，宜科主编：《中国西南古纳西王国》，刘宗岳等译，云南美术出版社 1999 年版，第 6—7 页。

制度、仪式、象形文字》），收录了美、英、德、法、瑞士、中等国家 12 位学者撰写的 13 篇有关纳西、摩梭人的民族志文章，内容涉及亲属制度、仪式、象形文字等领域。作为近几十年来不可多得的汇集多国纳西学者研究成果的人类学专著，该书在中西方人类学和纳西学研究领域都产生了一定影响，曾获得列维·施特劳斯等著名学者的好评。[①]该书的中文译本于 2010 年出版发行。此外由学者白庚胜、杨福泉编译的《国际东巴文化研究集粹》（1993）[②]和由白義等编译的《西方纳西学论集》（2013）[③]收录了 40 余篇西方和日本学者撰写的东巴文化研究论文，内容涉及宗教概述、东巴仪式、东巴艺术、亲属称谓、语言文字和以西方纳西学研究者为对象的研究。

　　2. 国内学者的研究

　　东巴文化研究在国内出现了方国瑜、李霖灿、和志武、郭大烈、白庚胜、杨福泉等集大成者。出版了《麽些象形文字字典》（李霖灿，1944）、《麽些标音文字字典》（李霖灿，1945）[④]、《麽些研究论文集》（李霖灿，1973）、《麽些译著九种》（李霖灿，1978）、《东巴文化论集》（郭大烈、杨世光，1985）、《祭天古歌》（戈阿干，1988）、《东巴文化论》（郭大烈、杨世光，1991）、《东巴文化与纳西哲学》（1991，李国文）、《纳西族史》（郭大烈、和志武，1994）、《纳西族象形文字谱》（方国瑜、和志武，1995）、《原始生命神与生命观》（杨福泉，1995）、《东巴文化象征论》（白庚胜，1998）、《东巴神话研究》（白庚胜，1999）、《玉振金声探东巴：国际东巴文化艺术节学术研讨会论文集》（白庚胜、和自兴，2002）、《丽江第二届国际东巴文化艺术节学术研讨会论文集》（和自兴、郭大烈、白庚胜，2005）、《纳西族文化史论》（杨福泉，2006）、《东巴教通论》（杨福泉，2012）等标志性研究成果，主要涉及东巴象形文字、民族语言、历史文化和宗教哲学和东巴文化传承等内容。

　　1999 年，《纳西东巴古籍译注全集》（以下简称《全集》）出版，该套丛书耗时近 20 年，凝聚了几代学人和东巴祭司之心力。《全集》共计 100 卷，"每卷收入 10 种左右经典，收集东巴经书近千册，《全集》按东巴教内部的类属共分为五大类：祈神类、禳鬼类、丧葬类、占卜类及其他类（包括舞蹈、杂言、字书、药书)等经典。《全集》的译注，采取东巴原典影印、

　　① 参见 *Naxi and Moso Ethnography*，Edited by Michael Oppitz and Elisabeth Hsu，Published by Volkerkundemuseum Zurich，Zurich，1998。（中译本《纳西、摩梭民族志——亲属制度、仪式、象形文字》，云南大学出版社 2010 年版。）

　　② 白庚胜、杨福泉编译：《国际东巴文化研究集粹》，云南人民出版社 1993 年版。

　　③ 白義等编译：《西方纳西学论集》，白庚胜、和自兴主编《纳西学丛书》，民族出版社 2013 年版。

　　④ 《麽些象形文字字典》和《麽些标音文字字典》于 2001 年合编为《纳西族象形标音文字字典》，由云南民族出版社出版发行。

国际音标、汉语直译和汉语意译的四层次对照的古籍译注体例，具有严谨的科学性和权威性。"①《全集》的出版，是在东巴祭司传承人断层前对东巴古籍的抢救性保护工作，给后续的文化传承保护留下了文献性保障，也为东巴文化的研究者提供了宝贵的学科资料。需要指出的是，20 世纪 60 年代丽江县文化馆从各地聘请东巴组织的经书翻译工作是《全集》的顺利出版的基础，此次由"文革"而中断的翻译工作"译出几百本东巴经书，石印 21 种东巴经译本，这是有史以来第一次有组织、有领导的较大规模的译经活动"②。

杨福泉教授的《东巴教通论》一书于 2012 年出版，是国内外迄今比较全面系统地研究东巴教的学术专著，也是云南民族学（包括纳西学）唯一入选《国家哲学社会科学成果文库》的学术著作。"该书广泛采集文献资料，集众家所长，吸收国内外关于东巴教研究的成果，以及相关的民族志成果，将前人今人的研究与本书作者 30 年来研究东巴教的积累和田野调查有机结合，不仅将东巴教与纳西族的历史、社会和民俗结合起来进行深度研究，剖析东巴教与纳西族社会和民俗之间千丝万缕的互动关系，还将东巴教和与藏族苯教、羌族原始宗教等做了深入的比较研究。"③此外，2008 年开始共计 30 集的《纳西学论集》，和 2014 年开始的共计 60 集的《纳西学博士论文丛书》出版工作正在开展中，著者皆为近半个世纪以来纳西学研究的名者专家，其中相当一部分内容涉及东巴文化研究。

另外，还有《中甸县白地村么些族祭天礼仪》（李霖灿，1983）、《东巴教的派系及现状》（郭大烈，1983）、《纳西族东巴的现状和过去》（和志武，1983）、《中甸县三坝区白地乡纳西族汝卡人生活习俗和民间文学情况调查》（和钟华，1983）、《论纳西族生命神"素"》（杨福泉，1992）、《东巴教圣地纳西族的家庭结构与社会生活——中甸县白地水甲村的田野调查报告》（和少英，2000）、《纳西学发凡》（白庚胜，2002）、《东巴文化面临的危机及其学科建设》（郭大烈，2002）、《论东巴教的派系及其特点》（和力民，2002）、《浅谈东巴文化的抢救和保护》（赵世红，2002）、《纳西族传统文化变迁的几点思考》（和继全，2002）、《试论东巴文化的传承》（和力民，2004）、《论少数民族本土文化传人的培养》

---

① 和力民：《东巴经典大破译——写在〈纳西东巴古籍译注全集〉出版之际》，白庚胜、和自兴主编《和力民纳西学论集》，民族出版社 2010 年版，第 275 页。

② 和力民：《东巴经典大破译——写在〈纳西东巴古籍译注全集〉出版之际》，白庚胜、和自兴主编《和力民纳西学论集》，民族出版社 2010 年版，第 272 页。

③ 参见萧霁虹《视野宏阔发微阐幽——杨福泉著〈东巴教通论〉简评》，《云南日报》2013 年 7 月 20 日第 7 版。

（杨福泉，2005）、《东巴文化在学校传承现状调查与研究》（杨杰宏、张玉琴，2009）、《试论非物质文化遗产传承人及纳西族"东巴"的生境》（林崔宏，2010）、《民间文化遗产传承的原生性与新生性——以纳西汝卡人的信仰生活为例》（冯莉，2012）、《丽江鲁甸新主村纳西族祭天仪式及其功能探究》（朱永强，2012）等，这些论著，主要涉及东巴文化本体和文化传承等方面的内容。

作为纳西族传统文化的核心，"东巴文化是东巴教徒传承下来的、用象形文字记录下来的纳西族古代文化，它的内涵十分丰富"①。而东巴音乐、东巴舞蹈和东巴绘画等文化形式作为东巴文化的有机组成部分也一直受到研究者的关注。《东巴音乐述略》（杨德鋆，1983）、《东巴音乐研究综述》（和云峰，2010）、《纳西族多声民歌"热美蹉"的原始状态》（宣科，1986）、《纳西多声民歌"热美蹉"的原始状态》（戈阿干，1998）、《纳西族东巴舞蹈研究的过去、现在和未来》（和力民，2013）、《从〈神路图〉看藏文化对纳西族东巴教的影响》（杨福泉，2001）、《纳西族东巴绘画的形式解读》（刘丽伟，2011）等文章为东巴音乐、舞蹈和绘画研究的代表性成果，这些成果不仅是对东巴经典研究的延伸，多学科交叉的研究视角也拓宽了对东巴文化解读的路径。

另外在2013年，由白庚胜等领衔的国家社会科学基金重大项目"世界记忆遗产东巴经典传承体系数字化国际共享平台建设研究"开始工作，该课题是对东巴典籍保护和经典研究的创新和拓展。

综上所述，肇始于19世纪的东巴文化研究活动至今已经持续100多年，国内外研究者从民族学、人类学、社会学、宗教学、哲学、神话学、语言学、艺术学等不同学科维度，对东巴经典、东巴音乐、东巴绘画、东巴舞蹈等文化形式和东巴仪式操作、文化传承实践等领域进行了系统的研究，形成了丰富的研究成果。但通过对以往前辈学者研究的梳理我们发现，过去研究中较少有对文化持有者——东巴群体本身的关注。作为文化的主要创造者、直接持有者和历史传承者，东巴祭司群体不仅对东巴文化的整体性有着不可替代的作用，也决定着传统文化未来的存续问题，但在长期的研究中却对之缺乏应有的重视，这可以在一定程度上理解为对东巴文化研究的缺失。在当下的社会、文化转型期，对东巴群体的研究是极其必要的，此举不仅对东巴文化研究的完整性和纳西学的学科建设有着重要意义，而且该群体的生存状态也能直观反映出东巴文化的发展现状，乃至当下纳西族传统文化的境遇。

---

① 郭大烈主编：《纳西族文化大观》，云南民族出版社1999年版，第4页。

（三）关于"文化自觉"的内涵

19 世纪末，西方帝国主义用坚船利炮击碎了东方封建帝国"天朝上国"之梦，动摇了统治两千多年的封建根基。1842 年，魏源在《海国图志》中写道："是书何以作？曰：为以夷攻夷而作，为以夷款夷而作，为师夷长技以制夷而作。"[①]此说成为洋务运动、维新变法乃至辛亥革命的思想源头。然而，无论是李鸿章、左宗棠主导的"器物层面的现代化"之洋务运动，还是康有为、梁启超发起的"制度层面的现代化"之维新运动均以失败告终。直至 1911 年孙中山领导的辛亥革命成为中国政治发展上"现代转向"的里程碑。1919 年，五四新文化运动激起了一次针对传统文化影响极为深远的文化反思。随后的抗日战争、国内战争直至"文化大革命"，这一段中国历史是极其动荡的时期，传统文化遭到毁灭性的破坏。直到 1978 年改革开放，随着政治经济制度的调整，中国"现代化"终于步入正轨，在经济全球化、文化多元化等背景下，面对社会文化发展中的种种困境，费孝通先生提出了"文化自觉"的理念。

在西方，17—18 世纪以理性为指导思想的启蒙运动开启了其现代化进程。马克斯·韦伯（Max Weber）在《新教伦理与资本主义精神》一书中有这样一段描述："没有人知道将来是谁在这铁笼里生活；没有人知道在这惊人的大发展的终点，会不会又有全新的先知出现；没有人知道会不会有一个老观念和旧思想的伟大再生；如果不会，那么会不会在某种骤发的妄自尊大情绪掩饰下产生一种机械的麻木僵化呢，也没人知道。因为完全可以这样来评说这个文化发展的最后阶段：'专家没有灵魂，纵欲者没有心肝；这个废物幻想着它自己已达到了前所未有的文明程度。'"[②]韦伯认为，启蒙理性在现代社会中的胜利不是理性的胜利，而是一种"工具理性"的胜利。工具理性的特性不是导向普遍自由的实现，而是所谓的"铁笼"的出现。韦伯对启蒙的理性反思，引发了 20 世纪法兰克福学派与后现代主义对启蒙、现代性的全面批判。该学派关于"大众文化""文化工业"和"机械的复制主义"等理论所指也正是现代性带给我们的最大困惑。在西方人类学领域，关于现代性与传统文化关系的理论中，由霍布斯鲍姆（Eric Hobsbawm）与萨林斯（Marshall Sahlins）等人提出的"传统的发明"观点较具代表性。萨林斯认为，"所有的传统都是在今天 '发明'并为今天之用而'发明'的。……十五六世纪之间，一伙欧洲的知识分子和艺术家聚集一堂，开始发明他们的文化传统和他们自己，他们企图复兴据称是代表

---

① 魏源著，李巨澜评注：《海国图志》，郑州古籍出版社 1999 年版，第 67 页。

② ［德］马克斯·韦伯著：《新教伦理与资本主义精神》，于晓、陈维纲等译，生活·读书·新知三联书店 1987 年版，第 142 页。

了自己祖先成就的古代文化，对此其实他们自己也不知其详，因为这种文化在几千年的岁月中或已湮灭或被遗忘……所有这一切后来被命名为欧洲史上的文艺复兴运动，因为它产生了'现代文明'。"①霍布斯鲍姆则指出，"那些表面看来或者声称是古老的'传统'，其起源的时间往往是相当晚近的，而且有时是被发明出来的……在历史学家所关注的任何时代和地域中，都可能看到这种意义上的传统的'发明'。然而，我们可以认为，在以下情况中，传统的发明会出现得更为频繁：当社会的迅速转型削弱甚或摧毁了那些与'旧'传统相适宜的社会模式，并产生了旧传统已不再能适应的新社会模式时；当这些传统和它们的机构载体与传播者不再具有充分的适应性和灵活性，或是已被消除时；总之，当需求方或供应方发生了相当大的且迅速的变化时。"②可以看出在西方思想界，面对工业化和现代性带来的问题，传统文化展示出新的生命力，当然，这并不指涉简单的"传统回归"，可以更多地理解为是对以往社会发展过程中对忽视传统后果的反思或者传统究竟应该在现代性中扮演何种角色的争论。

中国现代化的实质是农业社会向工业社会的转型，而这种转型不仅包括"器物层面的现代化"，更重要的是"制度层面的现代化"。对于诸多西方国家而言，其现代化大致的过程经历了资本主义萌芽—思想启蒙—原始资本积累（殖民扩张、半工业化）—现代化（全面工业化）。而中国却在资本主义萌芽的初级阶段就被西方帝国的殖民扩张所累，缺少思想启蒙与资本积累的积淀，"二战"后从农业社会直接向工业社会过渡，且逢冷战封锁，制度、器物革新举步维艰，直至1978年改革开放政策实施后，社会发展才迎来转机。学者周大鸣认为，"文化机制作为社会转型现象背后的深层结构性逻辑，深刻影响着社会转型的方式，是社会转型的本质，而文化转型则以社会转型为动因和表征，实践着文明进程意义上的变迁"③。中国社会转型中出现的种种问题，不但是文化机制这个深层结构性逻辑建构在社会转型过程中的内部调适、重组的外在表现，同时也是中国传统文化与西方异文化碰撞的结果。正如安东尼·吉登斯（Anthony Giddens）所言，"现代社会制度的发展以及它们在全球范围内的扩张，一方面，为人类创造了数不胜数的享受安全和有成就的生活的机会；另一方面，现代性具有严重后果的风险——生态破坏、经济增长机制的崩溃、极权的增长、

---

① ［美］马歇尔·萨林斯：《别了，忧郁的譬喻：现代历史中的民族志学》，李怡文译，《人类学与西南民族》，云南大学出版社1998年版，第17—20页。

② ［英］E. 霍布斯鲍姆、T. 兰格著：《传统的发明》，顾杭、庞冠群译，译林出版社2004年版，第5页。

③ 周大鸣：《文化转型：冲突、共存与整合的意义世界》，《民族论坛》2011年第11期。

核战争和大规模战争。"①李亦园先生指出，面对 21 世纪的诸多问题，以单一文化去寻求解决的办法已不可能，必须在多元文化中寻求解决之道，而这就需要"文化自觉"。

在 1997 年北大社会学人类学高级研讨班上费孝通指出："'文化自觉'这四个字也许正表达了当前思想界对经济全球化的反应，是世界各地多种文化接触中引起人类心态的迫切要求，要求知道：我们为什么这样生活？这样生活有什么意义？这样生活会为我们带来什么结果？也就是说人类发展到现在已开始要知道我们的文化是哪里来的？怎样形成的？它的实质是什么？它将把人类带到哪里去？这些冒出来的问题不就是要求文化自觉吗？"结合中国传统文化的特点、中国近代化的过程和自己长期以来的学术研究经历，费孝通进一步指出："文化自觉只是指生活在一定文化中的人对其文化有'自知之明'，明白它的来历，形成过程，所具的特色和它发展的趋向，不带任何'文化回归'的意思，不是要'复旧'，同时也不主张'全盘西化'或'全盘他化'。自知之明是为了加强对文化转型的自主能力，取得决定适应新环境、新时代时文化选择的自主地位。"文化自觉的基础是"一定文化中的人"对所持有文化的深刻认识和全面把控，既不是对传统的简单恢复，也非对异文化的全盘接受，而是为传统文化在当下的转型、存续寻求路径。"文化自觉是一个艰巨的过程，首先要认识自己的文化，理解所接触到的多种文化，才有条件在这个已经在形成中的多元文化的世界里确立自己的位置，经过自主的适应，和其他文化一起，取长补短，共同建立一个有共同认可的基本秩序和一套各种文化能和平共处，各舒所长，联手发展的共处守则。"②在经济全球化和"地球村"逐渐变为既定事实的当下，多元文化对人类文明薪火相传的重要意义已经无须赘言。"各美其美、美人之美、美美与共、天下大同"的理念也不仅仅适用于文化领域，更应该推及政治、经济的范畴，突破族际与国别的界域，谋求同存异之路径。时至今日，在不断的交流、碰撞过程中每一种文化的内涵与外延都已经历了深刻的变化，而不变的是文化的实践者基于信仰的文化操守，从文化的生成、发展、高潮、危机再到当下困境中的反思，纳西东巴文化及东巴祭司的实践活动正践行和诠释着文化自觉的意义。

（四）本书研究的理论视角

理论视角无论对田野工作的开展还是对于论文的写作都有着重要的指导意义。对一项群体的文化实践研究而言，不但要求对群体本身的全面解

---

① ［英］安东尼·吉登斯著：《现代性的后果》，田禾译，译林出版社 2011 年版，第 150 页。
② 费孝通：《反思·对话·文化自觉》，《北京大学学报》（哲学社会科学版）1997 年第 3 期。

读，也要对其文化实践活动做深入的了解。群体解读要求对研究对象和研究者的能动性进行全面关注，而实践活动开展则离不开一定的"场域"。法国著名学者皮埃尔·布迪厄（Pierre Bourdieu）的学术研究最早在法国和西方掀起有关人文社会科学理论和方法的争论浪潮，也影响着中西方人文社会科学理论和方法的变革。为了突破前人纳西东巴文化相关研究中"非主即客"视角的局限，也为了"实践研究"的全面性、客观性，笔者选择布氏的实践理论作为研究的主要理论视角。

在《实践感》一书的开头，布迪厄写道："在人为地造成社会科学分裂的所有对立之中，最基本的、也最具破坏性的，是主观主义和客观主义的对立。……为了超越这两种认识方式之间的对立，同时保留它们各自取得的成果（又不忽略一方的明察于相反方的帮助），就必须阐明它们作为学术性认识方式——它也与产生社会世界日常经验的实践认识方式对立——所共有的预设。这意味着我们应对那些使社会世界主观经验的反思和该经验的客观条件的客观化成为可能的认识论及社会条件实施批判性客观化。"[①]布迪厄认为，在以往的很多社会科学研究中，"非主既客""主客对立"的研究思路和问题导向已经成为"人为地造成社会科学分裂""的最基本的，也最具破坏性的"因素。

布迪厄批判了在社会科学研究中未经认识论反思就运用客观主义方法或主观主义方法解读社会现象，以客观主义方式的研究为例，"此观察者就像是一位导演，随心所欲地摆布客观化工具提供的各种可能性，或拉近或拉远，或放大或缩小，按照一种权力的欲望将他自己的构成规范强加于他的对象"。以索绪尔等人的语言学研究为例，布迪厄认为这样语境下的研究对象被孤立"作为智力活动的工具和分析对象。……是脱离实际使用和完全失去功能的自足系统，它要求的是一种完全被动的理解"。这样做的结果是研究者和对象关系被扭曲。社会科学的研究对象作为有意识的主体，研究者和研究活动本身也会对研究对象的主观能动性造成影响，在研究过程中对研究主客体双向互动关系的忽视，往往导致对实践本来面目理解和描述的偏差。"如同客观主义使与科学之对象的学术关系普遍化，主观主义使话语的主体作为主体获得经验普遍化。"[②]在人类学的研究中，主观主义问题导向往往造成对深层社会结构和文化内在各要素之间关系把握的欠缺。

面对客观主义和主观主义的弊端，布迪厄提出著名的实践理论。"作

---

① ［法］皮埃尔·布迪厄著：《实践感》，蒋梓骅译，译林出版社 2012 年版，第 33—34 页。
② ［法］皮埃尔·布迪厄著：《实践感》，蒋梓骅译，译林出版社 2012 年版，第 63 页。

为实践活动的实践理论与实证主义唯物论相反，它提醒我们，认识的对象是构成的，而不是被动记录的；……这一构成的原则是有结构的和促进结构化的行为倾向系统，即习性，该系统构成于实践活动，并总是趋向实践功能。"研究者想要进入"实践活动本身"，"关键是摆脱这种结构实在论，而又不重新陷入完全不可能阐明社会世界之必然性的主观主义，就必须回到实践中来，因为实践是实施结果和实施方法、历史实践的客观化产物和身体化产物、结构和习性的辩证所在。"①"布迪厄的实践理论试图在人的行动和结构之间找到沟通和相互转换的中介，他用惯习（习性）和场域的概念来消解客观主义和主观主义的二元对立，认为实践活动包含着外在性的内在化和内在性的外在化双重运动过程，前者和惯习概念有关，后者和场域概念有关，并以此为基础来阐释社会生活中实践的奥秘。"②布迪厄认为"条件制约与特定的一类生存条件相结合，生成习性（habitus）。习性是持久的、可转换的潜在行为倾向系统，是一些有结构的结构，倾向于作为促进结构化的结构发挥作用。"③"布迪厄把场域定义为位置之间的客观关系的网络和构型。从布迪厄的社会实践理论体系来解读场域概念，我们可以把它理解为，处在不同位置的行动者在各自惯习的指引下，依靠各自拥有的资本进行斗争的场所，场域概念来源于联系的观点和关系主义思维方式，它与马克思实践哲学中的实践空间概念相一致。"④场域和惯习（习性）作为布迪厄实践论的核心概念和议题，在揭示了社会科学研究的新路径的同时，更重要的意义在于能让学者以更全面的视角介入生活实践与研究实践。"我们可以把布迪厄的实践概念理解为：行动者在一定的场域中凭借各自拥有的资本，在特定的惯习指导下，为提高自己在场域中的位置以及资本的数量和质量所采取的活动。"⑤在布迪厄看来，实践理论应关注实践过程和实践本身逻辑，他用"唯智主义"来指称客观主义和主观主义论造成的纯粹理论理性产物，强调其错误在于用其所表达和阐明的实践逻辑取代了真正的实践逻辑，"用逻辑的事物代替了事物的逻辑"⑥。

　　面对研究活动中存在的各种学术无意识，布迪厄认为社会科学研究者"要将社会科学构建研究对象的过程本身作为对象来研究，这就是所谓'对

---

①［法］皮埃尔·布迪厄著：《实践感》，蒋梓骅译，译林出版社 2012 年版，第 73—74 页。

② 解玉喜：《布迪厄的实践理论及其对社会学研究的启示》，《山东大学学报》（哲学社会科学版）2007 年第 1 期。

③［法］皮埃尔·布迪厄著：《实践感》，蒋梓骅译，译林出版社 2012 年版，第 74 页。

④ 宫留记：《布迪厄的社会实践理论》，《理论探讨》2008 年第 2 期。

⑤ 宫留记：《布迪厄的社会实践理论》，《理论探讨》2008 年第 2 期。

⑥ 杨善华：《当代西方社会学理论》，北京大学出版社 2004 年版，第 271 页。

象化的对象化'的意涵"①。这就表明,只有将研究者和研究对象的关系纳入考察和分析的范围,才能确保研究的科学性与全面性。布迪厄进一步指出,面对权力无意识,研究需将自己置于特定场域中,而不是把自己看成超越各种场域存在、与权力无涉的主体。"布迪厄认为,在分析社会学家的自我时,首先必须要勘定他'在学术场域中的成员资格与位置',亦即知识生产受到其在学术场域中与社会空间中的位置的有意或无意的牵制。"②只有从研究者所处的场域来解读知识的生产,才能不脱离社会结构和权力网络这些客观存在,实现对实践的本来面目的解读。

与很多同类的研究相似,在以往东巴文化研究中,客观主义和主观主义的二元对立情况普遍存在,将东巴仪式研究、经典研究与实践活动割裂,研究者"自我"定位的失衡以及对研究对象能动性忽略等情况屡见不鲜,导致阐述和理解与"实践的本来目的"出现偏差。甚至是将文化本体与文化传承活动割裂看待,缺乏在文化本体、实践行为与实践者之间建立有效的沟通、传导路径,造成一定程度上的"唯智主义",文化的解读的片面性与文化误读随之而来。可以看出,布迪厄的实践论为我们以新的思维解读当前语境下东巴祭司群体的文化传承活动带来了启发。一方面,作为能动性的主体,东巴群体的实践活动发生在一定的场域中,文化惯习作用于群体的文化资本,增强了其能动性,然而随着场域的不断变化,为了使群体保持能动性,惯习(习性)也必须随之调整,以提高文化适应能力和文化资本的竞争力;另一方面,作为被研究对象的东巴祭司及其文化实践活动,与研究者也形成了特定的场域,它们同时互为主客体,它们之间的互动也是文化实践活动的重要组成部分,应作为研究的内容之一。从这些角度分析,布迪厄的实践理论不仅可以为本研究提供理论的支持,兼有方法论的意义。

三　主要研究方法与资料收集方式

在研究过程中,笔者先后 4 次进入田野点开展研究工作,此外还与相关文化部门和企业的主要负责人,以及相关领域的专家学者进行了访谈。参与观察、深度访谈、问卷调查、定性研究等方法在研究中被广泛采用。

(一)参与观察

马林诺夫斯基开创的民族学田野调查模式被视为民族学的学科"灵魂",作为民族学研究者学术生涯必然要经历的阶段,参与观察同时也是

---

① 谢立中:《西方社会学名著提要》,江西人民出版社 2003 年版,第 610 页。
② 陶东风:《社会科学的反思——读布迪厄的〈反思社会学引论〉》,《开放时代》1999 年第 4 期。

民族志作品撰写中应该采用和恪守的研究方法。不但要同吃、同住、同劳动，与被研究者打成一片，用"本地人"的视角去实践去理解他们的生活和文化，做出以"主位"为视角的"深描"，同时还应具备"客位"的客观性、学理性。只有把田野当作调查者日常生活的一部分，尝试成为"他者"之中的一员，与被研究者及其社区文化生活保持高度一致，才能在日常的"参与"中实现对实践的"观察"，做到"田野中的田野"，"观察中的观察"。在长期的研究接触过程中，笔者与田野点的东巴祭司或是建立了现实中的师徒、师兄弟关系，或是形成取长补短相互交流的合作关系，也与村民形成了良好的社会关系。调查过程中，田野点的日常生活也变成了笔者的生活日常，这也保证了笔者田野资料的真实和全面。

（二）深度访谈

访谈采取非结构式，以新主东巴祭司群体、东巴祭司后代、学校负责人、村民代表、丽江东巴文化博物馆、丽江市东巴文化研究院和文化企业负责人为主要的目标人群，访谈的主要内容包括被访者的个人生活史、传统文化参与、文化认知与文化态度等，共计访谈约 100 人次，收集了大量的第一手资料，为本书的撰写提供了内容翔实的基础。在研究中笔者也意识到，除了访谈内容本身之外，与不同个体的交流过程亦是文化行为和文化实践的一部分，它作为文化变迁的符号理应列入研究的内容范畴。

（三）文献搜集分析

本研究涉及的文献资料除了文本资料外，还包括部分受访者的口述资料。所收集文献资料主要包括以下两个方面的内容：首先为国内外学者对纳西学、东巴文化传承、文化自觉、主体性等相关研究的著作和论文等；其次包括收集和复印的部分东巴经典。这些文献资料在启发本书的研究思路，提供指导性理论范式，进行背景分析，以及历时与共时性研究方面发挥了巨大作用。

除了上述的资料收集外，在田野调查和相关访谈过程中，笔者拍摄了3000 余幅照片、摄制了时长 20 小时左右的视频资料，录制了时长约 50 小时的音频资料。

四　本书研究的思路

第一次踏上新主的土地是在 2010 年，最初是为了完成硕士学位论文，在与新主村民和东巴的多年交往中，已由最初的生怯腼腆变成了现在的自然随意。外人眼中精明的和桂生东巴会放心地将电脑、邮箱密码告知笔者，而倍受村民尊敬的和圣典东巴亦是笔者的东巴老师和房东。不敢说已经与村民打成一片，但很多村民对那位一直在他们村里转悠"老朋友"的老朋友已经习以为常。本课题的研究在完成毕业论文同时，笔者也试图将新主东巴群体多年来为传统文化所做的努力呈现给更多的"他者"，走进他们的文化自觉之旅。

该研究通过一个村寨的东巴祭司群体及其文化实践活动，解读全球化、现代性背景下本土文化的持有者如何使用传统文化处理人与人、人与自然和人与社会之间的关系，解决彼此间产生的矛盾和冲突，分析传统文化应对"现代问题"时的态度，及其采用的路径与效用。探讨传统文化在全球化背景下存续问题的同时，也从学理上，为未来中国多元文化进程提供东巴文化图式的参考。

可以看到，丽江传统文化的内、外部环境较之以前都已发生了巨大的改变，传统文化的境遇也历经了几次转变，较之动荡时期的衰落，当下开放文化环境下，部分文化传统在丽江悄然兴起。目前，东巴文化的传承模式除传统的家庭/家族传承（父子或叔侄传承）和寄师拜学为主要形式的村寨传承模式外，还新增了学校传承、企业传承等不同模式。对各时期不同的传承模式的形成和特征的解读是本研究的主线之一。作为实践的主体，东巴群体除了文化的教习传承之外，还包括对文化的日常操控，具体而言就是将东巴文化仪式化运用于日常生活，文化的现实意义从中体现。对东巴文化、文化持有者和社会之间的互动的关注，是研究的重要内容，从中可以看到在不同的历史时期，不同的社会文化环境下，文化持有者是如何发挥其能动性，在实践中去诠释其对时代的认知与理解。在具体研究中，笔者主要关注了新主东巴祭司群体的历史演变、不同时期新主东巴文化的传承状况、东巴文化实践与村民日常生活的关系、新主模式成功的原因、传统文化与国家权力的博弈、东巴文化主体性等问题。

第一章　鲁甸新主概况

丽江纳西族自治县成立于 1961 年[①]，2003 年丽江撤地设市[②]，原丽江纳西族自治县分设今玉龙纳西族自治县和古城区，鲁甸乡位于玉龙纳西族自治县境内，新主村属鲁甸辖区内的 5 个村委会之一。

一　鲁甸乡概况

（一）鲁甸的地理环境

鲁甸乡位于丽江市玉龙纳西族自治县西北部，乡政府所在地甸心村距离玉龙县政府 156 千米。鲁甸乡东与巨甸镇及黎明傈僳族乡接壤，南与怒江傈僳族自治州兰坪白族普米族自治县相连，西接迪庆藏族自治州维西傈僳族自治县，北部与塔城乡接壤，全乡总面积约 632.4 平方千米[③]，海拔在2100—3839 米，年平均气温 11℃，霜期 180 天左右，年均降雨量 900—1100毫米，气候条件介于亚热带和温带季风气候之间。这样的自然环境，为该地区动植物的生长提供了适宜的条件。

鲁甸东南部地区地处世界自然遗产"三江并流"八大片区之一的"老君山"腹地，西北部大部分地区位于"新主横断山天然植物园"内，森林资源丰富。境内植被呈明显的垂直分布，生物多样性特征突出，仅"新主横断山天然植物园"内就有国家稀有一类保护植物 10 余种，种子植物 79科 167 属 280 余类。[④]作为云南省著名的"云药之乡"，鲁甸境内有重楼、天麻、珠子参、青阳参、茯苓、猪苓、五味子等 264 科共 2010 种[⑤]野生药

[①] 丽江纳西族自治县志编纂委员会：《丽江纳西族自治县县志》，云南人民出版社 2001 年版，第43 页。

[②] 参见李育群《区县分社后玉龙县开局时期的主要工作》，《玉龙往事——纪念玉龙纳西族自治县成立五十周年》，中共玉龙纳西族自治县委员会、玉龙纳西族自治县人民政府编，丽市文广新（2011）内资字第 24 号，2011 年。

[③] 丽江纳西族自治县志编纂委员会：《丽江纳西族自治县县志》，云南人民出版社 2001 年版，第59 页。

[④] 赵琦、袁理春等：《云南新主天然植物园主要经济真菌介绍》，《福建农业科技》 2007 年第 3 期。

[⑤] 《鲁甸乡基本情况》，2014 年 12 月 8 日，http://ylnxld.yulong.gov.cn/Item/333.aspx，2016 年 11月 25 日。

材资源分布。全乡有耕地 12 万亩，人均有地 7 亩，林地 69 万亩，全乡森林覆盖率达到 80%以上。适宜的气候、肥沃的土地和区域内丰富的动植物资源，为生活于该地区的各族群众提供了基本的衣食之源。

（二）鲁甸的经济文化

鲁甸乡辖鲁甸、新主、杵峰、太平、安乐 5 个村委会共 95 个村民小组，居民 4113 户、17421 人，其中农业人口 16637 人，占总人口的 95.5%。[①] 辖区分布有汉、纳西、普米、傈僳、白、彝、藏、苗族 8 个世居民族，其中，汉族 2203 人、纳西族 7321 人、普米族 2028 人、傈僳族 4200 人、白族 112 人、彝族 1141 人、藏族 406 人、苗族 10 人[②]，少数民族人口比例为 87.35%，占比前三的为纳西族、傈僳族和普米族，人口比例分别为 41.99%、24.09% 和 11.63%。鲁甸境内人口上千的 5 个民族在各村委会的分布比例也较为均衡。一般而言，村中各民族都有相对集中的聚居地，同一村中，村头住普米族而村尾住纳西族的"大杂居、小聚居、交错杂居"情况较为普遍，多元的民族结构分布造就了多样性的民族文化景观。历史上，跨族际通婚的情况并不常见，但近年来随着社会开放程度的提高，族外婚的情况也时常出现。不同民族成员在农业生产实践、文化活动等方面的交流也日益增多。

近年来，鲁甸根据自身的地理优势条件，将传统的以粮食作物种植为主的农业产业结构逐渐调整为以药材、烤烟和林果三大产业为核心的农业发展模式。在"产业兴乡"和"药材强乡"的思路指导下，目前已形成以药材为支柱产业，烤烟、芸豆、核桃等经济作物和畜牧业为辅助的农业产业格局。2013 年全乡药材种植面积超过 6 万亩，产值突破 2 亿元。全乡烤烟种植面积 6870 亩，完成烟叶收购 18304 担，实现产值 2284.7 万元，[③]2014 年，鲁甸乡种植药材的家庭户数达 95%，产值预计达到 2 亿元左右；[④]烤烟种植 5170 多亩，产值 1394.3 万元[⑤]。此外，鲁甸乡还发展了果药、林药套种模式，每年种植面积近万亩，仅有少数村民种植少许玉米、大麦等作物供饲养牲畜，粮食作物种植在很多地方已经绝迹。

鲁甸设学时间基本和周边乡镇同步，自清代始，鲁甸设义学馆，最早

---

① 数据资料来源：《鲁甸乡结合民族文化创新基层党建工作典型材料》，鲁甸乡政府，2010 年。

② 玉龙县民族宗教事务局：《玉龙县 2015 年度民族情况统计》，2016 年 2 月 19 日，http://ylnxmzzj.yulong.gov.cn/Item/2039.aspx，2017 年 2 月 10 日。

③ 徐永康：《固本强基 创新思路 奋力推进鲁甸经济社会全面发展——在鲁甸乡第十届人民代表大会第二次会议上的报告》，鲁甸乡第十届人民代表大会第二次会议材料，2014 年。

④ 《鲁甸乡基本情况》，2014 年 12 月 8 日，http://ylnxld.yulong.gov.cn/Item/333.aspx，2016 年 11 月 25 日。

⑤ 徐永康：《鲁甸乡人民政府关于 2015 年工作总结暨 2016 年工作计划的报告》，2015 年鲁甸乡政府工作报告，2015 年。

于光绪二十年（1894），由知府陈宗海酬银建鲁甸馆。[①]20 世纪 30 年代末，创办鲁甸高等小学。1990 年，有乡办中学一所。[②]目前有初中 1 所，完小 5 所。位于鲁甸坝子北端的"灵照寺"是滇西藏传佛教噶玛噶举派 13 大寺之一，建于清乾隆年间，大殿建筑宏伟，雕刻精致，"文化大革命"中被毁。[③]鲁甸历史上出现了和世俊、和德贤、和政才、和文质、和云彩、和开祥、和云章等著名的东巴大祭司，是历史上纳西族地区东巴文化发展较好的地区之一，鲁甸乡新主村也是目前传统文化复兴工作开展较好的区域。全乡现有省、市、县各级的东巴文化传承人十余人，除新主村东巴群体实力较强外，杵峰村委会还有 1 位能独立主持开丧仪式的东巴祭司，另有勒巴舞、民间音乐、民间绘画县级传承人各 1 位。

由此可见，鲁甸乡是一个自然环境独特，民族多样，文化丰富的地区，东巴文化在其中又独树一帜，尤以新主村最著。

二　新主村概况

（一）新主村自然生态

新主村委会位于鲁甸乡北部，东部与金沙江岸的巨甸镇接壤，南邻本乡太平、鲁甸村委会，西侧为高鸟山后的维西县，北部与玉龙县塔城乡和迪庆州维西县塔城乡相邻。地处东经 99.4°—北纬 27.2°，村落覆盖地区海拔 2400—2700 米。该村位于丽江与维西的交界地带，处于青藏高原山麓地带，高寒山区气候特征明显，日照时间长，昼夜温差大，年平均气温 11℃，6—10 月为雨季，年降水量 1000 毫米。全村耕地面积 12586.5 亩，人均 3.2 亩，山地面积约 6000 亩，林地 15 万亩，荒山 8000 亩。新主村内有三条未名河流经主要村落聚居区，供全村灌溉，约有 20 处水磨房沿河分布，三河汇集处下游有小型发电厂。此外村落周围山林中还有多处供村民饮用的山泉。

由于地处老君山脉河谷地带，喀斯特地貌特征明显，村中巨石较多，野生核桃树密布，社区周边森林覆盖率高，以生物多样性著称的"新主横断山天然植物园"位于村西侧。与鲁甸其他村一样，新主村具有山多平地少、气候寒冷、海拔高、村密、物种多样等自然环境特点，它们在一定程

---

① 参见丽江纳西族自治县志编纂委员会《丽江纳西族自治县县志》，云南人民出版社 2001 年版，第 680 页。

② 参见丽江纳西族自治县志编纂委员会《丽江纳西族自治县县志》，云南人民出版社 2001 年版，第 59 页。

③ 参见丽江纳西族自治县志编纂委员会《丽江纳西族自治县县志》，云南人民出版社 2001 年版，第 5 页。

度上也影响了当地的民族文化构成和发展。

图1—1　新主村鸟瞰（朱永强摄 2016）

（二）新主村人文经济

新主村委会驻地为东元队，距玉龙县城 165 千米，距乡政府所在地甸心村 18 千米。新主村委会辖红字片、新字片、东字片、金字片 4 个片区 21 个村民小组。东字片有东元、东红、东海、东风和东山 5 组；新字片为新生、新联、新福、新华和新建 5 组，红字片分红旗、红光、红元、红星、红岩 5 组；金字片含金星、金联、金海、金河、金山和金泉 6 组。全村共 935 户村民，4027 人。其中纳西族 678 户 3406 人，占新主村总人口的 84.6%；普米族 283 人、傈僳族 280 人、藏族 46 人，白族 12 人。① 作为历史上的东巴文化重镇之一，东巴教至今仍在新主村民信仰体系中占据重要地位，由于距离维西县塔城镇其宗喇嘛寺较近，也有个别村民会赴该寺供奉香火，求签许愿。

历史上，新主村是一个以传统农牧业为主的地区，虽然人均耕地只有 3.2 亩，但由于山地、林地等可供开垦种植的土地面积较多，除东字片外，大多数农户实际可耕地面积都在 20 亩左右。目前新主村产业以经济作物种植为主，粮食种植为辅，经济作物主要为烤烟和药材，是鲁甸乡最早种植烤烟的地区。新主村近年的烤烟种植面积均在 5000 亩左右，药材种植面积也为 5000 多亩，另外，还有白芸豆、玉米等作物种植约 5000 亩。据村民介绍，20 世纪 80 年代以前，新主村周围都是茂密的原始森林，后来由于乱砍滥伐古树基本绝迹；目前还幸存有一棵留有半段树干的铁杉古树，直径约 5 米，残存树干高约 8 米，树冠南侧仍有绿枝，被称为"铁树王"。现

---

① 人口数据为新主村委会副主任和茂俊提供，有个别外嫁入的汉族并未单独列出，多被计入所嫁入家庭所属民族总人口数中。

在村中也有年轻人翻山至维西县境内盗伐木材，以此为增收手段，山路上常有被林业部门拦腰截断的原木被遗弃。另外，村民中还有以养蜂为副业者，多者有蜂巢百余；花椒、苹果、核桃也是部分村民种植的经济果木。值得一提的是，从 2013 年开始，以土特产品生产经营为主要业务的民营企业"丽江得一食品有限责任公司"入驻新主村，以每亩 500 元/年、3 年一付、租期 30 年的合同形式在村西侧的高鸟山下租用村民耕地、林地建设生态农庄，目前已租用红字片的耕地林地约 800 亩，很多失地者大都被返聘至农庄从事果蔬种植，部分家庭的土地已悉数租出，另有"丽江市华丽生物开发药业有限公司"以每亩 800 元的价格租用该村土地 500 亩。从中可以看出，新主村的生计方式除尚保留较少部分粮食种植外，大部分已经改种经济作物，村民中更有土地出租而成为被聘用者，收入来源日益多元化。

小　　结

鲁甸乡地处玉龙纳西族自治县西北部，是云南著名的"云药之乡"，药材种植为鲁甸乡的特色产业。近年也发展了烤烟产业，地方政府虽然积极引导地方经济结构调整，但由于地域偏僻、交通不便等原因，经济发展缓慢，属于玉龙县经济欠发达区域。新主村是一个以纳西族为主体民族，多民族聚居的社区，村中以烤烟种植业为支柱产业，药材种植业也有较高的占比；目前已经有企业行为介入传统的产业结构发展中。高占比的纳西族人口为新主村历史上东巴文化的繁荣提供了群众基础，长期以种植业为主导的自给自足型经济生产方式则是东巴教信仰存续的物质基础。

第二章　东巴家族的古与今

纳西东巴文化又被称为东巴教文化，东巴教是纳西族的本土宗教，旧时除了纳西族人信仰之外，也有部分与纳西族杂居的汉、普米、傈僳等族民众也信奉。一些东巴教研究者并不赞成用宗教的经典定义去定位东巴教，因为东巴教至今仍有数万册经典流传于世，且在和志武看来，有相对统一的教义教规，故也不适合以"萨满教""原始巫教"等称谓呼之。

东巴教产生于纳西族原始社会，源于自发的原始巫教，唐初受吐蕃苯教的深刻影响，以自然崇拜、图腾崇拜、祖先崇拜和重卜为特点，是纳西族原始古文化的创造者和传播者。后来受藏、汉佛教文化的影响，发展了一些与原始巫教不同的特点，但还没有发展到典型的人为宗教的阶段，仍属原始宗教的范畴。[①]

吕大吉先生认为，"全部人类宗教作为一个整体看，是从原始社会的氏族—部落宗教发展为古代阶级社会的民族—国家宗教，以及又发展为世界性宗教。"[②]纳西族学者杨福泉认为，在纳西族东巴教文化中，有不少"氏族—部落宗教"的内容，但在理解东巴教的时候不能"忽视这种发轫于原始社会的宗教在后来不同的社会发展阶段所发生的种种复杂变化，而仅仅以'原始宗教'来理解东巴教"，他主张关注"随着各民族的社会生活的变迁和文化交融而发生在宗教信仰领域的变迁"，这样就能避免"对各民族从氏族—部落发展而来的本土宗教的理解发生歧义"[③]。他对东巴教给出了如下的定义：

东巴教最初是纳民从早期的巫术文化（巫教）基础上发展而来的一种原始宗教形态，后来融合了以藏族为信仰者主体的苯教和"喜马拉雅周边文化带"，一些萨满（即巫术、巫教 Shamanism）文化、藏传佛教文化等因素，形成为一种以卷帙浩繁的象形文字经典为载体、有繁复的仪式体系而独具特色的古代宗教形态。[④]

---

① 和志武：《纳西东巴文化论》，吉林教育出版社 1989 年版，第 26 页。

② 吕大吉：《宗教学通论新编》，中国社会科学出版社 1998 年版，第 473 页。

③ 杨福泉：《东巴教通论》，中华书局 2012 年版，第 4—5 页。

④ 杨福泉：《东巴教通论》，中华书局 2012 年版，第 13 页。

　　纳西族学者和力民则认为，东巴教不属于存在于尚不具有成文历史的原始社会中的以自然崇拜、图腾崇拜和祖先崇拜等为主要特征的原始宗教范畴，也不能纳入具备系统宗教经典、专职祭司群体、宗教庙宇和完整宗教教义四要素构成的人文宗教范围，而是"原始（蒙昧）宗教向人为（文明）宗教过渡的一种特殊的民族宗教形态，或称后原始宗教形态"[1]。从以上学者的研究中我们可以看到，东巴教肇始于原始社会时期，服务和发展于纳西族农耕社会，以纳西先民的生产生活经历为主要内容和表现形式，并融合了汉、藏等民族的宗教元素，是一种处于过渡期间的文化形态，兼具原始宗教和人文宗教特点。与民众日常生活紧密联系，多民族文化元素共存，过渡时期可塑性较强，是东巴教的三个明显特点，而这三个特点，也为东巴教在新时期文化主体性的凸显提供了保障。

　　在东巴文化的发展过程中，家族/家庭传承是祭司传承的主要方式，由此，在各纳西族地区形成了几个较为知名的东巴家族，如塔城的和永公东巴家族、太安的康巴才东巴家族，在鲁甸，则以新主村和世俊东巴家族为代表。

一　东巴的到来

　　相传在清朝初年普米族自怒江州兰坪县境内迁至新主落户定居，纳西族是在普米族之后才迁徙而来的。[2]虽无具体文献可考两个民族到新主的确切时间，但先后顺序仍有两点可以佐证，一是目前新主的多数村落、山林、和田地都是以普米语命名；二是在土改进行阶级划分时，因先到新主的普米族占有土地太多，很多家庭曾被划为地主富农，村中部分纳西族家庭则被定为佃户和贫雇农，对这段历史很多村民还记忆犹新。清朝时期，纳西族人才来到新主地界。

（一）外来的家族

　　在和圣典东巴家族的一块墓碑上，有这样一段记载："自古于乾隆年间由南山木书生发流至此境乡方为位"，墓碑落款时间为"大清光绪二十年仲秋月"。乾隆皇帝在位时间为1736—1796年（执政60年），光绪二十为1894年。根据和圣典家族的祭天经书记载，到和圣典这一代搬到新主已经是第9代，和圣典为1960年生人（以20—25年一代算，往前推8代，差不多为160—200年），先祖搬来的时间约为1760—1800年，与乾隆年间基本吻合。

---

　　① 和力民：《东巴教的性质——兼论原始宗教界说》，《思想战线》1990年第2期。
　　② 现新主村普米族中年纪最长者和兆选老人有一本自己整理的家谱，据其父子连名制推算普米族到新主时间在清朝初年，而村中另外一位老者杨德茂也根据自己的考证在自己为《新主志》撰写的稿件中注明普米族到新主的时间为"1644年顺治年初"。

至于南山木书，在其家族的其他墓碑上则刻为"南山目书"，"乾隆三十五年（1770），设置丽江县，下辖 12 里、12 约、2 保。……南山约辖今太安乡全部区域，七河乡的前山、后山，南山乡的南溪等行政村"①，直至清末这种辖区沿革都未改变。南山一词不仅在汉文献中有记载，民间口语也有具体所指，即为今丽江市古城区七河镇前上村委会、后山村委会、玉龙县黄山镇南溪村委会和太安乡等区域。在新主民间，一般将此家族称为"五宙塔"②家族，这个家族诞生了和世俊（1880—1930）、和文质（1907—1951）等著名东巴大师，最早的居住地为今红光队杨六斤老人居所附近。

和圣典：据说当时先祖策马扬鞭来到新主的地界开基立业，心想马跑到何处停歇就在何处安家，结果马儿在几棵老核桃树下止步了，正是现在的"傣鲁国"（老家）杨六斤老人家附近那里。

新主另一个东巴和义生于 1963 年，其家族大部分族人现居"开满"③，据家族长者介绍，先祖也是从南山迁徙而来。和义的族兄和国新东巴为笔者展示了一份他按照其二叔和云鹤家族历史口述整理的材料，叙述了其祖先的迁徙：

据本族第十代后裔和云鹤记载，先祖阿纳、阿高、阿塔、阿给、阿若，塔给若原居白沙束河，与阿塔代迁居拉市放牛坪，生育十子，纳西木氏土司为了鼓励其夫妇说，"我当了那么长时间的官也未曾听闻一对夫妇养育十个子女且都健在"，后赐其南山"多公咩"地方约百亩地，十兄弟成人后分家至丽江、宁蒗、永胜、维西等地，老九后裔现居塔城，本族为老十后代。先祖从"多公咩"迁至"拉片古"，再至阿施主"开满"，至"脱落本苯绿谷"定居。塔给若大概生于一七九四年夏历甲寅年，乾隆五十九年，享年九十九岁，其妻伟余是太安花依人，夫妇生育五男二女。……

据此可知"塔给若"（1794？—1893？）④为该家族定居新主的第一代先祖，其家族后来在新主中村和下村都有分布，20 世纪参与《纳西东巴古籍译注全集》工作的和云彩（1921—1991），以及著名东巴文化研究者李霖灿（1913—1999）先生的研究助手和才（1917—1956）也是该家族成员。

新主上村的东巴和应龙、和灿峰家族同为新主较大的东巴家族，其祖辈和开祥（1922—2002）是丽江近代著名东巴。"先祖'阿普波'是这个

---

① 丽江纳西自治县志编纂委员会：《丽江纳西族自治县县志》，云南人民出版社 2001 年版，第 39 页。

② "五宙塔"一词为父子连名制的家族称谓词语，为"五宙"之子"五塔"之意；另为识记方便，本研究中父子连名词汇和家族名用双引号标注。

③ "开满"为纳西语（或普蜜语）地名，范围多指新主村委会附近即新主下村几个东字片和红字片村落。

④ "塔给若"为父子连名称谓。

家族的远祖，他最初居住在丽江的南山地，后又迁到丽江塔城的依支陇巴地，再迁到鲁甸乡新主上村，也就是说，阿普波是和开祥这个家族居住在新主村的第一代人。……现在和开祥这个家族的东巴是从阿普恤开始的。据此可以推测，阿普恤当属清朝以前的人。"①从阿普波到阿普恤历经了四代人，从阿普恤至和应龙这一辈已经是家族世传的第六代东巴。

　　和应龙：听老人讲我们家是从塔城"赫可笃"（ hɯ⁵⁵ko³³dv¹³）那里搬来的，从南山太安到塔城，再到新主，前人先搬到了塔城，后再到我们这里（现居住地）打猎，故意留下一些干粮种子撒在地上，第二年回来看见种子长出了粮食就觉得这里可以住，然后留在了这里。

　　从新主"五宙塔""塔给若"和"阿普恤"三个家族仅存的一些史料和老者的追溯中，我们可以判断，约在清朝康熙年间，三个著名的东巴家族先祖是分别从太安、七河、白沙、塔城等地迁至新主，而在此之前已经有普米族居民在此居住。虽是在普米之后才来到新主，但纳西族人口增长较快，连村中的普米族长者都认为是由于两个民族人口增长呈现截然相反的状态导致纳西族后来成了新主的主体民族。虽然普米族与纳西族的送魂路线大相径庭，在民间信仰方面也差异明显，但对 20 世纪 50 年代以前活跃在村中的普米族祭司，村民也以"普米东巴"称呼，足以见得两个民族在文化方面的紧密联系。

　　（二）东巴家族的具体分布

　　历史上，在新主村金、红、新、东四个片共 21 个村民小组中，几乎每组都有东巴家族分布。其中金字片金星组、红字片红光组、新字片新福组、东字片东海组为东巴人数最多，且目前是东巴传承人最集中的村落。

　　1. 红光队"五宙塔"家族

　　鲁甸新主最出名的东巴家族为红光队"五宙塔"家族，该家族也是新主最大的东巴家族。家族最早的一代东巴为东吉，膝下生五子，分别为东塔（1854—1919）、东子（和世俊）（1860—1930）、东义、东四林、东宝，五兄弟都是东巴②，其中东子和世俊最为出名。该家族第三代东巴为东塔生的三子：东来（1880—1953）、东那和国贤（后做和世俊养子）和东四杨，东义之子东修和志贤（1907—1951），东四林之子东撒、东才，东宝养子和文彦。③东来（法名"格套翁来"），是新主知名的东巴私塾教育者，学生数十人，其子和文茂（1905—1970），孙和学典、和述典也是东巴。东修和志贤擅长东巴绘画，能绘制东巴仪式所需的一切绘画用品，其

---

① 李国文：《人神之媒——东巴祭司面面观》，云南人民出版社 1993 年版，第 139 页。
② 在东巴家族人名中，称谓中带"东"字的通常都为东巴。
③ 和文彦虽与东宝隔了两代，但作为东巴的养子，文中将其列为家族第三代东巴。

子和文元也是东巴。东那和国贤（1884—1959，法名"于登铺之"），过继给和世俊之后生有三子，长子和文质（1907—1951）是新主最著名的大东巴，次子和文彦（后做东宝养子）也是纳汉语文兼通的东巴，和文质之子和成典（1928—1988）也是知名东巴，曾赴丽江东巴文化研究室参与东巴古籍翻译工作。和文质东巴的三个重孙和家龙、和家武、和家政为该家族迁至新主后的第七代东巴，东四杨之子和文卫（1886—1946）、孙和圣典（1960—）、重孙和茂俊（1987）也都是村中东巴。

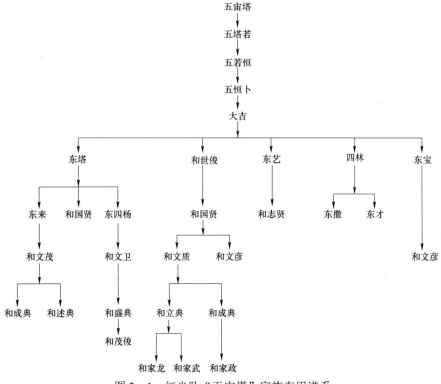

图2—1　红光队"五宙塔"家族东巴谱系

　　新主红光队和建勋（1891—1959）法名"琼统拉松·东三"，是和世俊七大弟子之一，与和世俊为表亲。其子和志坚（1927—1998）也是东巴，和志坚之妻杨六斤（1925—）为大东巴杨尚志侄女，是新主健在的通晓东巴仪式规程、舞蹈规程的唯一女性长者。

　　2. 红元队"五宙塔"家族

　　新主红元队和政才^①东巴（1886—1963）也属于"五宙塔"家族，为和

_____

　　① 部分研究资料中将和政才写为和正才或和志才，其本人在梳理的家谱中用了"和政才"之名，此处沿用此名。

世俊的七大弟子之一，曾在家中开设东巴私塾教学，参与新时期东巴古籍翻译工作，在村中有很高的威望。其孙和金康，增孙和建平都有学习东巴文化的简短经历，但未能持续。

3. 红旗村"五宙塔"家族

红旗村和尚志东巴（1888—1960）法名"触及初步·东布"，同属"五宙塔"家族，是和世俊的七大弟子之一，为整个新主最著名的东巴舞蹈老师，培养了和敏武、和从福等学生。和尚志东巴有三子，长子和敏书（1911—1988）、次子和敏学（1922—2005）、幼子和敏礼（1927—1951），长子和次子都是东巴。

4. 金星村（裹乐）"东忸"家族

金星村（裹乐）和德贤大东巴（1865—？）法名"葛布于登·东恒"，是先祖"阿普波"的曾孙，为该家族第一代东巴"东忸"之子。曾在塔城依隆和永公家求学，为和世俊的师弟，是当时仅次于和世俊的大东巴。和德贤有两子和顺贵、和顺才，两人都是东巴；和顺贵有一子和开泉，是著名的东巴画师，同时擅长跳东巴舞；和顺才育有三子，和开才、和开泰、和路恒，三人都是东巴；和开泰两子和仲贤、和仲清也是东巴，和仲清之孙和应龙（1988）现在是村里年轻的东巴。

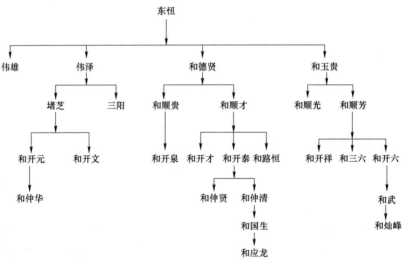

图 2—2　金星村"东忸"家族东巴谱系

和德贤有三个同胞兄弟，分别是大哥伟雄[1]、二哥伟泽、四弟和玉贵，其中伟雄不是东巴；伟泽有三子，次子堵芝与三子三阳都是东巴；堵芝之

_____
① 和德贤同胞兄弟中，伟雄、伟泽因未上过汉文学校而没有汉语名字，伟雄、伟泽为纳西哥巴名。

子和开元（法名"余登余塔"），和开文（法名"龚布余登"），都是知名东巴。和德贤的四弟和玉贵之长子和顺芳也是东巴，和顺芳有三子，分别为和开祥、和三六、和开六，三人都是东巴，其中和开祥是家族中名气仅次于和德贤的东巴，和开六之孙和灿峰（1991）现在学习东巴文化。

5. 红光队杨尚志家族

新主红光队东巴乐恒，其子杨尚志（1897—1961）法名"雄松修东·东雄"，是和世俊七大弟子之一，次子杨国忠曾习汉文和东巴文，担任新主小学教师，象形文字书写优美，曾为李霖灿抄写东巴经书。杨尚志曾孙杨政元（1986）目前是该村年轻东巴之一，杨尚志胞兄杨尚德之女杨六斤嫁入和建勋家族，至今健在。

6. 东红队"塔给若"家族

"塔给若"家族现主要分布在新主"开满"东红队和红星队以及红光队等村，塔给若一代生有五男二女，五子分别是阿智、阿鲁、阿兔、阿修、阿布。阿智之长子名党史（1860—？），其子和财宝（1891—1961）东巴有四子：和云善（1916—1979）、和云寿（1919—？）、和云胜（1933—2012）、和云鹤（1937—2002），其中和云胜略懂东巴文化，和云善之孙和乾，和云鹤之子和国新（1953—）现为村中东巴。阿兔之三子伟义（1871—？）其子伟高（1896—？），其孙和云彩（1921—1992）、和云龙（1903—2000）都是东巴。其中和云彩是近代著名东巴之一，17岁当兵，23岁复员后从师和政才学习东巴文化，1980年被邀请到丽江东巴文化研究室参与东巴古籍翻译工作。和云彩胞弟和云龙也是东巴，和云龙之子和义（1963）现为村东巴，和义胞兄和芳之子和金文（1974）也是该村年轻东巴。

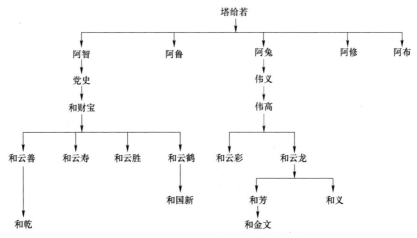

图2—3 东红队"塔给若"家族东巴谱系

7. 红光队"塔给若"家族

该家族东年布东巴之子东四阳与东几为知名东巴。相传，东几为和世俊东巴的师兄，东四阳之子和占春（1893—1980）、东几之子和占阳（1887—1944）法名"嘎乌玖套"，与和占斗（1906—1955）是该家族第三代东巴，和占阳是和世俊七大弟子之一。和占斗有三子：和志杰、和品杰（东玉龙）与和志高，三人都是东巴。和占春之子和志新（1926—1999）为20世纪末村中教授东巴文化和开展东巴仪式的东巴祭司，和志新之孙和春新是目前村中的年轻东巴。和占斗之孙和树杰与和志杰之子和秀文（1963）是该家族第五代东巴，和秀文胞兄和秀才之子和春生（1974），和春生之子和乾（1999），分别是该家族第六代、第七代东巴。

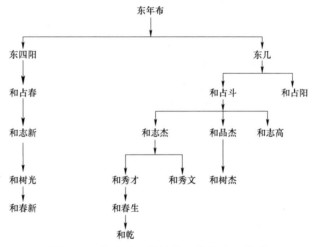

图2—4　红光队"塔给若"家族东巴谱系

8. 其他东巴家族

新主新福队的和卫仁（1903—1975）、和卫义（1906—1979）、和卫信（1907—1986）、和卫礼（1909—1968）、和卫智（1911—1985）五位东巴被称为"仁义礼智信"五东巴，五兄弟一开始先在红光队东来东巴家拜师求学，后将东来师傅请到家中教学一年又8个月，成为村中流传的一段佳话。其中，和卫信是纳西东巴中少数"路鲁"①东巴之一，据传和卫信有几册较为特殊的路鲁东巴经书，只能在"路鲁"东巴间传阅，其他纳西支系东巴不能使用。和卫智是当时同辈东巴中知识掌握最全面，东巴唱腔最好的东巴之一。该家族中还出现了和伟义（1899—1938）、和才

---

① 在一些纳西族地区，"路鲁"一词旧时常用来指称与傈僳族通婚的纳西族群体，"路鲁"东巴多存在于这些家庭中，也有学者认为"路鲁"为纳西族的一个小支系。

（和卫文）（1925—1965）、和文灿三位东巴，和才东巴因为与李霖灿的关系而被外界熟知，和文灿是和才的侄子，也是一位能主持开丧仪式的"路鲁"东巴。

新主新华村杨尚凡（1891—1963）是家族中最出名的东巴，为新主公认的大东巴之一，20世纪40年代新主村最后一场"加威灵·求寿"仪式在其家中举行。

二 东巴盛世

作为民间仪式和宗教活动的组织者，东巴祭司在纳西族日常生活中扮演了重要角色，在东巴文化的兴盛时期（清末到民国）几乎在所有纳西族聚居的村落都能看到东巴祭司的身影，纳西族人的生老病死、婚丧嫁娶、时令节日、农事生产或是民间纠纷的解决都离不开东巴，他们维系着社区的正常运转，是纳西族物质文化和精神世界的重要创造者和引领者。即便未达到村村有东巴的程度，也基本处于隔村、邻村就能请到东巴的状态，至于像鲁甸新主、塔城依隆、太安汝南化等村在中华人民共和国成立前每个家族都有东巴甚至户户有东巴。目前文献记载中最早涉及东巴人数和分布的记录，见于和志武、郭大烈先生所撰《东巴教的派系和现状》一文，两位先生以1983年在丽江召开的"东巴达巴座谈会"为契机做了调查。当时纳西族地区的东巴约有217人，占纳西族总人数的0.08%。具体分布为："丽江103人，其中太安19人，鲁甸18人，塔城15人，宝山12人，鸣音11人，大东8人，金山6人，龙山5人，大具4人，黄山4人，金庄3人，奉科2人，龙蟠、白沙、拉市、七河各1人，其余不详；中甸县（今香格里拉县）25人，维西县约有10人，永胜县5人，宁蒗县2人，四川木里县31人。据粗略估计，中华人民共和国成立前东巴活动最盛时，人数达1000人左右，占当时纳西族总人口的0.8%，目前健在的东巴不到过去的五分之一。"[1]

东巴文化学者和力民是1983年和1999年两次"东巴达巴文化座谈会"的亲历者，他参与了到各村落实地邀请东巴参会的整个过程，两会相隔16年，东巴分布情况也大不相同。"1983年相当数量的大东巴还健在，而1999年还在世的大东巴却大大减少。我们邀请了两个省7个县的近百名东巴参会，其中高水平的东巴的数量也很有限。2001年我们统计的原丽江县境内75—92岁的东巴有18个，近两年已去世7位。"[2]而今，东巴人数和水平

---

① 和志武、郭大烈：《东巴教的派系和现状》，郭大烈、杨世光编《东巴文化论集》，云南人民出版社1985年版，第38—39页。

② 和力民：《试论东巴文化的传承》，《云南社会科学》2004年第1期。

更是今非昔比，即便如此，从整个纳西族地区的整体分布来看，鲁甸东巴的人数仍然居于前列。截至 2016 年，新主村拥有省级东巴文化非物质文化遗产传承人 1 人，市级 1 人，县级 9 人。同年，新主村被列入云南省第三批省级非物质文化遗产保护传承基地名单。村中 19 位东巴中大多有独立担任仪式主祭祀的经历，其中和圣典东巴有二十余年的授徒经历，和桂生东巴也在十几年前开始招收东巴弟子，两位东巴师傅均为纳西族地区的知名东巴，在东巴界有一定的影响和声誉。

当下谈及纳西东巴文化，无论是在研究领域抑或是文化交流、传承人培养等方面，百卷版《纳西东巴古籍译注全集》（下称《全集》）都体现出它的不可替代性。翻译《全集》中收录的近千册东巴经书，这一耗费巨大人力、物力、财力的浩瀚工程更是成为 20 世纪末纳西东巴文化界头等要事。在翻译工作开展过程中，鲁甸东巴可谓撑起了半壁江山，和政才、和成典、和云彩、和开祥、和云章等东巴都参与了经书的翻译工作，有的东巴为了翻译事业而落下残疾甚至献出了生命。"这些老东巴，生前帮众多研究纳西族东巴文化的学者文人释读翻译了大量的东巴经书和介绍较多的东巴文化知识，为东巴文化研究事业培养了一大批纳西东巴文化的学者。"[1]《全集》一共收录 897 册经书，据不完全统计，其中有和世俊东巴法名"梭补余登、东仔"或"余登"签名性跋语的经书共有 39 册，占 4.35%，有和世俊东巴跋语无署名和无跋语但能从印章、笔迹特征推断为其所写的经书共有 12 册，占 1.34%，两类共计 51 本，约占总经书的 5.69%。签有和文质东巴法名"普支登梭"跋语的经书共有 10 册，占 1.11%，写有跋语无署名和无跋无印章但能从笔迹特征推断为其书写的经书共有 8 册，占 0.89%，两类共计 18 本，占比 2.01%。另外，《全集》中还有 6 册有杨善志（法名"雄松修东·东雄"）的经书、和占阳（法名"嘎乌玖套"）经书 4 册、和开文（法名"龚布余登"）经书 2 册、和开祥（法名"东恒"）经书 11 本，以上 4 位东巴共计 23 册，占 2.56%。[2]《全集》收录新主东巴所写经书共计 92 本，占 10.26%。

综合以上分析，无论是从各时期东巴祭司的数量、实力比对，还是从对东巴文化的传承、发展和研究贡献角度来讲，鲁甸新主村东巴群体都在纳西族地区占据重要位置并发挥着积极的作用。而这些，都是以 19 世纪末到 20 世纪中叶被外界称为"东巴王"的和世俊及其孙子和文质在世期间（约

---

① 和力民：《玉龙纳西族自治县新主村东巴文化传承资源调查》，玉龙纳西族自治县史志办公室《玉龙纳西族自治县史志资料选编》，2010 年，第 112 页。

② 部分数据参见邓应章、郑长丽《纳西东巴经跋语及跋语用字研究》，人民出版社 2013 年版，第 65—82 页。

1880—1950）的文化传承活动为基础而形成的，我们可以将此时期视为新主村东巴文化的盛世。

（一）"东巴王"和世俊的生命历程

和世俊是近代纳西族著名的东巴，有"东巴王"之誉。他的一生，不仅是个人生命历程的实践，也在一定程度上反映了纳西族东巴祭司及东巴文化在某一段特定历史时期的生存发展状况。

1. 求学

和世俊，生于 1880 年，卒于 1931 年[①②]，法名"梭补余登"，和世俊的父亲名大吉（又称"东吉"），生下五子，分别为东塔、东子（和世俊）、东义、东四林和东宝。按照家族祭天经书的记载，从"五宙塔"一代到"大吉"一代已经是搬到新主的第五代，第六代兄弟五人中数和世俊天资最为聪颖，于是他被送往塔城"东翁"和永公（1824—1888）大东巴家学习东巴文化。当时与和世俊一同赴师傅家学习的还有新主金星村的和德贤，塔城东巴杨子培，和永公的儿子和文裕（1853—？　）。

关于和世俊求学，村中有这样的故事流传：因为和德贤家境较好，拜师的时候送去了一匹骡马以及其驮来的满驮礼物，相比而言和世俊家由于他这一辈有五个兄弟，家境贫寒拿不出像样的礼物送给师傅，故教授学问之时师傅自然对和德贤更加偏袒，教他经文以外还常带他出去参加仪式，和世俊则常被安排外出放马、烧火煮水，鲜有教授经文。因为一个偶然的机会，和世俊才得以习得师傅和永公家的全部经文，成为后来极有成就的东巴大师。

和桂生：一天，有人来和永公东巴家看日子，看日子的书和其他经书以前是放在火塘边的柜子（$dzie^{33}bu^{31}$）里面的，那天师傅拿书之后因出门慌张忘锁柜门，这一幕恰好被和世俊看到，他佯装去放马，待师傅出门便绕道回来。打开柜子拿出一本经文，拜师前就有较好经文功底的他看出这是一本咒语书，且首页记载便是开锁的咒语，他默记下咒语后离开。日后他每每念咒开锁取经，在放马途中抄书学习一直未被发现，这样持续了一两年。某日，有一户村民家中有丧来请东翁做仪式，恰逢师傅身体有恙，师傅便与素日悉心教导的和德贤说："徒弟啊，该教给你的以前也都教了你，明天这个仪式你去做一下，你不会的我会在旁边指导你！"和德贤忽然面色苍白，即刻跪在灶尾不停给师傅磕头说："师傅请勿这样说，弟子

---

① 关于和世俊东巴卒年，其家族后人与研究者各执一词，普遍认为是在 1930 年或 1931 年，本研究采用杨亦花的观点，其观点用和世俊东巴经书跋语考证，证其卒年为 1931 年。

② 杨亦花：《和世俊、和文质东巴研究》，第十六届世界人类学与民族学大会，研讨论文，2009 年。

什么都还没有学会，不敢去，不会做！"此时，和世俊说："师傅，能否让我一试，您在一旁指导即可，所有的经书我来念！"师傅诧异地说："你不要说大话，我什么都还没有教你，你怎么做啊？"和世俊答："我只是在平时烧火的时候把所有您教他们经文全听到记下了，您把经书借给我，让我来读就行了！"师傅只得答应了。第二天师徒二人来到死者家，仪式举行了三天三夜，和世俊把每本经书都念得无可挑剔，规程也完成得毫无纰漏，仪式主持得到了村民的极大认可，一旁的师傅东翁也是看得目瞪口呆。待师徒二人回到家中，师傅只说了句："徒弟你辛苦了！"便暗自回房。当天夜里，和世俊在木楞房外洗脚的时候只听师傅念叨："此人不能留在家了，家里全部书都被他学会了，他不是凡人，是上天放下来的！"洗完脚和世俊就来到厨房火塘边与师傅说："师傅我已将您所有的经书都学完了，也都抄完了，明天会有 8 匹马从鲁甸翻过垭口来接我了，待晨烟升起之时我便回去了，感谢师傅的照顾！"说罢便跪下给师傅磕了三个响头后退下。师傅暗自寻思，这几日我俩形影不离，他哪来的功夫通知家人来接，便在黎明时分早早守在垭口想探个究竟。未曾想到第二日果有 8 匹马自新主而来，只见和世俊将十数驮写于桦树皮上的经卷悉数都搬运马上，7 匹马刚好驮完，剩下 1 匹为他的坐骑。待和世俊离去，师傅的心也凉了，就把和德贤也打发回去了，临走时叹气说道："好好教的徒弟背了个空背箩回去了，什么也没有教的这个却背了一篮子蔓菁回去了！"

在没有确切的文献资料记载的情况下，和世俊求学的故事被后人植入了很多戏剧性的话语，和世俊因与和德贤、和文裕的年纪相仿且都是同一时代的著名东巴，所以三人被冠以师兄弟的身份，而塔城与鲁甸两地在东巴教派、家族联姻等方面的密切关联，在一定程度上也提升了这些故事的逻辑合理性。此外，民间还流传着和世俊赴南山太安、藏地学习东巴文化的传说。

和圣典：和世俊写的一本经书里面有："这是南山我师傅家的仪式规程，我没有抄写错的哦！"这样一句，是一本求寿仪式的经书。

纳西学研究者杨福泉先生曾于 1989 年 3 月赴塔城乡依陇巴甸村和永公家族墓地考察，墓碑虽然在"文革"期间被尽数毁坏，但在残碑断石上依稀可见雕刻的文字和图案，"在东巴形象的左边，刻着'妙法行时传经服类'，这正是丽江木氏土司（清朝雍正元年后，木氏土司被降为通判）在清朝光绪年间赐给东五（翁）的一副对联的上联（下联为：'良方济世着手成春'，和桂森抄记在一张纸上）。""相传当时木氏土司的太太生病，土司请汉族和尚、藏族喇嘛、傈僳族巫师、纳西巫师桑尼以及大东巴东五（翁）到家为他的太太作法治病。东五（翁）最后技压群雄，治好了土司太太的病，木氏土司十分器重他，封他为管辖巨津（今巨甸、塔城、鲁甸等地）的官，并赐他对联以嘉其功。……据了解，东五（翁）生于 1824 年，卒于 1888 年。汉名和永公"①。据杨福泉考证，和永公墓碑上还刻有当时木氏土司赠送对联的横批"医明法精"四个大字。据新主村杨德茂②（1936—）回忆，他年幼时还曾在塔城和永公之孙和桂森家中见到过此四字的木刻匾，当时和桂森用其来当床板。作为纳西族东巴文化发展的两个重要区域，鲁甸和塔城因为地缘上邻近的缘故，在经济、文化等方面保持着长期的合作交流关系，如今两地的东巴还经常会互通有无，几个东巴家族间也保持着多代的姻亲关系。

2. 和世俊的法术

作为东巴祭司中的集大成者，和世俊拥有"东巴王"的称号，"'东巴王'是指东巴界和群众公认的权威，不是世袭或转世的，也不是选举产生或官方任命的'王'。据鲁甸东巴杨学才老先生讲，他走遍丽江、中甸、维西三县东巴比较集中的村落，大家公认的东巴王只有两个：一是和世俊、一是康爸才。"③到目前为止，东巴界享此声誉的另外两位分别为太安大东巴"康巴才"和白地大东巴"习阿牛"。作为和世俊的故乡，新主村也因此有了一个"东巴王故里"的称号。除了对东巴经典和仪式规程有着非一般东巴能及的掌控力之外，据传和世俊东巴还能使用各种法术。因为没有子嗣④，所以和世俊东巴便有了练就东巴教中各种奇门异术的条件，按东巴教的不成文规定，各种法术的使用将会造成很大的过失罪⑤，将伤及施法者及其家人，另外有些法术的习得必须以发下某种毒誓为代价。和世俊东巴掌握的最为广为流传的一个法术叫"折路法"，纳西语称"ʐɿ³³tv⁵⁵ʐɿ³³tʂhu³³"，据说他使用该法术时能瞬间折返于两地间。

和圣典：折路法我们纳西叫 ʐɿ³³tv⁵⁵ʐɿ³³tʂhu³³，据说出远门前要把衣襟折叠并在里面裹几个小石头，然后闭上眼睛，意念里开始想象自己已经到了哪条河边、哪个山头，并扔下小石头，等到石头扔完、衣服打开，便可睁开眼睛，此时就过完河、翻完山到达目的地了。这个是我父亲给我讲的不知道是不是真的，但不能乱使用折路法，特别是那些已经生儿育女的人是

① 杨福泉：《丽江县第一件东巴石雕文物的发现和考察记》，白庚胜、郭大烈主编《纳西族考古文物资料汇编》，云南民族出版社 2001 年版，第 360—361 页。

② 杨德茂的母亲为塔城乡依隆村和永公家族之女。

③ 和志武、郭大烈：《东巴教的派系和现状》，郭大烈、杨世光主编《东巴文化论集》，云南民族出版社 1985 年版，第 44 页。

④ 和世俊东巴一生没有亲生子嗣，其子和志忠原为和胞兄东塔之子，后过继给和世俊。

⑤ 过失罪一词为东巴口中的常用词，并非法律意义上的过失罪，一般形容由于举行特定仪式或法术而对东巴自身造成的潜在危害。

不兴用"折路法"的，比如和文质也是会的但是他没有使用，因为他有子女。和世俊因为无儿无女，所以就可以玩这种法道。

笔者：听说他是去祭天的时候从杨大人那里学来的"折路法"？

和圣典：有一次他被请到巨甸"拉片果"杨大人家去主持祭天仪式，仪式前一天去未见到祭天猪，杨大人告知其祭天日自然就有祭天猪了。原来杨大人在金沙江东岸一户人家看准了一头猪，天不亮他就施"折路法"去江东拿猪了，第二天和世俊到祭天场的时候黑猪已经拴在场内。仪式之后和世俊以"终生不养子嗣"之毒誓为代价从杨大人处学会了"折路法"。

据说和世俊东巴还能使用各种咒语法术，纳西语称"花吕"（hua^{55}ly^{33}），如他会念让鸡蛋舂不坏的咒语，即将一筐鸡蛋放在脚碓中，他一念咒语，任凭几个壮汉如何踩脚碓鸡蛋都舂不碎；会念让自己编织的竹马、藤马走动的咒语；还能施咒让鸡蛋走路，让绳索断开，让风改变方向。和圣典东巴曾听祖辈东巴说和世俊曾写了一本关于自己掌握的 32 种法术的经书，但已经失传。

此外，据传和世俊东巴还拥有未卜先知的能力，一般在客至前他会事先和家人说"要来客人了去烧火煮沏茶水"之类的话。另传和世俊还曾预言："以后的时代里，铁马满地跑（汽车），铁牛来耕田（拖拉机），铁丝会像蜘蛛网一样布满天空（电线），晚上光会像白天一样照射大地（电灯），田地会像豆腐块一样分布（包产到户后分配的田地状况），铁钉会飞满天（飞机），远处的人会在房前屋后说话、唱歌（录音机、电视），石头会说话（手机）。"①关于和世俊东巴所掌握的各种奇门异术的传说，现已经成为新主东巴和村民引以为荣、津津乐道的谈资，在他们的眼中，各种法术的真实性其实已经不再重要。

3. 作为教育者的和世俊

出于对那个时代"东巴王"的尊敬和爱戴，如今很多新主东巴和村民谈及和世俊之时是避讳直呼其名的，他们用"阿普术主"来称呼其。"阿普"本意为爷爷，"术主"为师傅之意，合在一起引申为"先祖大师"或"上师"之意。和世俊的一生为东巴文化的教学、教育做出了巨大的贡献，不仅同时期鲁甸新主所有知名的东巴都出自其门下，而且他的弟子还遍及鲁甸各地、塔城、太安、巨甸、维西等地，弟子中以外界称道的"七大弟子"成就最大、声誉最高。和世俊东巴在世之时家中门庭若市，各地慕名而来学习东巴文化的弟子络绎不绝；除教授东巴文字经典之外，他还从巨

---

① 杨亦花：《和世俊、和文质东巴研究》，第十六届世界人类学与民族学大会，研讨论文，2009 年。

甸请来汉文教师在家中为其孙和文质与同龄幼童开设汉文私塾。在他年暮之时，七大弟子也都几乎个个在家招徒授课，当时新主俨然成为一个经声朗朗的东巴文化学习圣地。早年就游学各地、见多识广的和世俊逐渐产生了整合诸多弟子之力量，集中资源优势在新主创办东巴文化学校的想法。他与自己的高徒及结拜兄弟"珊爬卜"（新主村民间巫师）几经商量，为东巴学校选好了校址。"珊爬卜"的后人，现任新主东巴学校负责人和桂生东巴这样回忆：

我家曾祖"珊爬卜"是与阿普术主喝过鸡血酒的兄弟，当时他们商量着要在新主办东巴学校，地址都选好了，就在和世俊家背后的那个岩壁石洞前，但是选好地址刚要建房子和世俊就过世了。所以我现在办这个学校（现新主东巴学校）也是在完成他们遗愿的意思了。

在当时，新主具备创办东巴学校的条件，这一方面是基于和世俊东巴在纳西族地区的威望，另一方面，他培养的弟子不但个个身怀绝技，且师兄弟之间心照不宣、志同道合，经常一起合作完成复杂的大仪式，有着精益求精的文化态度、包容开放的文化胸怀和尊师重教的文化传统。

4. 七大弟子

和世俊的"七大弟子"被外界称道首先出于他们对东巴文化整体把握基础上，此外，他们每一个个体都具备在某一领域独树一帜的能力，"七大弟子"几乎都有众多的追随者，成为当时东巴文化的重要传播者。他们分别是，和世俊的孙子和文质（1907—1951）法名"普支登梭"，和占阳（1887—1944）法名"嘎乌玖套·东才"，东来（1880—1953）法名"格套翁来"，和建勋（1891—1959）法名"琼统拉松·东三"，和政才（1885—1965）法名"东吐"，和尚志（1888—1960）法名"触及初步·东布"，杨尚志（1897—1961）法名"雄松修东·东雄"。以下对七大弟子中的六位做简要介绍，对和文质的描述详见后文。

和占阳（1887—1944），法名"嘎乌玖套·东才"，是和世俊七大高徒之一。据和占阳之孙和秀文介绍，和占阳父亲东几的先辈本是维西塔城其宗达摩寺附近的藏族马锅头，后来入赘给"塔给若"家族"东年卜"的长女，成为新主红光队和秀文家族的先祖，并定居新主。

和秀文：我们的先祖阿木几（东几）是一个藏族，祖上姓招，就是"嘎乌玖套"的父亲，是其宗的藏族，原来是马帮的马锅头，是个懂一些藏传佛教佛法和法术的能人，后来在这里上门。因为他知晓一些法术，于是跟阿普术主（和世俊）有些交流，两人称兄道弟，他学过一些东巴，但是因为自己是学佛法的，所以没有做东巴仪式，后来阿普术主就跟他说要收他的儿子为弟子，教授东巴知识。现在看来阿普术主确实是教了"嘎乌玖套"

一些东西。听说别人常会来找他，请他用香来卜凶吉，他通中药，特别是对中风的药方很有研究，可能是从藏医那儿学来的，不过现在失传了。

和占阳是和世俊弟子中的佼佼者，经文水平突出。"据说，凡随和世俊到维西的弟子，不得携带东巴经书，哪个弟子负责背诵哪几部经书，都是事先指定，而唯有和占阳东巴所念的经书无须指定，因为所有的东巴经他几乎都能背诵。"①和占阳的三个儿子都是东巴，大儿子和志杰善于跳东巴舞，曾被抓去当国民党兵，次子和志高当过解放军。和占阳家族东巴谱系从阿木几开始到现在未曾断代，和占阳的第五世孙和乾目前是整个新主年纪最小的东巴，生于2002年，在玉水寨②东巴学校求学8年。

东来（1880—1953）法名"格套翁来"，是和世俊胞兄东塔的长子，也是自己养子和志忠的胞兄。作为胞侄，东来具备与和世俊学习东巴文化的天然优势，加上自身的勤奋好学，很快就成了村中的知名东巴。东来在世之时，因其在家中兴办东巴文化教育而出名，教授"仁义礼智信"东巴五兄弟更是成为一时美谈，东来的弟子遍布新主村和鲁甸、杵峰等地，培养了和润龙、和若布、和文元、和文卫、和志坚、和文茂、和文礼、和学典、和成典、和述典等一批知名东巴。

东来之子和文茂（1905—1976）后来也成为新主知名东巴。和文茂生有两男四女，其子和学典（1932—2004）是20世纪末到21世纪初新主村中为数不多能主持仪式并在家中私塾教授东巴文化的东巴之一。和文茂五子和述典（1937—），懂得部分东巴仪式规程并能背诵数卷东巴经文。据他回忆，儿时赴家中向爷爷和父亲学习东巴文化者甚众，每日熙熙攘攘。他说当时家里安排他的兄长和学典与爷爷和父亲学习东巴文化，但是因为他记性好，每日耳濡目染下也学到不少。新主祭天仪式恢复之初，是由和述典来担任仪式"徐多"（辅祭）。惜其于2010年左右染上中风之疾半身不遂，生活已不能自理。

和政才（1885—1963）法名"东吐"，是新主村名声仅次于和世俊、和文质的著名大东巴。作为和世俊东巴的高徒，和政才在东巴经书、东巴舞、东巴画、东巴唱腔、仪式道场设置、仪式物品制作和仪式主持等方面都具有极高的造诣。因自幼学习汉文，和政才东巴还是当时除和世俊祖孙外少有的汉纳兼通的东巴。据传他白天去汉文学校上课，晚上便到和世俊家中学习东巴文化。因为脑子灵活、勤学好问，20岁出头便掌握了大量的

---

① 参见李国文《人神之媒——东巴祭司面面观》，云南人民出版社1993年版，第135—136页。
② 玉水寨全称"丽江玉水寨生态文化旅游有限公司"，核心景观为"玉水寨"景区。是丽江境内一家以东巴文化文产开发和服务为主要经营题材的民营旅游公司，企业设有东巴学校和东巴协会等组织，多年来开展了一系列传统文化保护传承工作。

东巴文化知识和技能。笔者与和政才的孙子和敏胜（1938—）进行了几次
访谈，但是老人已经对爷爷没有什么印象，唯一记得比较清楚的是爷爷过
世的日子，为 1963 年 10 月 1 日，恰逢国庆。

　　和圣典：和政才是和世俊的学生，当时据说还要考试，他在和世俊七
大弟子中排第四位，比他好的有三个，和文质、和尚志他俩在他之前，和
尚志是跳得好，笔迹也好，但是经书（掌握）没有你（和敏胜）爷爷好。
你爷爷是东巴舞跳得好，经念得也好，只是笔迹稍微差点。我见过他写的
一套祭天经书和一套祭祀家神经书，落款时间是 1957 年，其中有这样一句：
"这是在吃饭的时候写的，属鸡的那年，我 72 岁手也不灵活了、写得不好，
整整写了 10 天"。

　　"他掌握与东巴教相关的所有祭祀道场所用的编扎二龙抢宝、凤凰、马
鹿等，编扎工艺相当高。此外还会中草药，掌握东巴经典记载中的咒语'花
吕'（hualy），遇有疾患，往往神医两解。他会使用纳西族巴格图和羊骨
占卜，给人择地理风水，选择坟地等。据说当和世俊东巴过世后，附近村
中举行的很多大仪式都由和政才东巴主持，一生主持过几百个仪式道场"①。
20 世纪新主三位参与《全集》翻译工作的东巴和云彩、和开祥、和云章都
与和政才东巴有师承关系，在和世俊过世以后，和政才与和文质一同成为
新主东巴文化领域的领军人物，尤其在东巴文化教育教学方面更是发挥了
重要作用。1961—1963 年，和政才大东巴应邀到丽江县文化馆释读翻译东
巴经典，直至病危前才返回家中，"在石印传世的 22 本东巴经书中，有 12
本是他识读翻译的"②。值得一提的是，和政才是和世俊东巴的七大弟子中
唯一一个因为家境贫寒而没有举行过降威灵仪式，但却有资格戴只有通过
降威灵才能戴的法帽的东巴，他在村中有着极高的威望。新主村长者和兆
选（1931—）对和政才东巴印象深刻：

　　和政才也是厉害的东巴，解放后去过黑龙潭，因为家里穷没有举行降
威灵仪式，但是敢戴帽子（大东巴法帽），他有资格戴帽子。以前我们在
村里看到穿着法衣，戴着法帽的东巴，不管是纳西族、普米族还是其他民
族的人，只要路上遇见我们要让他们先通过，我们学生都会向他（和政才）
敬礼，他纳西语、汉语、普米语都懂。

　　和政才对于东巴文化的贡献还体现在以下两个方面，首先，1958 年丽
江县文化馆工作人员木丽春（1938—）来到鲁甸新主时正是在和政才东巴
的帮助下，才顺利从和文质东巴后人手中将 1700 余册的东巴经书收集、运

---

① 参见李国文《人神之媒——东巴祭司面面观》，云南人民出版社 1993 年版，第 129—130 页。

② 和力民：《玉龙纳西族自治县新主村东巴文化资源调查报告》，玉龙纳西族自治县史志办公室《玉
龙纳西族自治县史志资料选编》，2015 年，第 131—132 页。

输回丽江。使这些珍贵的典籍避免了同其他新主经书一道被焚毁的厄运，得以流传至今，成为《全集》的翻译蓝本，这套1700多册的经书也是到目前为止保存较为完整、系统的东巴经。其次，中国台湾学者李霖灿从1942年9月开始在鲁甸新主学习研究东巴文化，8个月时间里和政才与和文质一起成为李霖灿的东巴教师，为其抄写、释读经典无数，为李霖灿后期的东巴文化研究打下了基础。

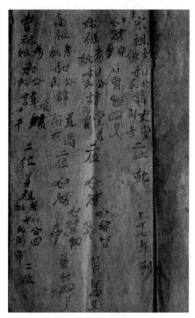

图2—5　和政才所整理的家谱
（朱永强摄　2015）

和政才在世之时还整理了自己的家谱，家谱第一页以汉文和东巴象形文对照的方式书写，该家谱现由其孙和敏胜保存。据和政才重孙和金康介绍，现在家中木制谷仓内还插着一支祖父用过的书写东巴经书的竹笔，他曾几次试图拔出，但无奈竹笔插得太牢，纹丝不动。

和尚志（1888—1960）法名"触及初步·东布"，"最善于跳东巴舞，他的一生到过维西无数次，据说有一次与维西的东巴比赛跳东巴舞，他手握长刀而舞，忽将长刀抛至空中，并使长刀从背后落下，刀还未落地，他便用脚倒踢而使长刀跃起，然后用手接住。维西东巴见他技艺高明，不敢再继续比赛"①。又说某次在维西比舞，他与另一位新主东巴齐跳老虎舞，不想舞伴脚下一绊跟跄倒地不知所措，和尚志见此情景也顺势倒下，并眼神暗示倒地者随他而动，两人在地上从容模仿老虎躺地翻滚几周后起身，不料还赢得众人夸奖，称未曾见过有如此之老虎舞，遂名"新主老虎舞"。和尚志的长子和敏书也是新主知名的东巴，次子和敏学自幼跟随父亲学习东巴文化，幼子和敏礼曾于1946年至1948年任村中保长兼任新主小学校长，在1951年土改时被迫害致死，改革开放后其子和学智收到为其父亲平反的通知，可惜故人已逝，不能生还。

和建勋（1891—1959）法名"琼统拉松·东三"，师从和世俊，与和文质亦师亦友，两人常赴维西等地做仪式，他擅长为死者做开丧超度仪式，"据

---

　① 李国文：《人神之媒——东巴祭司面面观》，云南人民出版社1993年版，第131页。

和开祥东巴讲，其父和瑞发去世时，就是和建勋东巴主持的超度仪式"。[1]
培养的学生有杨耀先、和志礼、和秀仁、和俊选、和成典、和文全、和仲
武、伟香翁、伟栋等人，其中和志礼（1906—1959）是著名的卜香师，善
香卜，和秀仁（1912—1986）熟悉各种仪式规程和所用物品制作，是和文
质仪式常用的辅助祭司。

　　杨尚志（1897—1961），法名"雄松修东·东雄"，是七大弟子中唯
一的外姓，这与新主的姓氏构成有关系，和姓为新主大姓，杨姓次之。杨
尚志东巴是和世俊东巴弟子中家境较为富裕者，因他曾当过村里的保长，
法名又叫"东雄"，故村里人称他为"杨保东"，由于他生前买了村中的
大片山地，中华人民共和国成立后被划为富农。杨尚志长于东巴画，尤以
木牌画最为擅长，经常被邀请至维西等地做仪式，能主持各种大仪式。杨
尚志有多本经书被收入《全集》，东巴文字书法功底深厚，仅次于和世俊
祖孙。其重孙杨政元现师从和桂生（1968—）学习东巴文化，在村中有较
好的口碑。

　　5. 作为创新者改革者的和世俊

　　除了在传统文化方面的成就外，作为当时文化名流的和世俊，还有着
超出常人的创新改革精神和能力，他的改革之举至今还受到新主人民的推
崇，创新精神也影响深远。

　　5.1　独创 32 个象形文切音字

　　和世俊作为东巴教杰出的祭司，与当时在滇西北地区势力极大的藏传
佛教也有着密切的交流合作。民间有他曾经赴藏地求学取经的传说，据传
他能识读藏语，通晓藏文经典，还将两部藏文《消灾经》翻译为东巴经。
目前能佐证他具备藏纳两种文字间互通转换能力的是他自创的 32 个东巴文
字。他创造这 32 个文字的初衷是因为藏语与纳西语虽属同一语族但属不同
语支，语音音位系统有别导致藏文《消灾经》中出现的部分音节无法用纳
西语读出。为方便识读他便用两个象形文字切一个藏语发音的方法，创造
出 32 个文字，实际为 32 个藏文语音音节。李霖灿在学过这两部《消灾经》
的新主东巴和才的帮助下，将 32 个字收入其著作《纳西族象形标音文字字
典》中，并根据和才的发音对 32 个字的字音、字形进行了注解。李霖灿这
样描述："此一类字只见于鲁甸之两册经典中，为前有名之大'多巴'和
世俊所创制，用之以记一部藏文经典之音。此部经典之藏文原名尚不识，
然为一部极通俗之经典，么些人称之曰古宗人之消灾经。其音皆学古宗读
法，因名之曰'古宗音'字类。其造字之方法，以二么些字合切一古宗音，

---

　　① 李国文：《人神之媒——东巴祭司面面观》，云南人民出版社 1993 年版，第 136 页。

盖由于古宗音有不能与么些文字完全相合者，遂想出此种切音方法，然亦只是先有古宗音在，以么些文声音之近似者，切其仿佛而已，非有严密之切音法则也。因'多巴'对经咒以口相传，尚未有可以依文得音义之方法也。"① 遗憾的是到目前为止也未有东巴或研究者公布这两部东巴象形文《消灾经》的相关资料，只是在一部东巴文书写的藏传佛教经书《皈依文》中出现了几个切音字，其中象形文字书写虽然不似和世俊东巴风格，但经书里有一枚"鲁甸乡记"的篆文印章多次出现②，倒也暗示着它与和世俊东巴的某种关联。

5.2 丧葬礼俗的创新改革

以前，鲁甸新主葬礼中没有"上祭"的传统，后来和世俊增加了葬礼"上祭"的环节，此环节中有葬礼司仪引导祭拜的亲友进入灵堂并将亲友送来的礼物一一报上，增加了葬礼的仪式性和村民的参与性，据传此习俗先是在和世俊家族内部推广，后来整个新主都广泛学习采纳。另外，和世俊还改革了葬礼的一些铺张浪费的不合理现象。

杨德茂：以前每逢丧事，村里人去逝者家中祭拜时，需带上在家里煮好的两块肉、一个鸡蛋和一碗米等祭品，纳西语叫"哈辟"（$xa^{33}ph^{i55}$），至逝者家中后用祭品在灵柩前祭献，随后东巴会统一收集好放置在一个篮子中，最后背到坟地里焚烧。后来和世俊建议，米、鸡蛋和肉都要带生的，祭献之后集中各家祭米煮成米饭，各家的肉和鸡蛋也合在一起做菜。如此一来，既能祭献给死者，也能用作葬礼伙食，还给死者家庭减轻了经济开支。

旧时村中的葬礼，主人家至少要宰一头牛、一只绵养、一头猪和数十只鸡，还要负担全村人三天的伙食，可谓花费巨大，很多家庭常因为举办一次葬礼而负债累累，尤其对贫困家庭而言更是一笔沉重的负担。和世俊的改革因给村民带来了实际的帮助而受到了大家的赞许，上祭、带生米生肉这样的习俗更是一直延续到今天。可见其创新改革在新主农村有极强的现实意义。

5.3 建立统一的东巴仪式规范，加强区域交流合作的实践

不同时期的研究者将纳西族不同区域的东巴划分为不同的派别，较早对东巴派别的划分见于学者李霖灿，"他在 20 世纪 30—40 年代期间在纳西族地区进行东巴象形文字调查研究工作，最早提出'北地派''北寒派'等概念，但他的此论大都是就象形文字以及东巴经典的分布和发展变异、

---

① 李霖灿编著，和才读音、张琨标音：《纳西族象形标音文字字典》，云南民族出版社 2001 年版，第 289 页。

② 参见和继全《东巴文切音字的再发现及其特征》，《民族学刊》2013 年第 2 期。

数量和特点而提出来的，而没有东巴教宗教意义上的派别"①。和志武、郭大烈根据各地经济文化发展和语言、地域差异，将各地东巴分为"纳日人达巴""纳恒人哈巴""拉惹人达巴""阮可人东巴""拉洛人（鲁鲁）东巴""堂郎人东巴"（原述中"堂郎"两字前有单人旁）和"纳喜人东巴"②。和力民则根据各区域东巴文化系统的区别特征为依据将各地东巴分为"纳亥（即纳罕）派""白函派（白寒派）""达巴派""阮可派""露鲁派（鲁鲁派）"③。在以上学者的划分中，鲁甸东巴分属"北寒派""纳喜人东巴"和"纳亥（即纳罕）派"中的"太安鲁甸派"，此区域主要由太安、鲁甸和塔城等乡镇组成，其中太安汝南化、鲁甸新主和塔城依隆都是历史上的东巴文化重镇，出现了康巴才、青爸阳、和世俊、和文质、和永公、和文裕等当时纳西地区无人不知的东巴大师。鲁甸在地理上位于太安和塔城之间，和世俊家族与太安、塔城都有密切的交流和师承关系，在与两地东巴的不断交流合作中，和世俊发现三地的东巴文化在仪式规程、诵经强调、舞蹈绘画方面各具特色但又有着可以相互补充之处，如能在充分保持各地特色的基础上相互借鉴、取长补短，不仅便于各地东巴在仪式中的合作，也将对东巴文化的学习和推广起到积极的作用。为此他开展了一系列的工作，以上谈到关于丧葬仪式的改革和东巴学校建立的规划就是他为此所做的积极探索。另外，他还做了其他方面的尝试，以东巴经书抄写为例，在各地东巴抄写经书过程中除部分咒语唱调和占卜类经书外，东巴经文更多时候是以一种提示性的语言片段形式出现，并非一字一音，抄经者会对经文做省略处理，省略的多寡视抄写者对经典的熟悉程度、经文内容的重要性和抄写母本的现状等因素而定。这样抄写的经文不仅增添了后人学习识读的困难，如果省略过多，时间久了甚至会出现抄经者都无法识读本人以往所抄经文的情况。在认识到这一状况后，和世俊东巴在他后期的东巴经书抄写过程中，一方面减少了简笔画的运用，另一方面，他在行文中努力做到一音一字，而这在以往其他东巴抄经中是罕见的。这两点在他的一册《祭祖》经书中体现得最为明显，此经书中，繁体的使用不仅将圆润端庄、稳重大方、细腻传神的"新主体"发挥到了极致，一字一音又使得后人学经、释义方便省事。后来李霖灿正是以一册和世俊东巴抄写的《祭祖》经为蓝本，徒步完成了从丽江到木里涉及 102 个地名的纳西族

　　① 杨福泉：《东巴教通论》，中华书局 2012 年版，第 322 页。
　　② 和志武、郭大烈：《东巴教的派系和现状》，郭大烈、杨世光主编《东巴文化论集》，云南民族出版社 1985 年版，第 39—43 页。
　　③ 和力民：《论东巴教的派系及其特点》，白庚胜、和自兴主编《和力民纳西学论集》，民族出版社 2010 年版，第 148—152 页。

部分送魂路的追溯。在《麽些族迁徙路线之寻访》一文中，李霖灿这样写道："我们有机会得到一本鲁甸大多（东）巴和世俊手写的祭祖经典，出于名家之手，错误应该很少。所以，我们决定以这一册祭祖经典中的《起祖》部分来探讨这一族人迁徙路线的蓝图"[①]。作为一个异民族的研究者，李霖灿成为和世俊的东巴经书规范抄写的受益者之一。而在《全集》所收录的 897 本经书中，据粗略统计，和世俊东巴所写的就有 51 本，这与其出神入化的运笔和一音一字的书写风格不无关系。

图 2—6　和世俊《祭祖》经（局部）（朱永强摄 2016）

6. 离世

关于和世俊东巴的每一个近乎神奇的故事，大都会有情节不同的版本，唯独在"东巴王"离世这个事件上，整个新主只有一个版本，那就是他在一场自己为村里人主持的仪式中去世，是时为 1931 年的岁末。和世俊主持仪式的家族为金星村（裹乐）家族，仪式的服务对象是自己在塔城求学时的同学和德贤二哥伟泽之孙和开元。当日，德高望重的和世俊应邀为和开元主持"汁占"（降威灵·求寿）仪式，此仪式为东巴的洗礼仪式，对受洗东巴意义重大，属于大型的求吉·祈福仪式。仪式上主祭东巴会授予受洗者东巴法名，而只有通过该仪式，家族先辈东巴的权威和法力才会转移到受洗东巴身上，该东巴方具备主持大型仪式的资格。在这个仪式上和开元获得了"余登余塔"的法名。据说当时和世俊东巴正在主持仪式，忽觉得身体不适就换了和文质主持，之后便坐在椅子上无疾而终。新主村中唯一一位经历了这个仪式且还健在者，杨六斤（1925—）奶奶对和世俊东巴的过世还有片段的记忆。

---

① 李霖灿：《麽些族迁徙路线之寻访》，《李霖灿纳西学论文集》，民族出版社 2015 年版，第 87 页。

杨六斤：阿普术主是我 7 岁时候过世的，大胡子，胡须很长，个子不是很高。他是在北石堆主持降威灵仪式时候过世的，以前降威灵和超度"丁巴什罗"仪式时候要将九张四方桌垒在一起，主持的东巴坐在桌子的最高处诵经。阿普术主因为不在自家过世是不能从自家大门抬回家的，他是被放在帐篷一样的担子中迎接回来的，是拆了他们家一间木楞的几根木头抬回家的。阿普术主似乎知道要逝去的样子，他并没有在自家过世。当时有个外村人在路上遇到阿普术主，说见到阿普术主他骑着一匹白色骟马在路上，还和那人说要去西藏拉萨。那人到村子里了看见众人忙着给阿普术主准备后事，就说刚刚在路上看见阿普骑着白色骟马，说他要去拉萨，还说 40 年以后会降生在吉屋都（他老家的地名）。

据杨奶奶回忆，和世俊东巴过世后举行了规模盛大的超度"丁巴什罗"的仪式，持续数日，来自各地的东巴不分昼夜地跳着东巴舞，祭奠"东巴王"。

而关于和世俊去世之日，遇见路人言之要去西藏拉萨一事，其实在几个和世俊生前的传说中也有与之呼应之处。一说和世俊从塔城回来之后主持的第一个仪式为开丧仪式，仪式进行中有三位喇嘛来到现场。

和桂生：和世俊回来之后第一年，和春新的曾祖母过世了，那天和世俊正在他家做开丧仪式，此时恰好来了三个喇嘛说来找和世俊，并说和世俊不仅是纳西东巴，也是藏族喇嘛的转世。三人见和世俊正在主持仪式便跪在他旁边磕了三个头，并说他已经能自己照顾自己了，随后就放心地离开了。

东巴和圣典也从老人那里听来了关于三位喇嘛来村中找和世俊的传说，他的描述更具传奇色彩。

和圣典：传说和世俊前几世为活佛大喇嘛，因为法道高深，继续修行下去他就会升天入仙佛行列了，所以叫他转世做一世东巴。东巴教仪式中会涉及一些杀生之类的过失罪，这样就能阻止他升天。有一天早晨在村里任何人都未发现之时，有三位喇嘛用"驭光"之术来到和世俊家中，喇嘛向和世俊表达了希望他下一世还能转世到西藏喇嘛大寺弘扬佛法的愿望。

与藏地喇嘛的故事实际为纳西族与藏族、东巴教与藏传佛教关系的一个折射。两个民族不仅在地域上毗邻、东巴教与藏传佛教和苯教也有密切渊源，鲁甸新主与藏区接壤，境内藏传佛教寺庙"灵照寺"一度曾有极强的势力范围，与巨甸"兴化寺"和维西塔城"达摩寺"也距离较近。东巴教与藏传佛教之间产生密切关系是必然的也是必要的，这既是东巴文化生存的智慧也是藏、纳两个民族现实生活密切关联的写照。

和世俊的墓地位于高鸟山下宗族的墓地西侧高地一隅，墓向坐北朝南，虽然与整体连成一片，但和世俊、和志忠（和国贤）与和文质三者孤立高处的坟茔与家族的其他十几座坟茔相比还是略显凄楚。从三座坟茔的位置可以清晰地看见新主村的全貌，视线极佳，想来五行风水之道对和世俊大东巴而言应是信手拈来之物，精于此道的大东巴该是在世之时便已选好百年后佳城之所。不知大东巴是否料想到，在他过世20余年后，已归于尘土的他以及他的后代却要因为自己毕生追求的东巴文化事业而遭受磨难。"东巴王"墓前原本用来记录他一生功德的墓志铭已经被敲打、涂染得面目全非，墓志铭两边的骏马、马鹿也被敲砸落地。但庆幸的是在重新拼接后的墓碑上墓志铭依稀可辨。碑文如下："旧教书文 夜课麼些 亲邻受学 实繁有徒而为人厚重 政府委任禁烟宣谕员 众所信仰 且令长孙文质专心祖教 克绍先烈 洵属难得也 今孙儿繁昌 皆公之为人所致也 岁在端蒙作噩①季春 令孙文质敬立佳城 延余为叙 属在世谊遂不评而志其本大人。"落名"张云再"。墓志铭两侧的墓对为"教化兴隆绵世泽，子孙业旺振家声"②。总览碑文，句句实在，字字入理，少夸饰辞藻，无不实言论，以谦虚谨慎的口吻客观地将大东巴生前要历做了概括。让人唏嘘感慨的是，一代东巴大师的墓地在政府文化政策相对开放、各地注重传统文化保护传承的当下，竟还是这般乱石碎砖、杂草断碑任凭风吹雨淋的模样。

（二）和文质东巴

作为"大东巴"的后人，和文质东巴既有家传的学识与精神，又有其所处时代赋予的特质，东巴文化的延传融入了其整个生命历程。

1. 和世俊对和文质的培养

和世俊（1860—1930）因为没有子嗣，认其长兄东塔（1854—1919）次子东那和国贤（又名和志忠）为养子。虽有父子之名，但和世俊与和国贤之间似乎有着那么一层难以言状的关系，在大东巴家中事无巨细都由和世俊做主，与能呼风唤雨的父亲相比，和国贤更多的时候显得沉默寡语，老实巴交。后人也评价说和国贤只是一个普通的东巴，地道的农民。1907年，在和世俊东巴年近五旬之时，终于迎来了长孙和文质（1907—1951）的出生，和文质的出世给大东巴的家庭带来了别样的气氛。和世俊对他的这个孙子疼爱有加，格外珍惜，和文质能张口说话之时，和世俊就将他抱到火塘边手把手地教授东巴文字。平日无论是在家中给弟子授课或是外出

---

① "端蒙作噩"为岁在"乙"的酉年，即木星在东方的鸡年，根据和世俊生平判断应该大约为1934年。

② 因破坏严重，文字难以辨别，部分内容参考了和力民《鲁甸新主东巴文化资源调查报告》一文。参见和力民《玉龙纳西族自治县新主村东巴文化传承资源调查》，玉龙纳西族自治县史志办公室《玉龙纳西族自治县史志资料选编》，2010年，第121页。

做仪式，和世俊总将和文质带在身边。和文质差不多五六岁之时，和世俊还专门从巨甸请来了汉文教师，白日由汉文教师教习汉语，晚上则由大东巴传授东巴文化，正如其墓志铭所言"旧教书文，夜课麼些"。本就天资聪颖的和文质通过课内汉、纳师傅悉心教导，课外传统文化的耳濡目染，进步飞速。在他十几岁的时候，已经可以执掌很多东巴教的传统仪式了。

　　和圣典：据说和文质会说话的时候他爷爷就在火塘边教他了，十多岁的时候他就能掌大的仪式了，当时很多大东巴没有机会掌仪式，和世俊让和文质来掌，他自己在旁指导。

　　由于和世俊家境殷实，又对孙儿疼爱有加，学习东巴文、操持东巴仪式就成为基本不沾农事的和文质平时生活的全部。和世俊不但亲自给和文质讲经授教，还令他的诸位弟子将生平最擅长之技艺技巧传授给和文质。这样一来，和文质不仅将家中所藏的千余册东巴经尽数掌握，而且东巴舞、东巴画、东巴唱腔、仪式物品和法器制作等东巴文化其他门类也样样精通。他在 20 岁出头便成为纳西族地区无人不知的著名大东巴。新主村杨德茂（1936—）还对和文质舞姿记忆犹新，他这样给和家龙（和文质重孙）说道：

　　你跳东巴舞的步子像你祖爷爷，我见过和文质跳东巴舞，1950 年的时候，在当时的学校里跳。给国家上公粮的时候开了表彰大会，还比赛跳东巴舞，你爷爷是东巴舞蹈第一名，新主支委会还发了奖牌给他，我父亲因为给国家交粮食多也得了奖牌。

　　2. 和文质印象

　　相比于和世俊，村民对和文质的印象要清晰得多，这一方面是彼时离现在较近的缘故，另外也是因为和文质所处的时代是一个风云变幻，动荡不安让人难以忘却的年代。

　　杨德茂：和文质喜欢带个羊毛帽子，穿一件上面有五个铜扣子的羊毛氆氇大衣，据说是爷爷和世俊留给他的。那时候艰难，山里人就穿大麻布裤子，氆氇衣服，很富裕的人都穿不起汗衫，沿江一线的是自己种棉花纺线做衣服，非常穷家庭女的是穿不起布裤，要穿粗麻的。当时有一家做过做祭风仪式的人家算是富裕户了，嫁女的时候给了布裤子，但是新娘还是舍不得穿，穿了麻布裤子说。

　　而据另一位长者和兆选（1931—）回忆，和文质是一个"脸上不上胡子、身材中等、说话铿锵有力的人"。可以看出和文质的衣着也被打上了和世俊的烙印，在当时"上面有五个铜扣子的羊毛氆氇大衣"可以视为较高身份地位的象征。杨德茂回忆说当时大衣极少，铜扣更是稀罕之物，配有铜扣子的衣服在整个新主更是屈指可数。虽然在和世俊过世以后家境不如从前，但和文质家也算是富庶人家，这也为他后来的际遇埋下了伏笔。

3. 和文质教学

与爷爷一样，和文质也是新主著名的东巴文化教师，新主私塾东巴文化教学在和世俊的努力下已经发展得较为完善，而大东巴未完成的事业——创办东巴学校的遗愿也在时刻鞭策着和文质。他在教学方面的贡献主要表现在两方面：首先，他在家中继续开展私塾教学，培养了和云彩、和云龙、和开祥、和开元、和开文、和开太、和开六等五六十位弟子。由于各地慕名拜师求学弟子太多，和文质家中常常人满为患。

和世宣：我家与和文质家是亲戚，有一次来他家学东巴的人太多住不下，所以有个杵峰的人就被安排睡在我家。那时候村里东巴有很多，和文质、和政才家是两个主要的东巴家族，还有杨保东，杨政元家的爷爷（曾祖）也是大东巴。

而在杨六斤老人的印象中，精通各种仪式的和文质对于自己的弟子也是以礼待之，毫无师长的架子。这也是其受到学生拥戴，弟子众多的原因之一。

杨六斤：长贵（和文质）什么仪式都做会做，像超度"什罗"仪式，他要坐在比房子还高的地方诵经。他不喝酒，只是做一个东巴，也不会乱吃人家的一样东西，以前主人家会送做仪式的东巴肉和酒作为报酬，他只会拿自己的那份，没有比其他东巴多图谋什么。

除了传统文化教学外，他还积极策划参与新主村公办汉文小学"鲁甸新主第三保国民学校"的组织建设工作，推进新主汉文化教育。而新主注重汉文和纳西东巴文双语教育的传统早在和世俊的时代就已经形成。

杨德茂：当时和世俊是阿木德（大爷爷），和世贤是阿木禄（二爷爷），一个在老宅教授纳西文，一个在新宅教汉文，这个就是教授汉文的房子了（此房现在位于新主东巴学校内）。

身为当时汉纳兼通、德高望重的大东巴，又培养了一批能力出众的东巴，和文质在新主当地成了受人敬仰的人物，自然也受到了当局政府的重视。"鲁甸乡副乡长""鲁东乡副乡长""新主小学校长""新主小学教师"，村民口中的和文质具有多重身份。具体情况如何呢？

按照不同时期鲁甸的行政区划我们得知："民国二十二年（1933），全县改为 50 个乡镇，……第五区辖新街镇、老街镇及塔城、鲁东、鲁西、格可、红岩 5 乡；民国二十八年（1939）鲁东、鲁西 2 乡合编，民国二十九年（1940）设鲁桥乡，由原第五区鲁甸乡、格红乡编成，至 1949 年鲁甸属于丽江政务委员会下设之七个分会之一的金江分会之鲁甸支会，1958 年设鲁甸公社辖区与今鲁甸乡范围基本一致，1984 年鲁甸公社更名为鲁甸区，辖新主、鲁甸、太平、杵峰、安乐 5 乡，1988 年撤区建乡，鲁甸设 5 个行政村，41 个自然村，93 个合作社。"①按照以上史志资料，我们得知 1933 年"鲁东乡"第一次正式出现在官方的话语体系中，至 1940 年设"鲁桥乡"，此名称一直沿用至 1949 年。按和文质的出生年月判断，1933—1939 年和文质 26—32 岁，新主属"鲁东乡"，1940—1949 年和文质 33—42 岁，新主属"鲁桥乡"。所以若和文质在乡级政府中就职，则担任"鲁东乡长、副乡长"或"鲁桥乡长、副乡长"都有可能，这一点也可以从和述典描述的和文质以"官僚派"身份被批斗得以佐证。对于和文质是否担任过新主小学的校长或教员的问题，当时新主小学教员和兆选老人表示：

别人乱说，他当过我们的校董会长但没有在学校教过，他还当过收农业税的参政。村里人对他很尊重，因为是纳西东巴的老师、有知识，他做纸马纸花做得很好。我当学校的老师也是他们校董会申请的，当时校董会长新主有 20 个左右，也就是现在的家长代表会了。

在 1940 年前后，国民党推行的是"政教合一"的教学制度，当时教育史料显示："实行政教合一的乡保小学制，每保一个国民小学，保长兼小学校长，乡建中心小学，校长由乡长兼任。"②由此推断，即便当时国民党的政策在新主完全落实，和文质也无担任新主小学校长之可能，因为据和兆选与杨德茂回忆，新主小学全称为"阿施主第三保保国民学校"，并非中心小学，按制，小学校长该由保长兼任。而时任保长为杨国忠，这一点是经过多数村中长者反复确认的，按此推断，校长应由杨国忠担任。

村中长者杨德茂老人谈到和文质对于新主小学以及当地政府所做的贡献时表示：当时是政府都没有房子，直到 1940 年和文质提倡了之后政府才有办公的地方，学校与政府联合办公办学。当时请了一个与和世俊他们家族经常通婚的家族之人，鲁甸甸西的和克成来教的汉文，他是和文质的表亲。这两本就是当时汉文的教材了。是在杨国忠当了保长，和文质主持工作后新主的文化才有这样的发展，有了新主东巴文化和汉文化的繁荣，和文质以前当过一任乡长，等于说是村里面德高望重的人了。

从以上的材料我们可以分析出，和文质凭借他在东巴文化领域的影响力为当时新主的行政和教育的发展做出了积极的贡献。但具体在政府和学

---

① 参见丽江纳西族自治县志编纂委员会《丽江纳西族自治县县志》，云南人民出版社 2001 年版，第 41—46 页。

② 《中共中央文件选集十二（1939—1940）》，《中央关于积极参加国民党区的小学教育与社会教育的指示》，http://cpc.people.com.cn/GB/64184/64186/66643/4490339.html，2017 年 2 月 10 日。

校中担任何种职务、履行何种责任任务并无明确的文献资料可考。

图 2—7　民国时期新主汉文小学教材（局部）（朱永强摄 2016）

　　4. 和成典回家

　　和文质结婚 5 年后生了和立典（1938—），儿子出生后他采用爷爷教育自己的方式在和立典年幼之时便教授他识读象形文字。然而一直教到 8 岁，和立典仍然是油盐不进，丝毫没有展示出东巴世家后代对传统文化天生的敏感和领悟能力。不仅东巴经文学不进去，曾担任和立典汉文老师的和兆选回忆说，和立典是个"教不会"且"有点笨"的学生。和文质慢慢地意识到，让和立典继承自己一生所学是不可能的，这令他想到了自己的私生子"阿五得"。虽然旧相好已经组建了家庭，但是"阿五得"是自己私生子之事在新主也是众人皆知，村里人对此也并不避讳。因为新主村之前有过生父将私生子接回家中的先例，和文质便产生了将"阿五得"认领回家，继承衣钵的想法。考虑再三之后，和文质便展开了让儿子"阿五得"认祖归宗的计划，并在其回家后，将"阿五得"改名为"五六斤"，赐汉名和成典（1928—1988）。

　　和圣典：当时和文彦与和成典都在山上帮人家放羊，和文质找到和成典问他愿不愿意回来，和成典答应了。他是在 1945 年，按照约定的日子回来的，他属龙，那时 18 岁。他在他妈妈家叫"五得"，但是因为和文质的三弟也叫"五得"所以他跨进大门的时候给他改了名字叫"五六斤"，我父亲就喜欢给我讲这个历史了。1946 年回来以后，和文质委托他的大姨爹和建勋（1891—1959）法名"琼统拉松·东三"大东巴，与和成典一起放羊，并在每次放羊时给"琼统拉松"五六十本经书，请他在放羊的时候教和成典东巴经。这样，每次上山放羊两三个月的时间里，一个仪式道场里所用的经书就学会了。下山后和文质就检查和成典经书学习情况，让他一本一本地背给自己听。这样从 1946 年回来到 1951 年和文质过世的时候，两三百卷常用的经书全部会背诵了说。

和文质不但顺利将和成典带回家中，并在自己大姨父和建勋东巴的帮助下，将其培养成东巴传人，这也算是为东巴家族延续了祭司的血脉。

5. 和文质的法术

因和文质养育子嗣，按照东巴教的传统观念，为避免给自己和家庭带来危害，他是不能学习和使用法术法道的。民间仅流传着和文质曾用咒语为被疯狗咬伤之人疗伤的故事，据说他施术时会在地上画个小圈，然后给被咬伤者念咒，随后圈内会出现与咬人之狗毛色相近的犬毛，随后病人会痊愈。另和圣典曾听其父讲过一个和文质施咒改变风向的传说。

和圣典：据说有一回和文质与众人正做仪式，当他们焚烧尸体之时狂风大作，尸臭铺天盖地，熏得众人无法呼吸。只见和文质丢下经书念起咒语、拍手顿足之后，大风变向逃窜，不吹向他们了。

有传言说，和世俊较早便料到和文质将在中年有难，故不让其去主持如祭风等超度凶死者、祭司过失罪责较大的仪式，也反对他去参与政务。在和文质执意要去政府任职时，预感孙子将会遭遇不测的和世俊曾让其在赴任前抄写了一套超度非正常死亡者的经书。这一方面是给和文质的暗示，另一方面大概也出于和世俊对传统文化未来命运的感悟。

6. 和文质的汉族弟子

1942 年 9 月，和文质的家中来了一位名叫李霖灿的特殊客人，他的身份是国民政府"中央博物院"研究人员。这个人是由和文质的弟子、新主下村的和才东巴带到家中的，从此，大东巴便多了一位汉族弟子。在《云南丽江鲁甸麽些族亲属称谓》一文中，李霖灿写道："为了学习麽些经典，我们曾在阿时主中村住了八个月。"[①]在大东巴家居住期间，李霖灿一边向和文质学习东巴文化知识，一边周游鲁甸、巨甸、维西等地，搜集各地民俗资料。和文质东巴不但在东巴文化授课方面毫无保留，还发挥自己各方面的资源优势倾力帮助李霖灿收集东巴经典，先后帮其收集、抄写东巴经

---

① 李霖灿：《云南丽江鲁甸麽些族亲属称谓》，《李霖灿纳西学论文集》，民族出版社 2015 年版，第 196 页。

文共计 1800 余册。和文质的工作为后来李霖灿完成《纳西族象形标音文字字典》《纳西语、英语词典》《麽些研究论文集》等诸多纳西文化研究著作起到了决定性作用。在成就李霖灿这位后来被称为"东巴先生"的近代纳西学研究先驱的同时，也为东巴文化研究新局面开创奠定了基础。

7. 和文质之逝

1949 年 3 月，新主宣布解放，解放的时间要比丽江很多地方都早。[①]最早将新主人们从水火中解救出来的，是一个叫和根源的新主人。然而不久之后，这个解放军首领却被他解放了的新主人民送上了断头台，足见得那是一个多么混乱的时代。

解放后的鲁甸，与全国许多地方一样，并没有在一个和平的政治环境中开展工作，"整党""土改""整风""镇反"等活动接踵而来，"斗争""混乱""恐慌""死亡""灾难"这些词是那个特殊时代留在人们印象中挥之不去的标签。村里人习惯用"清匪反霸"这个词表述那场与和文质的死直接相关的政治运动，时至今日，很多亲身参与过这场政治运动的人甚至连自己都说不清当时缘何加入其中，更不明白运动的来龙去脉，他们更多地感觉那是"一阵风"，一阵改变了很多人命运，也改变了传统文化方向的风。在这些运动中，和文质多重身份很快就成了被批斗、被迫害的借口。在当时，传统文化的持有者、地主、官僚这样随便一个头衔就可以让他身败名裂，而和文质最终也因此死于自己一手筹办的新主学校的集谷仓中。曾经离其死亡事发地最近的两个人和兆选与杨德茂，一位是当时新主小学的教师，一位是当时的学生，对于这一段历史，他们有着自己的描述。

和兆选：和文质是 1952 年前后，清匪反霸的时候死的，与他关一起的和庭轩当过我们的助教老师，前几年才死的，活了 91 岁，也是地主的后代。当时他俩都被关在集谷仓里，天亮时候他告诉卫兵和文质上吊死了，发现一根腰带轻轻地上吊死了，我发现参加过降威灵仪式的人自缢的多，我们村的杨尚芳也是这样死的。

杨德茂：和文质在 1949 年运动开始时就被收拾了，陆续被限制和关押，放学时就被收押，学生来上学又放出来。去世是在 1951 年 3 月，去世前曾被放出几天，后又被关起来，我当时就在那里读书。当时就死在一楼集谷仓，因为日常要堆放粮食，所以铺了木地板，两侧都是木板，后面是墙。前晚被关起来，第二天就发现自缢身亡了，具体记不得是哪天了。听说和

---

① 官方宣布丽江解放时间为 1949 年 7 月 1 日，参见丽江纳西族自治县县志编纂委员会《丽江纳西族自治县县志》，云南人民出版社 2001 年版，第 42 页。

文质死之前有人故意在他房门口大声说第二天要批斗他，要剥他的皮，当晚和文质还跟关在他隔壁的人借点烟的火镰子，第二天他就不在了。当时和兆选是老师，早上来上学的时候他站在操场上通知我们说，昨晚和文质关在这里的时候死了，要给他处理后事，叫我们不用上课了。

和圣典的父亲和文卫作为和文质的堂弟兼弟子，参与了将和文质的遗体从学校接回家中的整个过程，后来将细节讲给了和圣典。

和圣典：像我大爹和文质也是 1951 年因为政治的原因不在的，他是当时的鲁甸乡的副乡长，学校副校长，被人关起来要批判斗争说。死在原来乡公所的集谷仓，当时乡公所和学校都在一起的。死后是我父亲他们把他接回来的，集谷仓是木楞房子，当时他把裤腰带夹在木楞房木头缝隙间，跪在地上，也不是勒死的说，腰带都是松的，只是脱下了罪责，我父亲是亲自见过这个场景的。他可能是自己念咒语让那些小鬼来接他，咒语念完之后就死了，父亲他们这样说。不然勒脖子自缢是要勒紧的，当时绳子在他脖子上勒得不紧，在木头缝隙里拴得也不紧，只是稍微地夹在木头之间，非常松垮，不像是勒死的说。他是二叔的儿子，我父亲是三叔的儿子。他本来就是厉害的人，是自己念咒语让那些吊死鬼来把自己接走的，这样的人不得轻视，我父亲和我们这样说过。当时我父亲只是平平淡淡的东巴，不厉害，是我大爹和文质的学生，我大爹是样样精通的东巴了，他十多岁就学完所有经书开始掌仪式了，他爷爷和世俊东巴在旁边指导。和文质过世的时候 40 多岁了，那时候是样样精通的东巴了。

作为一代大东巴，和文质自幼便接受汉文化教育，饱读四书五经，深谙仁义礼智的儒学道义；作为传统文化的大师，他更有沟通神人的力量，彻悟东巴教的祖灵神鬼之物、生死别离之理。生死对他来讲应该只在一念之间，与其遭受那些莫须有的罪名接受非人的羞辱，纵有千般的不舍，体面地死去也许是当时最好的选择。和文质就这样死在他熟悉的新主学校中。学校是由庙宇改造的，兼具学校教学和政府办公职能，庙宇中供奉的神灵当时还未被敲碎，在众神灵的陪伴下他迈开了追随他爷爷和世俊大东巴的脚步。用一种物理学无法解释的方式，至少是当时当地话语无法自圆其说的离奇的死亡方式。

和文质在集谷仓离奇死亡的故事在后来广为流传，一方面，自缢时高深的道法背后体现出的是文化持有者对传统文化具有神秘力量的笃信；另一方面，作为村中德高望重的大东巴，无论是其身后的东巴祭司或是普通村民，都不愿意看到身边的精英和领袖受辱并在极端不正常的政治氛围中丧生。在和文质利用咒语自我毁灭的故事中，我们看到一个民族的文化传统在危难时刻的一种自我保护机制。

和文质死后，他的长子和立典被划分为地主驱赶出家，老宅则归后来才被和文质要回来的私生子"阿五得"和成典，他因为之前帮地富阶级牧羊的经历而被划分为雇农，继承了和文质的房产和田产。

和圣典：和文质在1951年清理阶级队伍之时被抓，随后去世。虽然和成典是和文质的儿子，但因为他是私生子，而且也当过别人的放羊奴仆，就给他划了贫雇农的成分，叫他住在和文质的原址。而和文质的其他儿子，如和立典就赶到远离老家的山脚下了。

然而，和成典最后的命运竟和父亲是一样的，他在1988年选择了与父亲相同的方式自缢身亡，同样的事情延续到了和成典的儿子和茂清身上。按照村里人的讲述①，和茂清以在祖屋"顶天柱"上自缢的方式，终结了这个家族的厄运，在此之后，这个家族至今再无非正常死亡事件发生。

比较和世俊与和文质两位新主东巴大师，虽然他们生前都以自己的文化造诣和不懈努力为传统文化和社区发展做出了杰出的贡献，但最后却以完全不同的方式离开了人世。村里人至今都认为在延寿仪式上无疾而终的和世俊，后来已转世到藏地成为高僧大德，而对在特殊时期英年早逝的和文质，村民更多只能表示出惋惜和无奈。爷孙两人不同的宿命一方面是由个性差异使然，自然也无法与各自所处的时代背景分离。另一方面是在社会相对稳定时期，文化是社会发展的推进器，社会发展的同时也在造就文化繁荣；但在变革和动荡中，传统很容易就会变成不同利益集团斗争的附属物和牺牲品。

作为新主村"东巴盛世"的两位缔造者，和世俊东巴与和文质东巴至今仍在纳西族东巴文化界占有重要地位。两位东巴大师不仅在东巴文化方面博闻强识，还与同时期新主村其他东巴一道为传统文化在社区的推广和纳西东巴文化的整体发展做出了积极的贡献，也为后世继承者和研究者留下了宝贵的文化遗产。

三　"东巴之乡"的当代东巴

"东巴盛世"之后，随之而来的社会变革彻底将传统文化打入冷宫，村中一切关于东巴教的传统活动都被迫中止，直到20世纪末伴随国家文化政策的逐步开放，一些传统文化才开始慢慢恢复。在经历了社会变革的那一辈老东巴过世以后，自幼与父亲学习东巴文化的和圣典成长为村中新的东

---

① 在纳西族传统民居，厨房内有一根柱子被称为"顶天柱"，有一种观念认为摆脱家中持续发生的非正常死亡等厄运之办法为，当事家庭成员之一在顶天柱子上自缢结束生命。

巴祭司，并在 1995 年开始在家中招徒授课。之后村民和桂生也开始学习东巴文化并着手组建新主东巴学校，村中各东巴家族的后代们又重拾传统文化薪火，新时期新主村东巴群体形成。

目前新主村东巴有和圣典、和桂生、和义、和树杰、和春生、和秀文、和茂俊、和乾（小）、和家龙、和家武、和家政、和应龙、和灿峰、杨政元、和国新、和乾（大）、和春新、和金文 18 位。其中和圣典、和桂生是两位东巴教师，现村中东巴大多出自两位门下，其余 16 位东巴按照师承关系和学习东巴文化场所可以分为以下几类。

和圣典弟子：和树杰、和春生、和秀文、和茂俊；

和桂生弟子：和家龙、和灿峰、和应龙、杨政元；

东巴学校培养的有：和国新、和金文、和春新、和乾（大）、和家武；

丽江玉水寨培养的东巴：和家政、和乾（小）；

家族传承、自学：和义。

需要指出的是，自 2010 年新主东巴学校开班授课后，村中所有东巴都有在学校参与学习的经历，和圣典、和桂生两位东巴则在历次东巴学校教学活动中担任教师。

（一）两位东巴师傅

和圣典东巴与和桂生东巴是目前新主东巴群体的代表人物，虽都是东巴师傅，但两人在性格、行事作风方面却迥然不同。和圣典自幼学习东巴经文，具有老一代东巴朴实沉稳、含蓄低调、学识渊博的特点；而和桂生作为"70 后"，是一位善于学习、富有激情、极具创新精神的年轻东巴。除了有东巴学校教师的共同身份，每年开班、集体仪式时需要共事授课、主持仪式外，两位东巴有着各截然不同的日常生活。

1. 和圣典东巴

1.1　经历与东巴文化实践

和圣典生于 1960 年，法名"登松龚补"，为目前新主东巴中最具威望者，也是村中经文掌握最好、参与仪式最多、藏书最丰富的东巴，是该村唯一一位云南省省级非物质文化遗产代表性传承人，同时也是纳西族地区 8 位与东巴文化相关的省级非物质文化遗产代表性传承人中最年轻的一位。在 2012 年"丽江市东巴文化传承协会"组织的东巴、达巴学位定级考试中，被评为东巴法师。和圣典家族从先祖大吉开始到他这一代的 5

图 2—8　和圣典东巴
（朱永强摄　2016）

代人中，代代有东巴，家族东巴传统从未间断。按照家族的祭天经书中父子连名的记载，和圣典家族有文字记录的先祖在他之前共有 13 代。

　　和圣典：什罗不、阿不得、阿得日、阿日图、阿图宙、阿宙塔、阿塔若、阿若恒、阿恒卜、阿卜吉、阿几塔、阿塔寺、阿寺福、到我就是阿福麻嘛了！

　　在阿宙塔这一代，新主历史上最著名的东巴家族搬到了村中，其家族从阿卜吉这一代开始成为东巴。一直到和圣典的父亲和文卫这一代，新主东巴文化的传承都是在相对开放的文化环境中进行，而至 20 世纪中期，由于众所周知的原因几乎所有传统文化活动都戛然而止。虽然和圣典评价自己的父亲时说，其父只是一个平平淡淡的东巴，但是和文卫是一个极有远见的人。在他还是民兵时，就做出了一件大胆的事情。

　　和圣典：我的第一个师傅是我父亲，那个时候"文化大革命"，搞批判斗争家中已经没有什么经书了。当时我父亲是民兵，负责到各家搜查经书，有一次搜到一本和世俊的《祭祖》经书，因为他自己是东巴知道是一本好书，父亲就用自己的经书和这本经书悄悄地做了调换，把和世俊的经书藏了起来。

　　和圣典 8 岁左右就跟随父亲学习东巴文化，夜深人静的时候父亲会教他识读一些简单的东巴文字，和世俊的这本《祭祖》经书也成为和圣典最早接触到的东巴经典。直到 1988 年父亲离世，和圣典的学习生涯才告一段落。1983 年，他参加了在丽江黑龙潭东巴研究院举办的为期 3 个月的"纳西语文记录培训班"[①]，系统学习了纳西语国际音标和纳西语拼音方案，还认识了鲁甸甸头村大东巴和云章（法名"诺布于登·东雄"），并向他学习了两册开丧仪式所用经书《艾泽密》（《收种粮食经》）和《故土股本》（《马的出处和来历经》）。

　　父亲离世后，和圣典师从和志新东巴，和志新也是和圣典父母过世时开丧仪式的主祭司。和圣典与和志新的师徒情谊一直持续到 1999 年老人过世，后来和圣典开丧仪式唱腔中有很多就是从和志新东巴处得。因为在之前的学习中掌握了国际音标，且在丽江东巴文化界也认识了一些朋友，这个阶段他的传统文化学习显得较为轻松。在大量的仪式的实践中，他对传统文化的认知和对仪式的把控能力也大为提升。

　　和圣典：我把借来的书中那些自己不会念的抄下来，做好笔记晚上就去师傅家问，也不用问太多了，因为我父亲已经给我打了很好的基础了，

---

　　① 和力民：《东巴经典大破译——写在〈纳西东巴古籍译注全集〉出版之际》，白庚胜、和自兴主编《和力民论集》，民族出版社 2010 年版，第 273 页。

自己也能自学一部分了。纳汉两文都能掌握，而且掌握国际音标是我的一个优势，像现在百卷《全集》的话，翻开我就能读了，这是我最大的一个优势了。

和志新过世三年后的 2002 年，因参与《全集》翻译工作而被外界熟知的另外一位大东巴和开祥也过世了，这就意味着村中经历过特殊政治时期的父辈东巴祭司们全部离开人世。好在此时和圣典已经能独当一面了，不仅掌握了民间常用仪式的经文和规程，也已独立主持与村民日常生活关系最为紧密、同时也最重要的开丧仪式 10 余年。

和圣典：第一次单独做开丧仪式是在 1988 年我们村一户杨姓人家。那时候和志新、和学典东巴也还在世，我那年就做了七八家。从那时开始到现在，做了有 700—800 家了吧。一年差不多 30 家，我在丽江待了几年，每年就做两三次，那样的大概有 7 年。

每年做 30 场开丧仪式，这在过去或许是难以想象的，一个东巴每年主持的仪式数量旧时会有不成文规定。一般认为与神灵、鬼族的过多接触和交流会伤及东巴祭司的身体和法力，对"一年能扛多少次仪式"，老东巴是极为讲究的。以开丧仪式为例，每当做完一家的仪式，东巴就必须回到家中举行小型的除秽和安抚家神、先辈东巴的仪式。但目前由于东巴祭司人数有限，新主东巴有从一家仪式结束就直接赶往下一家的情况发生。当前，整个新主只有四五位能独立主持开丧仪式的东巴，且东巴群体的服务区域还不仅限于新主村，巨甸、维西、鲁甸甚至丽江等地都要顾及，祭司人才短缺是导致这种不得已现象发生的本因。

在生活方面，和圣典也有着丰富的阅历。1978 年高中毕业后，作为那个时候村里少有的高中生他被聘为新主小学的民办教师，1988 年从学校辞职回家前，他先后在新主完小、红旗小学和新主中学任教，其间和圣典结婚生子。在那场风靡整个滇西的乱砍滥伐风暴中，和圣典从学校辞职回家，从 1988—1995 年，他像新主村的大多数村民一样投身于木材的砍伐和运输。后来因为长子病重，他不得不放弃木材生意而带子四处求医，不幸的是在 1999 年，年仅 14 岁的长子还是离他而去了。从丧子的痛楚中走出后，他离开新主，自 2001 年初开始服务于当时正风生水起的旅游行业。2003 年，他曾与塔城东巴和秀东应邀赴昆明民族村参与主持纳西祭天仪式和祭祀"三多"神仪式。2004 年次子和茂俊在丽江市卫生学校求学，他在工作之余照顾孩子起居，至 2008 年和茂俊毕业回到巨甸，和圣典也重回到新主老家。

回到农村以后，和圣典的东巴文化传承工作进入了全新时期。一方面，从 2010 年起，新主东巴学校每年定期开办一次东巴文化培训班，作为学校特聘教师，他需要在每年开班之季为学生集中授课；另一方面，新主村在

2008 年恢复了祭天仪式，身为仪式主祭司的他负责每年两次的祭天仪式主持工作。此外，作为新主现阶段祭司中资历最老、能力最强的东巴，他每年还需主持数十场各类仪式。这些工作成为和圣典日常生活的重要组成部分的同时，他主持的仪式也变成社区生活不可缺少的内容。

由于儿子和茂俊在村委会合作医疗点当医生，儿媳在巨甸卫生院当护士，家中近 20 亩药材的日常种植管理重担也完全落在和圣典及妻子身上，他家种植的药材基本为重楼、附子、桔梗、秦艽等新主常见的中药材。除了从事文化活动的时间外，他一般都在自家的药材地里耕作。因为自己带的徒弟都已经出师，遇到天阴下雨、冬季下雪之时他便也有空闲整理经文，完善一些之前没有完成的东巴画作。

1.2　和圣典东巴的书房

村里东巴都知道和圣典东巴有一个书房，藏书三四百册而且还有几本村里大东巴留下的好书。和圣典的书房位于自家坐西朝东的正房二楼，在纳西农家，若非家中人口多，一楼不够使用，否则正房二楼通常是不会"搁置"（装修）的，日常会堆放粮食杂物，但和圣典将自家二楼右侧的第一间做了"搁置"。此房为面积 10 平方米左右，门向东开。进门右手边靠窗的位置有一个空床，上面摆放着杂物，北边靠墙处有一个高约 2 米，宽约 1.5 米的四层书架，书架上除了堆放着东巴经书外，还摆放着各种东巴法器。

和圣典书房藏书共有 236 本。所藏经书若按《全集》编排分类，四个大类的占比为：祈福类 98 本、禳鬼类 43 本、丧葬类 79 本、占卜类 14 本和其他类 2 本。其中，祈福类中占比较多的四类仪式和典籍数量别为：求寿仪式 40 本、请家神"素"仪式 19 本、祭自然神"署"仪式 14 本、祭天仪式 8 本；丧葬仪式种类和经书数为：开丧仪式 59 本、超度"丁巴什罗"仪式 20 本；禳鬼类中祭风仪式有 10 本，其余为禳垛鬼、退是非口舌鬼等仪式经书；占卜经书中包括占星、占雷、用贝壳占卜等方面用书。从他的藏书分类和数量可以看出，和圣典东巴的经书涵盖新主村常见各类仪式，社区内已经恢复的祭天、祭署、请家神和开丧等仪式的全套经文和东巴都悉数藏有。另外，东巴仪式中规模宏大的求吉仪式——求寿仪式和重要的超度仪式——超度"丁巴什罗"仪式的经文，他也分别藏有 40 本和 20 本，虽未亲自参与过祭风仪式，但书房也有 10 本该仪式经书。所藏的十余本占卜类经书亦能满足村民对此类小型仪式的需求。

除经书外，东巴法器也是祭司举行仪式过程中重要的辅助工具，东巴法器分为两类，一类为特定仪式中的指定法器，另一类为常见仪式中的通用法器。以下为书房内收藏的法器种类和数量统计。

五幅冠 3 幅；

白海螺 4 个；

法珠 2 串；

净水壶 1 个；

扁铃 1 个；

铜铃 1 个；

法刀 1 柄；

手摇鼓 1 支；

金刚杵 1 支；

转经轮 2 个。

图 2—9　五幅冠（朱永强摄 2016）

另外书房中还有"卢""色"两位大神东巴画 1 对，东巴教祖师"丁巴什罗"画 1 张，战神"三多"铜像 1 尊。除这些物品外，书房内还存有一些泡水以后便可用于东巴纸制作的原木纸浆团。

以上为和圣典书房中收藏经文和主要文化相关物品的概况。和东巴表示自己有近 50 册的经书外借，部分可以追回，但更多已几经转手无处讨回。最为可惜的是，自己有几本"好书"被有几十年交情的东巴老友借走，至今连他自己还未来得及翻抄。和圣典表示，未来他也有将《全集》中收录的经书抄写校对的想法。由于书房条件限制，他收藏的那册父亲流传下来的和世俊东巴手迹《祭祖》经，已经在近期出现明显的老化、破损迹象。对于自己的藏书和法器，和圣典认为应付目前新主村日常仪式已经足够。另外，他还有几本玩"法道"的经书，但若使用就可能招来"过失犯罪"，会伤及自己和至亲，所以他表示自己未曾用过，未来也不会研习。帮人打卦占卜、寻找遗失物品，用咒语化解眼疾这样的小"法道"即使非常奏效，但和圣典使用时也极为谨慎。

2. 和桂生东巴

村里人谈及和世俊东巴之时，常会谈到另一个叫"珊爬卜"（1879—1931）的人，据说此人是和世俊的拜把兄弟并掌握"驭光"之术，曾用此术与和世俊东巴的"折路法"较量。他的重孙和桂生（1975—）是现在村中的两位东巴教师之一，此外，和桂生还有新主东巴学校副校长、东巴法师、玉龙县政协委员、丽江市市级非物质文化遗产传承人等身份。他与和圣典东巴有亲属关系，其母与和圣典是同父异母的兄妹（即和桂生是和圣典的外甥，他们是舅甥关系），当地话为："同山不同海"。虽是兄妹但由于从小是在不同的家庭长大，所以两家的关系不太亲近。1992 年，读了一学期初二的和桂生因为成绩差而辍学回家，同年他也加入当时浩浩荡荡的乱砍滥伐队伍中，其间做过生意，1994—1995 年，他结婚生子。1998 年开始，由于政府开展"天然林保护工程",禁止砍伐森林,至 2005 年,和桂生以伐木为主的这段经历得以告终。他最早开始学习东巴文化是在 1999 年,谈及学习东巴文化的原因时,和桂生给笔者讲了一个与藏族喇嘛相关的故事。

和桂生:1999 年其宗喇嘛寺着火的那年,几个喇嘛来到我们村里化缘,之后和我们村的东巴和学典说我长着一双异于常人的大耳朵,建议他来教我东巴。之后我的老师就来我家问我说要不要学东巴,那年 8 月,他给我录了两本经书的录音。我正式去师傅家里学是在 2000 年初,到 2001 年 4 月 5 日师傅中风,我便没有地方学了。在中风前师傅给我录了一盘清明节仪式用的录音,叫我仪式的时候照着念就可以了。第一次主持仪式是在一户杨姓的同村村民家里,因为他家在开丧的时候没有给死者领路猪,所以仪式中我还念了《给逝者献猪》经书,有一些我不会念的就戴着耳机边听边读。

从 1999 年 8 月到 2001 年 4 月,他师从和学典东巴(1932—2001)共一年八个月。据他介绍,因为当时记忆力较好,师傅头晚上给他的录音,第二天他便能在师傅面前背诵。背诵经书内容、经文讲解、仪式规程讲解、新经书录音录制是他每次课程的主要内容。中风卧床大半年的和学典东巴在 2002 年除夕夜过世了,和桂生与和圣典主持了师傅的开丧仪式。之后,和圣典曾经给他录制了两盘东巴经书的录音带,内容为《故作》(分家经)和《重丧布》(送重丧经),为两本开丧仪式用书。和学典师傅过世后,和桂生几乎是边学经文边做仪式。2008 年 3 月,在丽江市东巴文化博物院举办的"国际音标强化培训班"上,和桂生学会了国际音标,也认识了木琛、和力民等研究机构的东巴学者,为他后来的学习提供了极大的便利。当时,研究院里还有他塔城的远亲和秀东、杨玉华等东巴,和桂生也曾向他们请教过,但是效果并不理想。

和桂生:我去东巴文化研究院强化培训班学国际音标后,我的师傅就多了,木琛老师、和力民老师都给我诵经录音。

作为和桂生较早的追随者,新主村年轻东巴杨政元对当年师傅求学的经历颇有感触。

杨政元:一开始的时候他很可怜没地方去学,也还不认识木老师、和老师他们。他和舅舅(和圣典)关系不怎么好,不像现在会手把手地教。一开始时,我师傅去和研究院东巴学,但也只是天天喝酒,开始的时候和树杰也在丽江,我师傅去问和树杰的时候也多。

除了边学习便做仪式之外,边学习边带徒弟也是和桂生的一个创举。2002 年开始,陆续有学生登门拜师,和家龙、和灿峰、杨政元、和应龙等人先后成为和桂生的弟子。2004 年,筹建新主学校的使命落在了他与几位

东巴后人的肩上，在村里人异
样的目光中，和桂生带领着一
帮弟子大张旗鼓地开始建校，
从申请经费筹集资金到平地
基砍木料请师傅，事无巨细他
都亲力亲为。终于在 2008 年，
新主东巴学校在和桂生家的
自留地上拔地而起，学校发展
至今已逐渐成为纳西族地区
开展传统文化培训活动的重
要基地。

图 2—10　和桂生东巴参与祭风仪式
（朱永强摄　2016）

　　2008 年新主东巴学校建成后，作为学校的实际负责人，和桂生成了新
主东巴中最忙碌的人，大部分时间他都忙于学校事务，与他家一河之隔的
学校仿佛才是他的家。与此同时，他在东巴经文、仪式规程的把握方面也
突飞猛进，目前已经掌握如祭天、开丧、祭祖、祭署、抵灾、招魂、禳鬼
等常用仪式经典和规程，每年主持的东巴仪式数量与和圣典不相上下。村
里人对和桂生东巴身份的评价是，对学生负责，只要是仪式就敢主持，胆
大、敢干。而对他东巴学校负责人身份的评价则是：从"一个疯子"变成
了建起一个东巴学校的副校长。

　　（二）其他东巴

　　尽管新主东巴文化传承曾中断过一段时期，但随着国家政策的开放以
及产生传统文化自觉意识的人越来越多，新主逐渐形成了新的东巴群体，
他们对于当下的东巴文化传承发挥着重要作用。

　　1. 和义东巴

　　和义东巴（1963—）法名"于登斯塔"，是新主东元村人，县级非物
质文化遗产传承人，东巴传承员[①]。他的伯父是曾在丽江东巴文化研究所参
与翻译东巴经书的和云彩东巴。和义学习东巴文化的时间为 2001 年，他也
是村里参与过"降威灵·求寿"仪式，有东巴法名的三位东巴之一。谈及
学习东巴文化，同样有一个与喇嘛相关的故事。

　　和义：我小时候大爹和父亲就曾和我说过自己是东巴家族的传人，以
后要学习东巴文化不然家里会不顺。1990 年，大爹过世时也有人提醒说东
巴家族的后代应该去学东巴，但当时年轻没有当回事，加上家里孩子也小，

---

　　① "东巴传承员"为"丽江东巴文化传承协会"与"云南省东巴文化保护与传承协会"等组织，在
"东巴、达巴学位考核评定"活动中考核评定出，后文将对此做进一步阐述。

对东巴文化还不感兴趣。1997 年父亲过世后，我去其宗喇嘛寺达摩祖师洞里面抽了一个签，解签的说我祖宗三代都是东巴，东巴家族的传统不能断，要我回去学东巴，我回来才下决心要学了。

虽然自幼随父亲学过一些单字，但当他想要系统学习之时，家里却早已无经书可寻。唯有几本和云彩写给父亲学习用的开丧仪式经书，它们成为和义最早学习的经文。后来和义还从塔城杨建华东巴那里借来了杨在丽江复印的经书，杨还给他录制了经文录音。到 2002 年，他已经能基本主持开丧仪式了。为了能主持仪式，同年冬天他请来了塔城的和秀东、杨建华等东巴在家里举办了盛大的"降威灵·求寿"仪式，并有了法名"于登斯塔"。仪式举行 5 个月以后，和义主持了第一场开丧仪式。目前为止，和义参与过祭署、祭天、祭风、开丧、退口舌、降威灵、祭祖、请家神、坟地开光等传统仪式，主持过开丧、祭家神、坟地开光等三种仪式，入行以来共主持过 200 多场开丧仪式。

图 2—11　　和义东巴制作的铁质法帽
（朱永强摄 2016）

此外，和义还是村里东巴中唯一能制作各种法器的东巴匠人，极具匠心、手艺出众的他几乎能制作全部东巴教常用法器。他制作铁质东巴法器的技术尤为出众，自己制作的法刀更是远销各地，还能制作铁质的东巴法帽。

2. 和树杰东巴

和树杰东巴（1975—）是大东巴和占阳家族的后代，县级非物质文化遗产传承人，东巴传承员。1995 年，他开始随和圣典学习东巴文化，属于 20 世纪末期最早学习东巴文化的一代人。2001 年跟从师傅和圣典同赴丽江参与旅游业东巴文化服务工作，曾在"东巴纸坊""金钥匙旅游产品开发中心""丽江古城管理委员会"等机构服务。除与师傅学习东巴文化外，和树杰还赴丽江参与过多次东巴文化培训活动，参加了历次东巴学校开设的课程学习，掌握了祭天、祭署、祭祖、请家神、开丧、祭山神、祭"三多"神、祭胜利神、求吉等仪式的经典及规程，具有主持祭天、祭署、祭祖、开丧、祭家神、祭蓄神等传统仪式的经验。目前和树杰还担任新主村委会红光小组的村小组长。

3. 和秀文东巴

和秀文东巴（1963—）是新主村红光队人，县级非物质文化遗产传承人，东巴传承员。他是大东巴和占阳之孙，其父和品杰也是东巴，和秀文还是和树杰的堂兄。自 1995 年起拜师和圣典学习至今。和秀文参加了 2008 年来新主东巴学校的历次培训班学习，掌握祭天、祭署、请家神、开丧、祭山神、祭"三多"神、祭胜利神、求吉等约 20 种仪式的经典及规程。曾在鲁甸、大研镇、白沙、维西等地多次主持祭天、祭署、祭山神、祭"三多"神、祭祖、开丧、祭家神等传统仪式活动。其中，开丧仪式主持数十次，也是 2015 年村中五保户和国典去世时仪式的主祭司。曾在丽江市非物质文化遗产培训基地有简短的服务经历。和秀文还有不错的石匠手艺，村中大多数水磨房的石磨盘都经由其手打造。

4. 和春生东巴

和春生东巴生于 1974 年，县级非物质文化遗产传承人，东巴传承员。为大东巴和占阳之后，其父和秀才为和秀文胞兄，1995 年师从和圣典。他参加了东巴学校举办的历次东巴文化培训活动。曾随师傅和圣典到"东巴纸坊""三多阁"等旅游景区从事文化服务约三年。掌握祭天、祭祖、祭家神、开丧、祭山神、祭"三多"神、祭胜利神、求吉等约 20 种仪式的经典及规程。在鲁甸、大研镇、白沙、维西等地多次主持祭天、祭家神、祭畜神、祭胜利神、开丧、点署药、祭山神等传统仪式活动。

5. 和茂俊东巴

和茂俊生于 1987 年，县级非遗传承人。自 12 岁起便随其父和圣典学习东巴文化。2004—2008 年在丽江卫生学校求学，毕业后供职于巨甸卫生院，2013 年辞职回新主村卫生室工作，2016 年应聘为新主村委会副主任。参加新主东巴学校 2 期培训班，掌握祭天、祭家神、烧天香等仪式经典及规程，参与过祭天、祭家神、烧天香、求吉等仪式多次。拥有大专文凭，是目前村里年轻东巴中学历最高者。

6. 和国新东巴

和国新东巴（1953—）在 8 岁时便跟随爷爷和财宝学习东巴文化，是目前新主东巴群体中最年长者。他初中毕业后有 30 多年邮政系统工作经历，后离职回家。2010 年，新主东巴学校开班以后重新开始学习东巴文化。因为德高望重，东巴学校开班以来担任了至少 6 届班长，是一位"东巴班长"，不仅如此，他还动员自己孙女参与了多次的课程培训。曾于 2014 年 1 月至 2015 年 2 月在玉龙县拉市乡"茶马驿"游客中心从事东巴文字书写等旅游行业东巴文化服务工作。掌握祭天、祭署、请家神、开丧、烧天香等仪式的经典及规程，主持过祭天、祭署、祭家神、祭祖、祭畜神灯等仪式。

7. 和家龙东巴

和家龙东巴生于 1990 年，县级非物质文化遗产传承人，东巴传承员。为大东巴和世俊的后人，和文质的重孙。2002 年开始拜师和桂生学习东巴文化，是和桂生最早的弟子。分别于 2008 年和 2010 年在丽江参加为期 3 个月的"东巴文化强化培训班"和为期 20 天的"东巴画强化培训班"。2008—2011 年曾在东巴纸坊、玉水寨等地边打工边学习东巴文化，有 4 年外出打工经历，2011 年回到新主村后结婚生子。2010 年开始参加学校组织的历次东巴文化学习活动，在东巴画方面有一定的成绩，作品曾获县级东巴画比赛三等奖。掌握祭天、祭署、请家神、开丧等仪式的经典及规程。

8. 和灿峰东巴

和灿峰生于 1991 年，县级非物质文化遗产传承人，东巴传承员。初二辍学后拜师和桂生学习东巴文化。后曾到玉水寨边学东巴文化边打工，一年三个月的时间里向玉水寨杨玉勋、杨玉华等东巴学会一套请家神仪式经书。参与了历次学校开办的东巴文化培训活动。掌握祭天、祭署、请家神、开丧等仪式的经典及规程。和灿峰是师兄弟中东巴舞的佼佼者，在新主完小有多年的东巴舞教学经验，指导的学生曾多次获得县市级奖项。2007 年 3 月，和灿峰应邀至丽江古城"纳西象形文字绘画体验馆"，从事东巴画绘制、东巴经典抄写等工作。他也是目前唯一一个本土培养，服务于丽江旅游业的新主年轻东巴。

9. 杨政元东巴

杨政元生于 1986 年，县级非物质文化遗产传承人，是大东巴杨尚志的重孙。小学三年级时因其父病重辍学回家担负家庭重任。2002 年起师从和桂生，与师傅多次赴丽江参与东巴学校筹建工作。参与自建校以来的历次东巴文化培训活动，掌握祭天、祭署、请家神、开丧等仪式经典及规程。独立主持过新坟地墓志开光仪式。

杨政元：我主持过两次清明开新坟地仪式，我父亲说第一次去别人家里主持仪式，不能空着手去，让我带了酒和茶去，仪式念了四五本经书。人过世之后要是没有清明的仪式，那就只是"日"（灵魂过渡阶段物）成不了祖先灵魂，所以要在清明的时候将死者灵魂寄托到祖先灵魂群体中。这个仪式我前年主持了一次，今年也搞了一回。

2014 年，杨政元作为东巴代表赴上海参与"白沙壁画、金沙江岩画联展"活动。2016 年，他曾赴梅里雪山、鸡足山等藏传佛教圣地朝拜，此经历使他对纳西教与藏传佛教不同的信仰有了更真切的体会，并于 2017 年春节期间在家中举行请家神仪式。

10. 和应龙东巴

和应龙生于 1988 年，县级非物质文化遗产传承人，东巴传承员。2003 年拜师和桂生，学习东巴文化至今。他幼年时曾与该村大东巴和开祥合拍过东巴文化题材电影，因年幼多病和开祥给他起了"春福"之名。2010 年，赴丽江参与为期 20 天的"东巴画强化培训班"。和应龙参与了历期新主东巴学校的文化培训活动，掌握祭天、祭署、请家神、开丧等仪式的经典及规程，是和桂生东巴开丧仪式的主要助手。2014 年他赴上海参加"白沙壁画、金沙江岩画联展"，为传统文化的推广起到了积极的作用。

11. 和春新东巴

和春新生于 1973 年，是和占阳东巴家族的后人。祖父和志新是 20 世纪末新主为数不多仍主持仪式的东巴，和春新年幼时曾与祖父学习过东巴象形文字。参加了东巴学校举办的历次培训活动。掌握祭天、祭署、请家神、开丧等仪式的经典及规程。与年轻东巴相比，他因农务负担较重，参与东巴文化学习时间有限。

12. 和乾（大）东巴

和乾生于 1983 年，自 2010 年学校开班以来系统地学习东巴文化，参与过历次的培训活动。和乾天生嗓音较好，不仅东巴唱腔圆润，也是民歌好手，曾有在丽江九河学习木雕雕刻的经历。掌握祭天、祭署、请家神、开丧等仪式的经典及规程。担任过祭家神仪式主祭司，自 2012 年起担任新主"开满"东元队"塔给若"家族祭天仪式的主祭司。

13. 和家武东巴

和家武生于 1992 年，是和家龙的胞弟。最早与和圣典东巴有过短暂的东巴文化学习经历，参加过丽江举办的"东巴画强化培训班"。自 2008 年学校开班起系统学习东巴文化，参加了除 2012 年以来的历次学校组织的东巴文化培训课程。2012—2014 年有两年的外出打工经历。掌握祭天、祭署、请家神、开丧等仪式的经典及规程。

14. 和金文东巴

和金文生于 1974 年，法名"公布于登"，是大东巴和云彩家族的后人，和义胞侄。1991 年，他从巨甸初中毕业回家后开始学东巴文化。2002 年，他与叔叔和义一道参加了"降威灵·求寿"仪式，有了法名"公布于登"。

和金文：我在 17 岁左右的时候和我爷爷学东巴，他会诵经，会画东巴画，但不会写单字，我就帮我爷爷抄经书，系统学经文是与我大爷爷（和云彩）学的。他现在传下来的这套开丧仪式经书，为了教我们所以书写时没有省略，用哥巴文和东巴文结合方式将每一个音都记下来，大爷爷还给我们录了录音。当时记性好基本上教一遍就全部掌握了，那时候没有开发旅游业，大爷爷 1979 年开始在东巴文化研究院，共待了 10 年，现在研究院还有他的一些资料。

和金文家位于新主村委会附近的新主街上，占据地理优势的他家不仅开有百货经销店，还拥有铺面十余间，被村民调侃为"房地产老板"。他参加了 2010 年以来东巴学校所有的培训课程，同时也负责开班期间的摄影摄像，文印资料制作、管理工作。掌握祭天、祭署、请家神、开丧等仪式的经典及规程。是目前新主东巴群体中最好的画师，担任 2016 年新主村和邵晶家祭风仪式的画师，目前正在绘制一幅长约 15 米的东巴教长轴画卷——《神路图》。

15. 和家正东巴

和家正生于 1996 年，为和文质东巴重孙。2009 年起到玉水寨学习东巴文化，是同批学员中的佼佼者。2016 年结业后留在玉水寨从事文化旅游服务工作，掌握纳西族地区常用的东巴仪式经典及规程。

16. 和乾（小）东巴

和乾（小）为和春生之子，1999 年生，是目前村中年纪最小的东巴，他 10 岁起便在玉水寨东巴学校学习东巴文化，2016 年培训结束后回到家中。掌握部分东巴经典及规程，参与多次东巴学校祭天仪式。从玉水寨东巴学校毕业后赋闲在家，已与该公司达成年满 18 岁便签订就业协议的共识。

目前，新主村形成了以和圣典、和桂生为核心的东巴祭司群体，他们的文化实践基本能满足社区居民日常生活仪式需求。从东巴家族血统延续分析，新主东巴群体内部成员基本都是村中东巴家族后代；从群体年龄结构看，呈老、中、青三代结合的方式；从区域分布看，新主上村、中村、下村都有分布；在东巴水平方面除和圣典较为突出外，其余东巴都有较大的提升空间。

历史上，由于和世俊、和文质、和政才等杰出东巴祭司的存在，鲁甸成了与太安、塔城齐名的东巴文化重镇，"太安鲁甸派"成为中华人民共和国成立前丽江纳西族地区极负盛名的东巴派系。当前，鲁甸新主是丽江境内东巴人数分布较广，东巴祭司水平教为突出的地区之一，也是新时期东巴文化复兴的代表性区域。相比塔城等地，鲁甸新主具有东巴祭司群体活跃度高，东巴文化社区服务性强的特点。

四 城市与农村间的来回

"人类生活方式的相互影响、主宰、模仿、翻译和颠覆日益增长。文化分析总是限于差异和权利的全球运动中。无论人们怎么定义，此处不严格地使用的'世界体系'一词，现在已把这个星球上的社会联系在一个共同的历史过程之中。"① "全球化"不仅已经改变了传统物理空间的意义及

---

① ［美］詹姆斯·克利福德、乔治·E. 马库斯：《写文化》，高丙中等译，商务印书馆 2006 年版，第 51 页。

背后逻辑，也影响着人们的思维方式和行为模式。在全球化背景下，各国家、族群和民族之间的空间距离被无限拉近，中国城市和农村之间的二元对立已经逐渐减小，两者之间的联系和互动愈发紧密频繁。一方面，农村经济生产方式已经发生了巨大的变化，另一方面，全球化带来的"主流"文化正在悄悄地吞噬和同化所及之处的文化传统。

以丰富的自然景观和多样性的区域民族文化为资源，纳西族地区也和中国许多民族地区一样被卷入旅游业的浪潮中。20 世纪 90 年代起步的旅游业已成为丽江经济发展的支柱产业之一。1995 年至 2008 年，丽江游客接待量和旅游综合收入分别由 84.5 万人次、3.3 亿元，增加到 625.5 万人次、69.5 亿元，分别增长了 7.4 倍和 21.1 倍，旅游总收入占全市 GDP 的比重从 18.3% 增至 68.7%。来自旅游业的财税收入占全市财政收入的 70% 以上。目前丽江旅游业直接从业人员达 4 万人，间接从业人员超过 10 万人。2007 年至 2013 年，接待海内外游客从 530.9 万人次增加到 1599.1 万人次，年均增长 24.7%，旅游综合收入从 58.2 亿元增加到 211.2 亿元，年均增长 29.5%。2015 年接待国内外游客 3055.98 万人次，旅游综合收入 483.48 亿元，同比分别增长 14.72% 和 27.64%。[①]

表 2—1　　　　　2006—2015 年丽江国内生产总值　　　单位：亿元

产业＼年份	2006	2007	2008	2009	2010	2011	2012	2013	2014	2015
第一产业	15.42	18.45	20.8	22.13	26.02	30.49	36.61	41.14	44.2	44.57
第二产业	21.99	28.03	35.2	44.14	55.05	74.39	89.74	112.6	112.7	115.6
第三产业	32.76	38.34	45	51.73	62.52	73.62	85.89	94.9	104.9	129.8

在一个基本没有现代工业，农牧业只能自给自足的地区，近 20 年来，以旅游业为核心的第三产业为丽江的经济发展做着重要贡献。作为文化旅游的一张名片，东巴文化从丽江旅游业发展伊始就成为各大旅游企业争夺的重要资源。目前，几乎丽江所有旅游景点都或多或少有与东巴文化相关的旅游产品和服务项目。丽江各地区的东巴也在旅游业的影响下，纷纷从农村来到城市，开始淘金之旅。

（一）新主东巴进城

与许多普通村民一样，新主东巴同样为外界兴旺的旅游业发展所吸引；

---

① 以上涉及旅游业的相关数据，来源为丽江市统计局：《丽江市国民经济和社会发展统计公报》（2006 年—2015 年），2010 年 10 月 19 日—2016 年 4 月 16 日，http://www.tjcn.org/tjgb/201001/2987.html，2017 年 2 月 15。

但与普通村民不一样的是，东巴们所持有的特殊身份和技能，使他们成为丽江旅游从业大军中的"另类"，城市的"东巴生活"，也让他们体会到了民族传统文化在现代化发展中的独特价值。

1. 和圣典东巴的城市生活

至 2001 年，和圣典东巴已授徒 5 年，同年他带着自己的徒弟和树杰参与到了如火如荼的丽江旅游业中。凭借自幼与父亲以及村中东巴习得的东巴文化知识，和圣典很快得到了雇主的认可。2002 年起，先后在丽江"金钥匙旅游产品开发中心"（2001—2002）、"丽江市东巴文化研究院"展示中心（2003）、"东巴纸坊"（2004—2006）、"丽江东巴文化博物馆"展览厅（2007）、"束河茶马古道博物馆"（2008）等机构服务。其间，他每日的工作就是为游客书写东巴象形文字祝福语、对联、东巴经文片段，在"东巴纸坊"工作的第一年他还开展了东巴造纸术恢复的展演活动，成为当时丽江旅游业中较早恢复东巴造纸者。因为传统文化和汉文化都掌握得较好，又当过民办教师，表达能力出众，在基本工资加销售提成的报酬支付方式下，和圣典逐渐得到一份不错的薪水。

和圣典：金钥匙是 600 元，展示中心是 600 元加提成，东巴纸坊是 1000 元加提成，"三多阁"、博物院这些地方是 1000 元，加之提成，但因为提成高平均下来到 3000 元多了。

2008 年前，月薪 3000 元以上在丽江已经是高收入者，这也是众多东巴愿意投身旅游行业的重要原因。除了 2004 年到丽江后一直追随和圣典奔波于各旅游机构的和春生东巴外，另一位徒弟和树杰在丽江也开启了一段东巴进城的"高光之旅"。

2. 和树杰的"高光之旅"

和树杰是和圣典弟子中拜师、出师最早的一位，与师傅一同到了丽江后，性格开放、善于表现的他很快成了各服务机构的宠儿。2004 年到"东巴纸坊"后，除纸坊给他发放的正常薪水外，"丽江市古城管理委员会"也按月给他发放一笔补助金，让其参与各类旅游宣传。他曾以"丽江最年轻东巴""东巴杰出代表""东巴形象代言人"等身份，作为旅游业东巴代言人在丽江、昆明、拉萨多地进行旅游文化宣传。和树杰还是 2006 年十一世班禅大师访问丽江时的东巴代表，曾为许多名人提供文化服务。

和树杰：那天我还在医院打吊瓶，说是要去接待班禅，叫我拔了针马上走。……当时古城被围得水泄不通，从纸坊走到吃饭的饭店用了差不多一个小时，和邓小平的女儿一起吃饭时手一直抖，她老是给我夹菜，但我都不敢吃。

在丽江小有名气之后，他很快得到了服务旅游业带来的第一桶金，而且结识了一位从深圳来丽江旅游的女孩，并很快发展成为恋人关系。2006年，他拿出自己多年的积蓄，筹资15万元在丽江束河古镇开了一间东巴纸坊分店。本想着像其他从业者一样大赚一笔的他，一方面因为没有经营管理经验，另一方面由于缺乏自律节俭，使得店铺在两年后关张。

3. 和桂生弟子们进城

2008年，和家龙开始在东巴纸坊工作，2009—2011年通过木丽春介绍，在玉水寨边打工边学习东巴文化。2010—2011年，和灿峰也曾在玉水寨边打工边学习。在玉水寨期间，东巴们白天大都参与文化展演或写东巴祝福语、经书片段销售，晚上便与寨中的老东巴学习东巴文化。和家龙胞弟和家武也曾于2012年赴丽江打工，2014年回到新主村中。

此外，和秀文、和国新两位东巴也在丽江有旅游企业从业的短暂经历。

（二）新主东巴回家

丽江在旅游业的发展中，因其传统与现代有机结合的样貌，使之获得了许多毁誉参半的"名号"。但五光十色的城市生活仍让新主东巴们有一种疏离感，归乡的念头未曾放下过。

虽有着不错收入，但随着2008年初和茂俊从丽江毕业回巨甸医院工作，和圣典也辞去工作回到新主家中。2004年，追随师傅到丽江的弟子和春生早于师傅一年就回到了新主，而和树杰则在开店失败后于2008年8月回到新主，回来时还将女友也带至新主，后女友离开。和家龙、和灿峰、和家武分别于2011年、2011年和2014年回到家中。

迄今，在丽江工作的东巴大概可分为三类，第一类为玉水寨东巴，包括玉水寨公司中长期服务的东巴和培养6年后留在公司的东巴，共计20余人；第二类为丽江市东巴文化研究院聘请的东巴；第三类是在丽江古城和各个景点服务的东巴。收入方面以民营企业为保障的玉水寨东巴最为稳定，而在东巴文化水平方面，玉水寨东巴和东巴文化研究院东巴不相上下，从人数上来说，景点服务东巴最多，但多有滥竽充数者。过去，以上三类中都有新主东巴分布，但目前仍留在城里的只有1人（和灿峰于2017年3月回到丽江打工），其余都已回到家中。和圣典表示，相比其他东巴较多的区域，鲁甸因为烤烟和药材种植收入较高，东巴们更愿意在村中发展。

和圣典：目前东巴人数塔城乡多一些，其次是鲁甸。塔城现在外面的有十多人，他们在家里的收入不如在外面打工，所以就在外面边学习边打工，光玉水寨现在就有七八个，玉水寨有丽江各地东巴15个左右，新主村只有1个，是在那里学习结业之后留下工作的，其他都回来了。

作为关键性因素，经济收入是左右大多数东巴是否留在城里的重要原因，此外年龄和家庭因素以及文化归属感也影响着东巴们的选择。和圣典回新主一方面是因为儿子毕业回家，另一方面也由于老伴长期一人在家种植药材照顾不过来，且他回来后在村中担任祭司每年也有不菲的收入。对于和春生来说，即使旅游服务行业工作相对轻松，但自己上有老下有小，长期在外不是长久之计。和树杰回家的直接原因是生意失败，虽最终离开，但在适龄女性大量离村的情况下能带一个女友回家也是不错的选择。和家龙在 2011 年回家时将现在的妻子带回了村中。对于和灿峰等几位家中虽无经济负担可一心想学东巴文化的年轻人来说，玉水寨等旅游机构并不能给他们提供既能保证经济收入又能满足学习要求的条件，恰在此时新主东巴学校建立给他们创造了在村中学习的机会，也就自然逐一回村。

对于新主东巴来说，城市的经历让他们看到了东巴文化作为一种旅游资源可以给文化持有者带来经济利益，同时也让他们体会到旅游市场中传统文化遭受的种种糟蹋滥用和祭司的不公正待遇。他们选择回村既有外部环境压力影响，也是传统文化内在选择的结果，且对于东巴文化未来发展而言村寨传承是根基所在，所以新主东巴群体目前的选择也是东巴文化存续的理想路径。

五　新主东巴文化遗址

在新主村，除了传统文化的实践者——东巴祭司以外，传统文化发展的另外的见证者——东巴文化遗址也是我们解读社区传统文化发展历程和社会变迁的重要媒介。位于新主村附近的"什罗灵洞"曾一度成为新主东巴祭司们集会、祈福的圣地，而刻有"文化基层"的巨石是"三多庙"和民国时期汉文学校的文化遗址，它们见证了新主传统文化的兴衰和多元文化的融合。

（一）"什罗灵洞"

在东巴文化中，"丁巴什罗"被认为是东巴教的创教始祖，后世个别法力强大、得道的东巴大师也被尊称为"什罗"。历史上，有杰出东巴祭司生活的村落附近通常都有纳西语所称的"馁可"，汉语译为"什罗灵洞"的可供人栖居的喀斯特溶洞，它是东巴文化中一项非常重要的构成元素，是东巴教神石崇拜的一种反映。历史上几个知名的东巴文化发展区域都有"什罗灵洞"存在，其中以香格里拉县白地乡白水台的"阿明什罗灵洞"最为著名。灵洞为东巴修行、朝拜和东巴教"加威灵"仪式举行的场所，灵洞本身以及附近的草木树石都被认为是神圣而不可侵犯的。被誉为东巴教发源地的白水台"阿明什罗灵洞"在东巴教中有重要的历史意义和现实功用，相传东巴教的创始人"阿明什罗"就是此灵洞中修行得道，民间有"不到白地不算东巴"的说法。各地东巴除了到白地取经求学以外，一个重要的事项就是要在"阿明什罗灵洞"前举行被称为"哲占"的降威灵仪式，"后世的各地东巴到白地朝圣学经时，都要到这个灵洞来祭拜和进行'加威灵'仪式，请'阿明什罗'赐予威灵；当地东巴也常常来此灵洞求威灵。我在和志本东巴家中发现神龛上摆着几个乌黑的小石块，他告诉我，这是从'阿明什罗灵洞'中捡来的灵石，当地东巴都在家中神龛上供有这种灵石，他们将它视为能赋予自己神力的圣物和镇鬼的武器"①。在"阿明什罗灵洞"中进行降威灵仪式被认为最具权威和效用，因此各地东巴均会自发到白水台请当地最具威望的东巴为自己举行此仪式。此外，在近代著名大东巴康巴才的故乡太安汝南化也有一个"什罗灵洞"，此灵洞位于太安乡汝南化村的一个坡崖上，也是附近东巴朝拜的圣地，1947 年曾在灵洞前举行了一个盛大的超度抗日牺牲将士法会。

　　鲁甸新主村境内的"什罗灵洞"位于"北市堆"（上村）红新队北部的山坡上。笔者从新主村最北端金星队顺盘山路步行至灵洞约耗 2 小时，灵洞位于盘山路上方约百米处，据和应龙东巴介绍，此盘山路可通塔城。从盘山路至灵洞口有人行小径，但都为 60° 以上斜波，需扶草木攀爬至灵洞西侧入口处。灵洞口朝东南，入口处有巨大落石，洞口呈不规则的弧形似人张口之状，洞内空间也为上下弧形两侧渐收，如贝壳张开之形。洞口宽约为 15 米，洞深约为 20 米，洞内最大高差约为 6 米。洞壁顶岩石上有燕窝和其他鸟类栖息痕迹，洞内因受流水侵蚀喀斯特地貌特征明显，部分岩壁上有流水渗出。灵洞内钟乳石形似神佛像、各类动物形象，也有天然形成的岩斑似岩画者。在考察了灵洞后，和力民形容："比较神秘的是在这个崖洞的天蓬石崖上，天然地有纳西族东巴经名著《白蝙蝠求取祭祀占卜经》故事里记述的大鹏、白蝙蝠、十八层天界以及神灵居住的神龛灵洞等等的岩石浮雕。"②灵洞内有一似大鹏神鸟形象之白色岩斑，高约 40 厘米，最宽处约 15 厘米。在洞内有朝拜者留下的香条、蜡烛等物品，还有炭火堆、啤酒瓶等。据长者介绍，现灵洞之规模已无法与旧时相比，岩洞曾几遭毁坏，现留下者只为原来之一二。

---

① 杨福泉：《东巴教通论》，中华书局 2012 年版，第 140 页。

② 和力民：《玉龙纳西族自治县新主村东巴文化传承资源调查》，玉龙纳西族自治县史志办公室《玉龙纳西族自治县史志资料选编》，2010 年，第 133 页。

图 2—12　新主村"什罗灵洞"（朱永强摄 2016）

　　杨德茂：那个灵洞也是可惜了。第一次破坏是大概 1940—1942 年左右，当时新主小学校长杨国忠让学生把洞内钟乳石敲来之后摆在学校里面；第二次是中华人民共和国成立后，一些白族人来找造做火药的硝，在扫老鼠屎、蝙蝠屎的时候敲的；第三次是 1979 年，鲁甸林业局修公路炸了一段。

　　按照老人描述，未遭毁坏时的灵洞深近百米，洞内有钟乳石惟妙惟肖似猛兽、飞禽、人物及日常起居物品，俨然一个神仙洞府。当时不仅为附近各村东巴朝拜处，也是村民日常游赏之地。至和世俊东巴年代，灵洞崇拜更为盛行，杨六斤老人回忆在她年幼的时候，就见和世俊东巴带着他父亲杨尚志等弟子到这个灵洞烧天香做仪式。"每年农历九月二十六日要专门到这里做祭祀'丁巴什罗'的仪式。凡是在新主村范围内做求寿、加威灵等较大的仪式，都要专门派一两个人到这个灵洞里烧天香祭祀'丁巴什罗'祖师和众大神。"[1]2010 年 9 月，"国家级非物质文化遗产东巴画"传承基地开班，师生 30 余人参观并祭拜灵洞，在灵洞举行了烧天香、祭祀"丁巴什罗"等活动。其后几年开班过程中也设置了到灵洞参观祭拜的环节。最近一次在灵洞开展祭拜活动为 2016 年 10 月，新主东巴学校"第二届东巴文化培训班"开班之际。近年，新主村老年人协会也会在节假日组织协会会员参观祭拜"什罗灵洞"。

　　新主"什罗灵洞"曾经是新主东巴文化的重要地标，是新主东巴文化中不可或缺的组成部分，自 20 世纪中叶起曾遭受了三次大规模的毁坏，逐渐淡出了人们的视野。近年随着新主东巴文化的复兴，又渐渐开始恢复其文化功能。新主东巴学校负责人表示未来如条件允许，欲对灵洞进一步修缮维护，一来应可以避免其遭受未知破坏的可能性，二来也可以将其文化功能发挥得更大。从灵洞所处的地理位置判断，未来灵洞遭到破坏的可能

　　① 和力民：《玉龙纳西族自治县新主村东巴文化传承资源调查》，玉龙纳西族自治县史志办公室《玉龙纳西族自治县史志资料选编》，2010 年，第 133 页。

性主要来自两个方面，一为火灾，二为人为破坏。约 5 年前，灵洞附近山林曾遭火灾，至今还满山疮痍，幸火势未延伸，如延伸至灵洞则有更大规模的落石毁洞之可能。灵洞目前无人看管，因位于路边，洞内可见路人烧火煮饭留下的生活垃圾，若此状延续，未来不排除好事者破坏的可能性。

（二）"文化基层"巨石和"三多庙"

"三多"神为纳西族的保护神，民间多以"阿普三多"称呼，意为"先祖三多"。相传每逢纳西族有战事，"三多"神都会从玉龙雪山骑白马驾祥云前来助战。在玉龙雪山南麓的白沙镇有专门供奉"三多"神的庙宇"三多阁"，该庙宇原名"北岳庙"，"北岳庙始建于唐代大历十四年（779），是丽江建造最早的庙宇。……公元 1253 年，忽必烈率蒙古大军征大理国，敕封北岳庙为'雪石北岳定国安邦景帝'，……嘉靖乙未年（1535）木氏第八代土司重修白岳庙"。[①]最近一次重修该庙为 1986 年。农历二月初八日被认为是"三多"神的诞辰，为"三多节"，是纳西族的法定节日，自 2009 年始，每年此日在"三多阁"举行祭祀"三多"神的东巴教仪式。

1. 巨石以及"文化基层"

在新主村红光队原"三多庙"旧址，现仍孤立着一块巨型花岗岩。巨石坐北向南，南侧为两台恰似一宝座，底部第一台东西长约 9.3 米，高 2 米；第二台东西长约 6 米，高 4.5 米，深度约 2.4 米；巨石底部周长约 24.5 米，总高约 6.5 米。在巨石第二台高约 2.5 米处，从东自西刻有"文化基层"四个篆体大字，字高约 60 厘米，宽约 25 厘米，间距 15 厘米。因为有巨石的缘故，嘉庆年间在此建立了"三多"神庙。对于"文化基层"四个大字的来历，目前比较可信的是和兆选与杨德茂的讲述，他们表示这四个字是当时国民党教育部门一个叫李觉明的官员来学校视察后提出，并由新主村一位名为"摆满五紫"的杨姓铁匠刻于巨石之上的。

图 2—13　刻有"文化基层"巨石（朱永强摄 2016）

① 杨林军：《丽江历代碑刻辑录与研究》，云南民族出版社 2011 年版，第 17 页。

和兆选：文化基层这几个字是当时我读四年级的时候写的，当时是丽江县文教局（文教科）一个叫李觉明的来视察，他骑马来的，带着三位侍从。那天早上我们正在操场扫地，校长和两个老师让我们丢了扫把在操场立正迎接，是在他的手里面搞起来的。刻字的是我们这里叫"班满五子"说的一个，拿一张纸蒙在石头上拿铁钎敲的。

2016 年 1 月，新主开始组织人员编写《新主志》，作为新主村地标性的文化构建，巨石成了编写者重要的写作对象。考虑到李霖灿曾旅居新主 8 个月余，且他在纳西学研究领域有较大的影响力，有编写者便欲将"文化基层"之名归于李霖灿先生，此举引起了和兆选、杨德茂等老人们的强烈不满，他们认为实事求是比名人效应更重要，这样才能对得起故人，也不被后人唾骂。

2. 不同时期"三多庙"的变化

1940 年，杨国忠担任"阿施主"（新主旧称）第三保保长，他与和文质是姻亲。当时新主村保公所并无具体办公场所，身在乡公所任职，又一心想发展教育兴办官学的和文质与杨国忠提议扩大新主办学，并设保公所办公场地。考虑到红光队所居地理位置相对中心，村寨集中，又有之前村民公共活动场所"三多庙"，所以在原"三多庙"设学校与保公所，扩建改建部分由新主富户及村民共同投资建设。从当时国民政府教育机构的变革来看，"民国十七年（1928），劝学所改称教育局。民国二十八年（1939），云南省推行新县制，令个先裁局改科，教育局属第三科。民国三十一年（1942），撤销第三科，设科长 1 人，督学 2 人，……乡镇设中心国民学校负责领导保国民小学和自然村小学"①。和兆选老人回忆，1940 年他开始上小学，当时新主学校名称为"阿施主第三保保国民学校"，在校教师 3 人，校长为和耀清。

庙宇神殿位于巨石西南侧，坐西朝东，为一间平房，留有走廊。神殿内室供奉三尊神像，正中为"三多"神位，"三多"神两侧还各有两位稍小的神像，分别是一边一位"三多"神的"拉姆"（妻子），右侧守卫"阿布噶丁"和左侧的不知名守卫。"三多"神像左面为龙王爷的神像，左右各有一尊稍小的护卫。"三多"神右边供奉的是财神，财神的坐骑为红虎，左右分别是文书和护卫。神殿内室与走廊之间有门窗相隔，左右各有一扇圆形梅花窗，中间则是开合的木门六扇。在神殿外厅两侧的照壁上，各画有两位骑马的"丁巴什罗"神像，左侧骑紫马，右侧骑白马，"什罗"手

---

① 丽江纳西族自治县县志编纂委员会：《丽江纳西族自治县县志》，云南人民出版社 2001 年版，第 703 页。

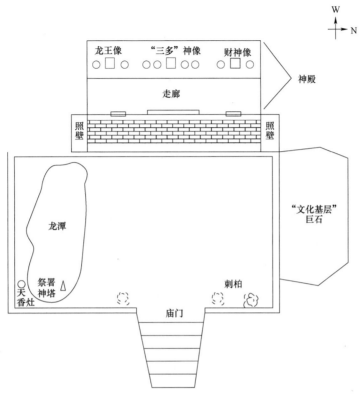

图 2—14 1939 年前 "三多庙" 格局（夏梦颖绘 2017）

拿扁铃等法器。神殿的左侧有一个龙潭，面积约 30 平方米左右，水深半米，内建有一个署塔，在龙潭的左下角处还设有一个烧天香的石灶。龙潭与神殿右侧的巨石正好平行，中间为 "三多庙" 的院子，院东为 "三多庙" 的围墙，高约 2 米。墙内侧有三棵高约 10 米的刺柏树，庙门正好位于两棵刺柏之间，设有 5 级石阶。

据传该 "三多庙" 建于嘉庆年间，上述庙宇结构是根据杨德茂老人口述整理还原，该结构直至 1939 年才改变。到 1940 年，在杨国忠与和文化的谋划下，"三多庙" 已经扩建办学、办公。

此阶段庙宇神殿房屋结构未变，但走廊外厅已改为学校的第一教室，供一、三年级上课。在神殿正左侧建有平房两间，一间作教师办公室和厨房，一间供二、四年级上课。在 "三多庙" 门外的空地上，建有二层楼房一栋和平房三间，楼房位于巨石正东，上下各三间，一楼作集谷仓，二楼两间作保公所宿舍，一间为办公室。巨石与楼房之间有厨房一间。楼房对面为三间平房，用作集谷仓，院墙位于东侧，墙上设有两个门，左门上方挂有"阿施主第三保保国民学校"木牌,右门挂有"阿施主第三保保公所"木牌。而原先"三多庙"围墙已被拆除设了花坛,刺柏树保留,左侧设石阶。如此一来整体建筑形成一进两院格局,里院为学校,外院为保公所。门口建有大操场,正门处屹立着旗杆,两侧有单双杠、沙坑、木马等健身器材。旗杆正前方还置有一石头,上刻"大操场"三字。此格局持续到1950年"清匪反霸"前。

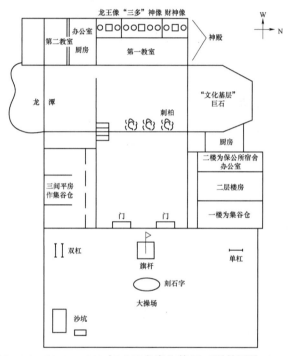

图2—15　1940—1950年"三多庙"格局（夏梦颖绘 2017）

　　1950—1951年,"三多庙"神殿内佛像被毁坏殆尽。保公所由农协会接管,原先挂有保公所和保国民学校的门被封,学校大门改在巨石东侧原厨房处。除将原来的集谷仓全改为监狱外,农协会在操场南侧还建了一栋二层楼房用作民兵宿舍和监狱,在操场东侧、南侧各建了三间平房作办公室,北边建院墙和农协会大门。从1950年毁坏神像开始,庙宇其他建筑也逐渐遭到破坏,学校亦于1951—1956年,渐搬迁至现新主完小所在地"开满"东元队。至1958年,"三多庙"只剩下神殿一间。此房现在位于新主东巴学校,为校内供奉"丁巴什罗"神像的神殿。

　　根据老人回忆,历史上新主境内有七座庙,分别是位于正北金海、金河村交界处的"三多庙",位于正西红光队的"三多庙",位于西南

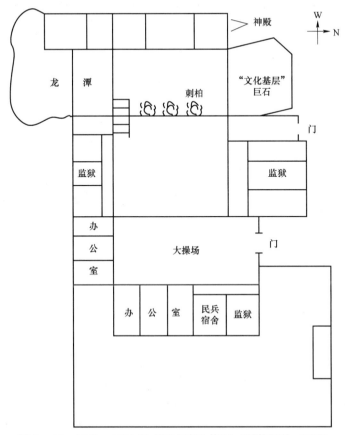

图2—16　1950—1951年"三多庙"格局（夏梦颖绘　2017）

新生村的山神庙，位于正南新华村的财神庙，位于东南东元村的龙王庙，位于正东红岩村的"三多庙"和位于东北金山村的龙王庙。除了西南金泉村无庙外，七个庙宇的空间分布恰似一幅五行八卦图。这些庙宇分散在新主各村，共同成为村民信仰寄托之所。而在一个狭小的空间内，存在如此多的寺庙，这在丽江其他地方也是少见的。七座庙中有三座"三多庙"、两座龙王庙、一座财神庙和一座山神庙，可以看出庙宇群中除了与纳西文化相关的"三多庙"外，还有与道教和儒教相关的龙王庙、财神庙和山神庙，这表明新主除了东巴文化独大以外，宗教环境呈现开放包容性，充分体现了纳西东巴文化多元融合的特点。在新主的七座寺庙中，以红光队的"三多庙"规模最大、香火最旺，除了农历初一、十五，二月初八等节日附近村民争相祭拜祈愿外，日常值日东巴也会烧香祭拜，还会不定期举行庙会。居住在"三多庙"上方的村民杨国忠家的天香炉就位于龙潭边,他家也曾承担过庙宇的日常管理维护工作。

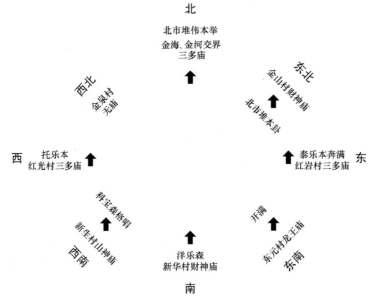

图 2—17　1951 年前新主村庙宇格局（夏梦颖绘 2017）

　　然而,曾经香火不断的庙宇在特殊年代到来之时被打砸一空,面目全非。很多生于 20 世纪三四十年代的新主老人对于庙宇有着特殊的感情,当他们回忆起庙宇的盛况时都会激动不已,很多老人童年最美好的回忆或许留在一次庙会的经历中,或者一尊神像的光影里。当他们回忆庙宇神像被毁的那段岁月时,都流露出一副惋惜无奈,甚至痛心疾首的神态。

　　杨德茂:新主的七个庙全部都在 1951 年被破坏了,土改的时候就全完了,没有等到"文革"了,所有庙宇在一个晚上就全部敲完了,什么都没有剩下。

　　至今,老人们还记得是哪些人参与了毁坏庙宇的活动,既感慨于毁庙者在后来遭受的种种不测,也乐于讲述那些本打算去参与毁庙但因家人制止未能成行,至今还健康长寿的邻居们的故事。村里人都坚信毁坏寺庙的行为是后来遭遇不测者厄运的根源,毁庙者的遭遇比寺庙本身更让村民感兴趣,甚至很多六七十年代出生的人也对这样的故事如数家珍,他们用这样的方式表达了对特殊时期历史的回忆和缅怀。与庙宇被毁坏同时期发生的两件事对村民们的影响极大,一是所有传统仪式被禁止开展,二是所有的东巴经书和与传统文化相关物品都被要求上缴或者是自行销毁。

杨德茂：1951年清匪反霸时候还能搞仪式，1952年土改工作队入村就不准搞了，丧葬仪式是农历十一月份才禁止搞的，1952年几乎所有仪式都断了。因为开丧仪式所用的那些东西要去外面买，但是市场不流通买不到。所以，有人家因为等着买东西举行仪式，夏天人死了尸体都等臭了的也有。清末时候新主最近的市场在维西，民国时候逐渐有了巨甸市场，此外是石鼓、鹤庆等地，人去世要用各种颜色材质的纸，到鹤庆就基本什么都买到了。

特殊时期的政治环境下，东巴文化的发展遇到了前所未有的困难，庙宇作为传统文化的物质载体，朝夕便可摧毁。而对于信仰者，庙宇所承载的文化精神内涵在短时间内虽不会被彻底摧毁，但若受到重创，恢复过程也是极为漫长的。

小　结

本章从"东巴家族的到来""东巴盛世""'东巴之乡'的当代东巴""城市与农村间的来回"和"新主东巴文化遗址"五个部分对村中东巴家族的迁徙历史、20世纪50年代前新主村东巴文化发展状况、目前新主东巴祭司概况、新主村东巴群体旅游服务的经历和两个具有代表性的东巴文化遗址进行了阐述和介绍。通过分析我们得知，作为在普米族之后迁徙来新主的族群，纳西族在后来占据了新主的大部分地区并成为该区域的主体民族，且将东巴文化在此演绎成一幕幕潮起潮落的兴衰史。在新主"东巴盛世"开创过程中，"东巴王"和世俊与其孙和文质发挥了领导者的角色，这期间传统文化的强盛也奠定了新主东巴文化在纳西族地区的地位。在塔城、太安和鲁甸三个东巴文化重镇中，鲁甸作为后起之秀不仅长期与两地保持着密切的文化交流，历史上，新主村传统文化精英先进的文化理念，开放包容的文化态度和重视纳汉文化共同发展的教育思维也是该地东巴文化兴盛的重要促因。目前，新主村东巴的数量和水平虽然不能与盛世时期同日而语，但也能基本满足社区村民日常仪式需求，祭司的区域分布和年龄结构都较为均衡，有较为理想的发展前景。面对现代性的诱惑，新主东巴面临着"城市东巴"和"农村东巴"之间身份转换的问题，从中可以看到，在全球化过程中，传统文化资源在转变为经济资本并参与市场行为时，相比政府部门与民营企业，传统文化持有者更多时候处于利益分配的末端。新主村"文化基层"巨石、"三多庙"和"什罗灵洞"作为该村的重要文化建构，在20世纪中叶前是与村民日常生活息息相关的学习聚会和朝拜场所。目前，"三多庙"被毁、"什罗灵洞"被破坏、"文化基层"巨石孤零等现状不仅是中国特殊年代传统文化遭受惨痛代价给时代留下的伤痕，而且也在时刻警醒后人在前进的路上，应该守护好自己的精神家园。

第三章　东巴与传承

新主东巴群体的文化实践自 20 世纪 50 年代中止之后，沉寂了近半个世纪，于 20 世纪 90 年代开始逐步恢复。这一方面受到国家文化政策开放、丽江旅游业开发等外部因素影响，另一方面也基于新主村丰厚的东巴文化土壤积淀、村中东巴后人、村民的文化自觉等内因的推动。目前，村内主要以日常仪式、东巴学校的教学活动、东巴经书抄写等方式展开传统文化的恢复和保护工作，并已逐渐发展为纳西族地区村落东巴文化传承的示范点和核心区。传统上，东巴文化传承主要通过家族/家庭东巴祭司培养和村落东巴仪式举行两种方式实现，新时期新主村东巴文化传承继承和发展了以上的传承方式。这期间的教学传承和仪式传承，在时间轴线上可分为新主东巴学校建立前和建立后两个时期，不同时期的教学传承和仪式传承的内容形式也各具特色。具体而言，教学传承主要包括家庭私塾东巴文化传授和东巴学校教学活动，它们都是以东巴祭司培养为目的的东巴身份体系传承；仪式传承主要指以民间日常举行的东巴仪式为载体的文化传承活动，它展现了传统文化社会服务过程中文化价值、理念的传承。

一　东巴学校建立之前的东巴传承方式

作为传统文化的持有者、继替者与传承者，祭司是各时期的东巴文化发展中的核心的要素，目前许多纳西族地区传统文化的没落，其根本原因就是东巴祭司的缺失。虽然东巴文化被系统地载入东巴经文中，但随着老一辈东巴的过世，数以万计的东巴经书中不少已成为无人能解的"天书"，不仅如此，祭司的断代还将直接带来东巴文化断代的危机。祭司的延续已经成为直接关系东巴文化存续的关键问题。随着这一问题的凸显，从 20 世纪 80 年代开始，政府、文化部门和民族精英尝试以各种途径培养东巴祭司。以往，东巴祭司的培养以家族/家庭内父子、叔侄等血缘传承方式开展，东巴祭司在有祭司血缘的家族/家庭中延传，即便是那些异地拜师求学者，也多为自幼在家中学习，具一定传统文化基础的东巴后裔。但受特殊时期传统中断及其他一些原因的影响，此种传承方式在大多数地区已行之无效，学校传承、企业传承等新型传承方式应运而生，目前的东巴文化学习者，有的是已经断代的东巴祭司的后裔，也有非东巴家族的新人。在鲁甸新主村，家族/家庭传承的方式在特殊时期出现沉寂但并未中断，至今延续，而新型的学校传承方式则已开展多年。

和圣典东巴从 20 世纪末开始招徒，21 世纪初和桂生东巴也开始招徒，在东巴学校建立前，他们以家庭私塾教学的方式共招收培养了十余位东巴。目前，和圣典东巴培养的弟子均能独立主持仪式，和桂生的弟子中也有能独立主持仪式者。

（一）和圣典私塾教学

1995 年，和圣典东巴开始在家招收东巴弟子，第一批弟子为和树杰与和春生，还有和圣典已故的长子和茂松。和树杰与和春生都属于大东巴和占阳家族的后代，出于对家族东巴血统的责任感，他们成了新时期首批学习东巴文化的人。和圣典授课之所以为自家厨房火塘边，时间为每日晚饭后，夏天下雨或冬天下雪无法下地劳作时也会通知学生来上课，他的私塾授课不收任何费用。和圣典教授的第一本经文是《祭祖》。当问起为何要选择这本经书时，和圣典表示一是《祭祖》是一本缅怀先祖、感恩祈愿的"好书"，二是学会了这本经书后遇到清明节建新坟、逢年过节给先祖献饭时均用得上，三是因为他的这册东巴经文母本来自和世俊大东巴，规范性较强，省略地方也少，比较适合教学之初使用。和圣典教学没有从单字入手，而是直接从经文入手，课堂授课一般分为以下环节。

第一，经文诵读，每次上课之时先将本次授课的经文读给学生，之后让学生跟着自己一遍遍地熟读和背诵；

第二，经文释义，在诵读的同时给学生解释经文内容、涉及的典故等相关知识；

第三，抄写经文，课程后会安排学生抄写所学的经文，同时给学生讲解重点字词，有时也让学生将经书带回家中抄写。

第四，复习答疑，课前对上次所学内容进行检查，同时解答学习中存在的疑问。

课堂授课之外，每逢村中有开丧、请家神等仪式需要主持，如条件允许，和圣典也会带着徒弟观摩学习，学生在给师傅充当助手的过程中便有了实践操作的学习机会。在传统文化教学过程中，原本就有 10 年民办教师教学经验的和圣典尝试将多年来积累的汉文教育方法与东巴文化特点结合，不仅教学上得心应手，而且学生也提高较快。

大概一年之后，和秀文加入了学习队伍，他与和树杰、和春生都属红光队"塔给若"东巴家族，三位学生也成为和圣典东巴私塾教学培养时间最长的徒弟。虽然后来也有如和家武、和金康等登门求学者，但少则几日多则几月，都未能坚持长久。2001 年，和圣典带着和树杰与和春生一道离开新主赴丽江从事旅游行业服务，师徒三人在丽江工作之余，也常到位于黑龙潭的丽江市东巴文化研究所与各地东巴交流学习。和圣典在丽江期间，偶尔也会被新主村民请回村中主持仪式，还在新主的和秀文便会在给师傅充当助手之时向师傅请教自学中遇到的问题。2008 年，和圣典与两位徒弟一同回到新主，从家庭私塾教学重新恢复，至 2010 年新主东巴学校开班时，和圣典的三位徒弟已经掌握如握祭天、祭署、请家神、开丧、祭山神、祭"三多"神、祭胜利神、求吉等仪式的经书及规程。

（二）和桂生私塾教学

2002 年，15 岁的大东巴家族后人和家龙来到家中拜师，和桂生开始了收徒传承之路，同年，和灿峰、杨政元也相继成为和桂生的弟子，2003 年和应龙也加入学习行列。和桂生讲授的第一本经书为《烧天香》，此经书一般用在东巴仪式的开头，"主要涉及仪式中请神降临、享受天香接受人们的祭祀等内容"[①]。经书诵读、单字讲解、经文释义和规程讲解是他每次教学的必要环节。由于学生年纪较小，自己也缺乏教学经验，和桂生在教学之初遇到了不小的困难。对于几位零基础的学生，从手把手教授象形文字到仪式规程的讲解，花费了和桂生许多心血。2004 年，新主东巴学校筹建工作开始，大概有一年的时间和桂生都奔波于新主和丽江两地，而他的学生们自然也加入师傅组织的建校队伍。白天砍木料、平地基、搬石头忙于学校建设，晚上则在师傅家火塘边学仪式、习规程、抄经书，成为当时和桂生众弟子的一种生活常态。如遇到村里村外有人家需要主持仪式，和桂生也会择机带上弟子一同前往。

这样的情况一直持续到新主东巴学校初步建成开班之际，2010 年开班时，他的学生已经掌握《烧天香》《请家神》《为死者献祭粮》等 8 本东巴经典，部分学生也有了在师傅主持仪式中担任助手的经历。

和桂生的三位弟子目前都不满 30 岁，村中年龄相仿的人或是外出打工，或是肩负着家庭烤烟、药材种植的重担。与忙碌的同龄人相比，大多数时间参与东巴文化活动，极少顾及家中琐事的年轻东巴们或多或少显得有些另类。而村里年轻东巴的命运，似乎从他们开始学习东巴之日就已经改变。谈起学习东巴文化的原因，和应龙年过八旬的奶奶和世宣老人这样说：

五松（和应龙小名）当时身体不好，年纪又小，读书（汉文小学）也读不进去，刚好和桂生在教东巴（文化），我就让他去了。东巴（文化）

---

① 东巴文化研究所编译：《纳西东巴古籍译注全集》第 2 卷，云南人民出版社 1999 年版，第 50 页。

以前是很发展的，家家户户都兴搞，村里厉害的东巴很多，后来不准搞，可惜了。现在政府又在提倡，我就让孙子去了。东巴文化教的都是好的东西，以前村里赌博、离婚、做坏事的这些都很少，不像现在。我们家也是东巴家族的人。后来和力民老师也来动员，说要让他继续学。我和他（和力民）说了，只要我在世一天，我就让他学，但是以后他找媳妇了，媳妇不让他做东巴，那我也管不了（目前和世宣还是和家的家长）。

和应龙学习东巴文化固然有个性因素，但也是文化大环境改变和东巴家族的血缘使然，这是当前新主东巴群体重拾传统文化的共同原因。

和圣典与和桂生的家庭私塾式东巴文化教学作为新主东巴文化复兴的标志性实践，从 1995 年至 2010 年延续了 16 年，其间培养了相对稳定的七位东巴传承人，他们皆是新主历史上著名东巴祭司的后代。在传统文化存续的内外环境都已经改变的当下，这样的私塾教学活动除了对文化本身的保护和传承具有重要意义外，也是对新主历史上私塾东巴文化教育方式的延续，是在家族/家庭（父子、叔侄传承）血缘祭司传承方式几近消失的现状下对东巴培养模式的新探索。

二　东巴学校建立与东巴文化教学

新主东巴学校位于鲁甸新主村红光队与红旗队交界处，于 2010 年开始通过东巴文化培训班教学、东巴仪式恢复和东巴经典抄写等方式进行传统文化的保护与传承工作。与传统的私塾式教育相比，学校教学在具体课程设置与时间安排方面体现出较强的系统性与规范性，另外在培养对象方面，也突破了私塾教学的血缘传承限制，吸引了来自外县市甚至外省的学员参与学习。

学校于 2010 被授予"国家级非物质文化遗产东巴画传承基地"称号，2016 年被云南省文化厅列为"云南省级非物质文化遗产保护传承基地"，是丽江纳西族地区唯一一个与政府、文化部门和民间企业保持多年合作关系并每年定期招生、培养东巴文化传承人的民间传

图 3—1　新主东巴学校（朱永强摄　2015）

统文化传承基地。

（一）新主东巴学校的创建

新主东巴学校的建立源于木丽春（1938—   ）在 1958 年从和文质东巴之子和成典家中"收走"的 1700 多本东巴经典。时隔半个多世纪后的 2003 年，和文质东巴的直系孙和茂盛、和茂新开始频繁与丽江市东巴文化研究所、丽江市东巴文化博物院和丽江县图书馆等部门接触。在旅游业打开丽江的门户之后，东巴古籍、东巴法器等物品突然间从"牛鬼蛇神"变成了"文化遗产"备受追捧的商品，在主体性和利益的驱动下，大东巴的后人们开始了索回先祖遗产的活动。很快和秀文、杨政元等新主大东巴家族的后代也加入其中，后来的东巴文化教学负责人和桂生成为当时那个团队的核心领导者。然而与无数的历史经验一样，民与官的对话结果都是如出一辙，有的人因为屡战屡败而退出，有的人则倾尽所有继续坚持。其中最年轻的参与者杨政元清楚地记得当时的情景。

大概是 2003 年，一开始是和茂新先搞起来的，后来我师傅也是参与了，我当时参与也只是想拿回我曾祖父的书，师傅说我年纪小建议我学东巴。第一次每家凑了 700 元，是四家一起去的丽江，一年左右去了两三次，和秀文家退出后我们又凑了五六百块然后带了米肉去。那时我有一个叫和凤生的表哥在丽江开大车，我们就住在他租住的房子那里煮饭。因为之前没有到过丽江，所以只能到处瞎问，那年刚好是丽江市区县分设的时候，相关单位、机构也找不到，还遇到过骗子小偷。

一开始新主东巴的后人们向经书持有部门提出返还经书或者经济补偿的要求，但是这些貌似合情却不合乎规章制度的要求没有被接受。一而再，再而三的走访下，时任丽江东巴文化博物院长兼丽江市文化局副局长的李锡老师给他们提了一个折中的办法，建议他们回家写一份在民间建立东巴文化传承基地、开展传统文化传承活动的书面申请。李老师告知，这样做相关部门就能给予经费支持。

杨政元：有一次我们去丽江，李锡老师告诉我们原来要钱的方式是不行的，他让我们去以建学校开班的形式写申请，这样会有一些经费的支持，他还给我们协调了 2000 块买文具的费用。回来我们就想盖房子了，一开始我也是参加的，后来我父母叫我不要去了，每次都去丽江花费那么多但什么都没有得到，家里也负担不起来了。我师傅告诉我，不凑钱也不怕，但是他想要我们家的这个老房子，我父母有些不同意，之后杨树高老师来给我协调了 1800 块钱。

回到新主，东巴后人们一方面请人写建校开班申请，另一方面组织人力筹建学校。杨政元家中有着近百年历史，正欲改造的传统厨房成了新主东巴学校的首个建筑，村中废弃的"三多庙"神殿也被拆建到东巴学校内。现任新主完小教师杨新俊与时任玉龙县一中教师石刘栋是建校开班申请的两位执笔者，据他们回忆，申请书的语气从一开始的恳求变为商讨，再到质问和最后的威胁，可谓穷尽一切手段。在整个过程中，当时从和成典家中收走 1700 多本东巴经书的木丽春，丽江市史志办主任新主村人杨树高，新主村委会书记和邵忠等人也是竭其所能为学校的筹办提供了支持。在众人的不懈努力下，建校终有了眉目。从 2004 年 5 月筹办到 2006 年 5 月动工，整整花了两年时间。[①]然而从建校开始，真正的困难才算降临，作为当时建校的实际负责人和桂生，一方面要带着学生参与建校实际操作，另一方面还要使用各种方式不断向各级政府和文化部门以及相关企业申请经费。不仅如此，当时和灿峰、和应龙等弟子的家长也曾义务参与学校建设，这期间新主村人都觉得这些建校者"疯了"。和桂生回忆，当时由于经费不足不仅向银行贷了款而且欠了不少村民的费用，很多时候申请来的经费只够偿还银行利息，所以自 2006 年开始，每年的年关都是他最难熬的日子。

　　和桂生：我最艰苦的是 2006—2008 年，这三年穷得要命，要起来的钱不仅不够还贷款有时连利息都不够还，有时候是辛辛苦苦地拿自己的血汗钱来还的。过年前那些请了工的村民的钱未付清，晚上在火塘边坐时，一有人喊门我的心里就慌得很，只能求爹爹告奶奶地和人说好话。

　　至 2007 年 9 月，学校一期初步建成，建有神殿一所、厨房一间、储藏室一间、教室一间和图书室一间，共投入各级人民政府、相关单位和新主个体户资助的资金 26 万余元。

　　学校的第二次扩建在 2011 年 4 月至 11 月，丽江市政府、丽江纳西文化研究会等部门资助增建了一座二层楼房。其中一楼三间分别作为教室、展厅和电脑室，二楼共有 12 间学生宿舍。共计投入资金 75 万余元，另外还在学校西南侧建了一个篮球场。

　　学校的第三次扩建为 2015 年，此次建设首先在原有舞台处建了上下各六间的二层楼房；其次在祭天场东侧建造了砖混洗澡间，还将学校北侧原来的储藏室和厕所拆除，将学校北部围墙整体外移。

　　以上为新主东巴学校校舍的建成以及历次扩建情况。经过几次改扩建，目前，学校已形成能满足 40 位师生食宿，开展多媒体教学的民间传统文化传播机构。

---

　　① 朱永强：《丽江鲁甸新主村祭天仪式及其功能探究》，硕士学位论文，中央民族大学，2012 年。

（二）东巴学校教学与活动

1. 教学、管理团队形成

校舍建成后，由于管理和教学的需要，学校于 2010 年 6 月形成了以下管理和教学团队：

校长和绍忠（时任新主村委会主任，现为书记）、副校长和桂生；

学术顾问和力民（丽江东巴文化研究院研究员）；

特邀教师木琛（丽江市博物馆副研究员）、和丽宝（丽江市博物馆馆员）；

特聘教师和桂生、和圣典、和明（塔城东巴）、杨玉华（塔城东巴）、和学东（巨甸东巴）；

财务人员和政云、和桂军；

后勤人员和茂胜、和茂新。

团队成员中，校长与副校长由上级文化主管部门任命，学术顾问、教师由主管部门和学校共同聘请，财务和后勤人员由学校聘任。这个团队组成人员囊括了新主村委会的管理者、丽江文化部门学者型东巴、新主两位东巴教师和新主学校发起者共 14 人。团队自 2010 年组建至今，一直为新主东巴学校的正常运转服务。

2. 祭天仪式恢复

东巴学校以 2008 年春节祭天仪式的恢复拉开了新时期文化传承序幕。作为纳西族民间最大的传统民俗仪式，祭天仪式也是东巴教中普及性教高的一个宗教仪式。该仪式在该村已经消失近半个世纪，作为一个旧时全民参与的仪式，其恢复对传统文化的复兴具有象征性的意义。此次仪式的恢复由和圣典、和力民与木琛等人担任主祭司，新主全体东巴担任辅祭司，村中 70 岁以上的年长者也大都被邀请到仪式现场，仪式的恢复受到了广泛赞誉。自恢复以来，东巴学校每年组织春、秋两次祭祀活动一直延续至今，祭天仪式已经发展成为新主村不可或缺的传统文化活动。

3. 新主东巴学校历次开班及相关传承活动

2006 年，纳西东巴画被列入国家非物质文化遗产保护名录，2010 年 8 月"国家级非物质文化遗产东巴画传承基地"在新主东巴学校设立。此后，由丽江市非遗中心拨款，学校每年承办为期约 20 天的东巴画培训班教学活动，至 2015 年 9 月，六年进行了八期的传统文化培训工作[1]，第一批学员已结业。2016 年 10 月，学校开始举办第二批东巴画传承人培训活动。而新主东巴学校被列为"国家级非物质文化遗产东巴画传承基地"，也缘于一

---

[1] 8 期培训班包含东巴画 6 期，祭天文化和祭家神各 1 期。

次偶然。

和桂生：纳西话说就是 "dæ³³tɕʰər³³bv³¹me³³kɯ³³h a ³³ʐu³³ g v³³ʂ₁³³"（豺狼要拉屎，刚好狗来到了），那天去丽江市非遗中心徐晴那里申请经费，刚好遇到一个叫李学文的人拿了 4 万块钱来非遗中心退还。本来非遗中心原计划是要到署明开东巴画培训班，署明小学学生家长怕耽误孩子学习，不同意学生学画，负责人来退钱时刚好被我遇到。2010 年，祭天仪式前的大年初四，徐晴（时任丽江市非物质文化遗产中心主任）就来到新主，那晚睡在我家。记得他来的那天是下雪了，他看了之后觉得第一年的东巴画培训班可以在这里开班。8 月 14 日，国家级非遗项目东巴画培训基地就在这里挂牌了。

东巴画是东巴文化的绘画表现形式，常见的种类有卷轴画、纸牌画、木牌画和东巴经中的神像画稿等。东巴画内容多以各类神祇、鬼族形象和东巴教神话故事为主，一般用在各种东巴仪式中，其中以长轴卷《神路图》最具代表性。另外，东巴画还是东巴文化多种表现形式中，极具多元文化融合特征的文化形式。

2010 年 8 月 14 日至 9 月 2 日开办了为期 20 天的首期东巴画培训班，由和明、和力民、木琛、和丽宝、和圣典、和桂生等东巴担任教师。招收学员覆盖丽江市范围内的所有纳西族地区，其中正式学员 24 人、旁听生 5 人。

2010 年 10 月 31 日至 11 月 3 日，学校组织东巴祭司为"玉水寨生态文化旅游集团有限公司"向学校捐赠的"丁巴什罗"神像举行开光仪式。并将每年 5 月 1 日定为祭祀"丁巴什罗"日，其间还恢复了祭署仪式。仪式主祭司由和力民、杨玉华、木琛、和丽宝、和桂生、和圣典、和学东、石春、和耀伟、和旭辉、和春生、和家龙、和应龙等人担任，新主其余 9 位东巴学员参加了仪式。

2011 年 7 月，由于丽江遭遇严重旱情，学校组织学员前往老君山九十九龙潭进行祭署（自然神）求雨仪式。

2011 年 12 月 8 日至 28 日，举办了为期 20 天的第二期东巴画培训班。学员大部分为首期成绩优秀者，其余来自四川木里县俄亚乡，宁蒗县加泽乡、拉伯乡，维西县攀天阁、拖枝村，古城区金安乡、七河镇，玉龙县奉科乡、太安乡、塔城乡等地，多为东巴祭司的后代。

2012 年 4 月 29 日至 5 月 1 日，新主东巴学校在丽江天雨集团资助下举行了祀"丁巴什罗"仪式，由木琛、杨玉华、和丽宝、和钧、和圣典、和桂生等东巴主持，新主其余东巴参加了仪式。

2012 年 7 月 13 日至 8 月 13 日，新主东巴学校开办"丽江市纳西东巴祭天文化培训班"，和力民、木琛、和丽宝、和圣典、和桂生等东巴负责教

图 3—2　祭天仪式培训班（朱永强摄　2012）

学。来自各纳西族地区的 38 名学员参加学习，其间对仪式所用经典、仪式规程进行了系统的教学。2013 年春节期间，在学校教师的指导下，恢复了 13 个学员生源地村寨的祭天仪式。

2012 年 12 月，新主东巴学校举办了为期 20 天的第三届东巴画培训班，同时还教授了祭祀"丁巴什罗"仪式的经典及规程，共有 38 名来自各地的学员参与。随后还举办了为期 7 天的民俗仪式培训班，有 220 人参加。通过培训，部分家庭恢复了祭家神仪式。

2013 年 9 月，东巴学校举办为期 20 天的祭家神仪式培训班，学员来自丽江、迪庆、四川等纳西族地区。和力民、木琛、和丽宝、和学东、杨玉华、和桂生、和圣典等人担任教师，培训期间举行了每年一次的祭祀"丁巴什罗"仪式。

2013 年 10 月，学校举办了为期 20 天的第四届东巴画培训班。同时再次教授了祭祀"丁巴什罗"仪式的经典和规程，38 名来自丽江、迪庆、四川等纳西族地区的学员参加了学习。

2014 年 12 月，学校举办了为期 20 天的第五届东巴画培训班，其间教授了开丧仪式经典和规程，由和世先、和力民、和明、和圣典、木琛、和丽宝、和学东、杨玉华、和桂生九位东巴授课。共有 29 名学员参加学习。

2015 年 12 月，学校举办了为期 20 天的第六届东巴画培训班，同时教授开丧仪式经典和规程，由和世先、木琛、和丽宝、杨玉华、和圣典、和桂生等七位东巴授课。共有 29 名学员参加学习。

2016 年 9 月 20 日至 10 月 16 日，新主东巴学校举办了为期 25 天的第二批第一届东巴画培训班教学活动，同时教授了求吉·索多仪式经典与规程。木琛、和丽宝、和圣典、和桂生担任教师，共有 24 名来自各地的学员参与。以下是历次开班的基本情况表。

表 3—1 2010—2016 年新主东巴学校历次开班教学内容统计

内容 次数	培训人数（人）	教师人数（人）	时长（天）	经文	东巴画	东巴舞	东巴面偶	仪式规程
2010 年（一）	29	7	20	加威灵经、祭署开坛经、卢色除秽经、祭署规程经、点署药经、献牲经、祭龙经等	战神像、优麻像、祭署木牌画等	金黄大蛙舞、丁巴什罗学步舞、丁巴什罗脚底刺舞、本丹战胜舞等		
2011 年（二）	24	7	20	祭祖经、请神经、送神经等	丁巴什罗像等	萨利威登舞、瓦海补忍舞等	佑陇塞多13 个	祭祖
2012 年（三）	38	5	30	除秽经、烧天香经、人类迁徙记、许愿经、点药经、献饭经等				祭天
2012 年（四）	38	9	20	唤醒经、洗秽经、开坛经、卢色除秽经、点香经、烧天香经等	五谷神像等	萨利威登舞、瓦海补登舞等共 13 支	佑陇塞多13 个	祭祀什罗
2013 年（五）	33	7	20	开坛经、除秽经、点香经、烧天香经、请素神经、生献经、点药经、献饭经、抹油经、拉福经、说吉祥经、送神经等	佐退优麻像、牛佐退麻像、战神像等	萨利威登舞、瓦海补登舞等共 13 支	佑陇塞多13 个、萨大沟多里亩里多、恒迪3 个	请家神
	25	7	30	生献经、保佑依多桑、色肯东山、测若东山、丁巴什罗来历经、献饭金经、加威灵经等	佐退优麻画、牛佐退麻画、战神画、署美纳布等	萨利威登舞、瓦海补登舞等共 13 支	佑陇塞多13 个、萨大沟多里亩里多、恒迪3 个	祭祀什罗
2014（七）	29	9	20	杀魔鬼经、招魂经、献猪献鸡经、点灯经三部、唱挽歌经两部、鸡鸣经三部、献粮食经、献饭经等	三多神像、格空像、卡冉像、巴乌优麻像、卢色像等	萨利威灯舞、瓦海补登舞等共 13 支	佑陇塞多13 个、萨大沟多里亩里多、恒迪3 个	开丧仪式

续表

内容 次数	培训人数 （人）	教师人数 （人）	时长 （天）	经文	东巴画	东巴舞	东巴面偶	仪式规程
2015 （八）	29	7	20	请神灵经、钉五色缨子经、解土黄经、乌蒙达歌、男唱挽歌经、女唱挽歌经、献粮食经、送重丧经、生死离别经、开路经、退祭司口舌是非经、除秽招魂经等	卡冉像、恒底五卜像、寿星像、卢色神像、盘孜萨美像、五幅冠像、东巴法器像、净水壶像等	大鹏神鸟舞、恒迪窝盘舞、麒麟舞、瓦海美猪舞、狮子舞、金黄大象舞、老虎舞、大鹏神鸟抓神舞、白马麃神舞、东南西北四方大神舞、朗究敬纠舞、孔雀舞等	佑陇塞多13个萨大沟多、里亩里多、恒迪3个、艳陇连松等	开丧仪式
2016 （九）	24	5	25	开坛经、卢色除秽经、烧大天香经、鸡的来历经、求吉规程经、降威灵经、献牲经、祭龙神经等	大鹏神鸟像、四方大神像、格空神像、萨利威灯像等	萨利威灯舞、格空大神舞、老虎舞、优麻战神舞、射箭舞等		求吉·索多仪式
共计	269人次	63人次	205	120本以上	卷轴画30种以上木牌画100种以上	20种以上	18种以上	7种以上

　　通过上表可以看到，从 2010 年到 2016 年的 7 年间，新主东巴学校一共开展了 9 期东巴文化培训活动，累计培养东巴文化传承人 269 人次，投入教师 63 人次，培训时间共计 205 天，教授东巴经典 120 本以上，卷轴画 30 种、木牌画 100 种以上，东巴舞蹈 20 种以上，东巴面偶 18 种以上，东巴仪式 7 种以上。以上 9 次培训活动中有 7 次为东巴画培训班，2012 年和 2013 年分别增加了祭天仪式培训班和祭家神仪式培训班，可以看出新主东巴学校一方面以国家非物质文化遗产"东巴画"传承基地为依托开展相关文化传承活动，另一方面也会根据社会需求开展如祭天仪式等相应的培训课程。从教学的师资来看，和力民、杨玉华两位丽江东巴文化研究院教师，一位综合能力强，具有对东巴文化的整体把握能力，另一位则强于仪式实践。木琛、和丽宝来自丽江东巴文化博物馆，绘画、东巴经文本解读和文字书写方面造诣较深；和明东巴则是塔城著名已故东巴画师，"国家级非物质文化遗产代表性传承人"和训的弟子，其他教学者也都是各有擅长的优秀东巴。至于和圣典、和桂生两位本土教师，则在教学之余对学生与其

他老师的交流起到桥梁作用。总体看来，师资搭配上较为合理。

　　在课程内容设置方面，将东巴画、东巴经、东巴舞、仪式规程相互结合，涵盖了东巴文化的各个领域，且每一类教学都由简到繁，从易到难。以东巴画为例，授课先以打格开始，之后铅笔起稿再到线描打稿，最后上色，每个过程都由教师手把手辅导。此外，每次的培训课程几乎都有仪式操作环节，让学员在实践中对之前所学内容有更深入的把握。这样的课程安排与教学方法不但让学生易于接受，也与传统的家族/家庭东巴文化传承，注重培养个体综合能力的理念吻合。经过几年的课程培训，学员们已经基本完成了如祭天、祭祖、祭家神、祭署和开丧等民间常用东巴仪式的经典和规程的学习，且上述每一种仪式，学员都有参与操作的经历，也多有学员参与学习后在村落成功恢复仪式活动的案例。

　　（三）新主完小的东巴文化传承

　　新主东巴学校除了完成开班培训外，每年还要担任时间长短不一的各级各类学校、学生的东巴文化教学任务。尤其随着近年来政府民族文化宣传力度的加大和学界对东巴文化研究的深入，常有国内各大高校相关专业学生慕名前来参与文化学习活动。至今，东巴学校完成与清华大学、北京大学、复旦大学、中央民族大学以及丽江师专等高校师生的多次文化交流与合作活动。作为新主村唯一一个公办教学单位，新主完小于 2008 年首度与新主东巴学校合作，截至目前，东巴们已为完小师生开展了近十年的东巴文化培训活动。具体开展的工作如下。

　　师资方面，东巴学校副校长和桂生被聘为新主完小副校长，对学生进行东巴文化通识课程的教授；和灿峰东巴被聘为完小东巴艺术教师，负责东巴舞蹈、东巴绘画和东巴手工艺术的教学。另外，东巴学校还为完小培养了像杨新俊等具备一定东巴文化综合教学素质的本校教师。

　　具体授课方面，2008 年开始在完小开办东巴文化试点教学班，在全校三至六年级学生中开展纳西母语和东巴文化艺术的教学工作；

　　2009—2011 年，在全校范围内招收兴趣班，开设"东巴文化通识课程""东巴舞""东巴画"和"东巴手工艺术"等课程；

　　2012 年开始至今，在各年级中全面开展东巴文化教学工作，课程内容包括"东巴传统礼仪""东巴象形文字""东巴舞蹈""东巴音乐""东巴绘画""东巴手工艺术"等。另从三年级到六年级学生中挑选优秀者组成艺术兴趣班，开展东巴舞的深入教育。每逢新主东巴学校开班和结业典礼，组织东巴歌舞展演或举行东巴歌舞教学时，新主完小艺术教育负责人也会安排学生观摩学习。在教学的各个阶段，学校还会组织师生开展东巴文化艺术教育的研讨会，探讨东巴文化传承与艺术教育发展等问题。

在艺术教育硬件配置方面，到 2016 年，新主完小设有东巴文化展厅一间，主要展品为艺术教育开展以来制作的优秀东巴手工艺品和部分教学用东巴经典。此外，学校还有一套东巴舞蹈教具，包括 40 个摆铃、40 个摇铃和 1 个大鼓，20 套东巴法袍和 20 套纳西女民族服装。

当问及学生是否愿意上民族文化课程时，新主小学东巴文化教学负责人杨新俊表示。

学生兴趣大的，跳舞的学生成绩也都比较好，特别是带出去表演的孩子，视野也开阔了，胆子也大了。现在的农村小学中应试教育严重，英体美什么都没有上，排着课也没有上被主科占了，唯独新主完小的东巴舞蹈和绘画又变成体育和美术课了，这个也是东巴文化的福泽了，不然小孩一直上语文数学也是可怜得不行了。每个班一周一节是保证的，本来每周下午有三节体育课，但是只上一节，其余上语文数学，玉龙县教育基本上都这样。

而学生家长对学校开设民族文化课程的态度也从一开始的担忧反对，转变为如今的支持。

杨新俊：一开始也有一小部分家长认为这些是迷信活动，甚至不让小孩子学东巴舞，他们不直接反对但在社会上造一些舆论，大部分家长倒认为这些是文化传统。后来逐渐带孩子出去参加比赛什么的，回来之后更多的家长觉得这个也是可以的，孩子有了进步，见了世面。

2012 年 6 月，新主完小艺术兴趣班在"玉龙县第二届民族民间歌舞展演比赛"中获三等奖；2013 年 5 月，艺术兴趣班在"玉龙县首届青少年才艺大奖赛"民族歌舞类比赛中获得三等奖；2013 年 6 月在"玉龙县第二届民族民间歌舞展演比赛"中荣获三等奖；同年 8 月荣获"丽江市第二届民族民间歌舞乐展演大赛"三等奖；2014 年 9 月在"玉龙县民族文化成果展示大赛"中获得特等奖。鉴于新主完小在艺术教育领域取得的成绩，2015 年被列入"云南省艺术教育示范基地"。

从尝试性试点教学到兴趣班培养，再到全校推广、重点培养，新主完小的传统文化教育经历了一个逐步摸索、循序渐进的过程。其中学生家长的态度在一定程度上也反映出 20 世纪七八十年代出生的新主村民对待 20 世纪中叶遭受重创之后，目前正在逐步恢复的传统文化的态度，总体上呈现出大部分支持，小部分担忧、观望的态势。这也是新主村东巴文化复兴过程的一种现实，是需要引起传承者重视，且应该在下一阶段传承过程中努力解决的问题。正是从艺术教育的本质和东巴文化特点出发，在充分发挥区域民族文化资源优势的情况下，东巴学校与新主完小坚持开展了长期不懈的艺术教育合作，在地处偏远的新主村初步摸索出一套既符合区域民族文化特色又满足素质教育需求的艺术教育模式，且取得了不错的效果。

它既是新主东巴学校在传统文化保护传承过程中的开拓创新，更深远的意义在于，这种教育能从更广泛的角度、以更直观的方式让新主的年青一代认识、了解祖辈世代传承的民族文化。

（四）新主东巴学校的社会认可

随着新主东巴学校教学活动的开展和推进，社会影响力也不断提升。学校逐渐得到各级政府、文化部门、民族文化企业的认可，获得政策、资金等方面的不断支持。从 2010 年"意外"成为国家级非物质文化遗产东巴画传承保护基地，到 2016 年被"实至名归"地列入第三批"云南省非物质文化遗产保护传承基地"，新主东巴学校为新时期纳西族东巴文化的传承做出了积极的贡献，这也在各地东巴眼中和东巴文化实践研究领域产生了不可替代的作用和意义。以下为历年来新主东巴学校被列入各级、各类基地的情况。

2010 年 8 月，丽江市非物质文化遗产管理中心在新主东巴文化传承学校挂牌成立"国家级非物质文化遗产东巴画传承基地"。

2010 年 10 月，"丽江市东巴文化传承协会"在新主东巴学校成立"丽江市东巴文化传承协会新主分会"。

2011 年 3 月，新主东巴文化传承学校被列入云南文化传承"土风计划"示范村。

2012 年 8 月，丽江市人民政府授予学校"丽江市东巴文化传承基地"；同年，丽江市东巴文化研究院在新主设立"丽江市东巴文化研究院田野保护研究基地"，丽江市东巴文化博物馆在东巴学校设立"东巴文化传承点"。

2016 年 9 月，"云南省非物质文化保护传承基地"在新主东巴学校挂牌。

三　百卷经书抄写

2015 年 6 月 25 日，新主东巴学校启动抄写百卷千册东巴古籍的工作。和桂生、和家龙、和灿峰、和应龙、和树杰、杨政元、和春新、和乾 8 人为最早的抄写组成员，他们的工作是将《全集》收录的 897 本经书中的 768 本按照原经书的规格复制抄写成册。经书抄写源于 2015 年 5 月 9 日的一次东巴文化展览。

2015 年 5 月 9 日—20 日，"纳西东巴文化展"在北京国家博物馆开展，展品包括东巴古籍、东巴画、东巴法器和东巴教仪式道场的复原场景等，这不仅是市级行政单位博物馆藏品（丽江市东巴文化博物馆）在国家博物馆展出的特例，也是国家博物馆少有的以某一少数民族的特色文化为主题的展览。在展览获得良好社会效益的同时，国家博物馆与丽江市相关部门达成了未来由丽江方面组织东巴抄写全套百卷近千册古籍，完成后交由国家博物馆收藏的共识。

在与国家博物馆达成收藏东巴经书的共识后，丽江市宣传部开始操作经书抄写具体事宜，而新主东巴群体成了经书抄写的主要负责者。除新主东巴抄写的 768 本外[①]，余下的 129 本则由古城区金山镇贵峰村[②]的东巴负责抄写。

（一）抄经人员组成

其实在国家博物馆展览之前，和桂生与众弟子已经开始了东巴经书的抄写与整理工作。2014 年 4 月，和桂生、杨政元、和家龙等人在丽江东巴文化研究院开展了 1 个月的丧葬经书的整理抄写工作，整理了 45 本丧葬仪式用书。由于这 45 本经书在抄写时没有统一的标准和规范，完成后被告知不合格。后来丽江东巴文化博物馆的木琛、和丽宝给予了抄经者指导和修改建议，几位东巴回到新主东巴学校后又重抄了该套经书，研究院收藏了经书并在抄写期间给每位东巴每天 100 元的生活补助。这次经书抄写经历也启发了和桂生整理更多东巴经书的规划。

和桂生：目前在玉水寨的和总等人的推动下，纳西族地区已经有了上百位东巴，但是我统计了一下，上百位东巴中没人有完整的一套经书，我想好好地把这个事情做一下。杨一奔副市长也和我说不能搞了一辈子东巴，到最后自己没有一套完整的东巴经书，最早时她叫我先写一套 8 本的东巴经书。

图 3—3　和乾在抄经（朱永强摄 2015）

---

① 和桂生及弟子表示，本次抄经工作由新主东巴和贵峰东巴一同完成，他们认为被贵峰东巴挑走的一百多本经书都是求吉、祈福类的"好书"，留给新主的都是如超度、禳解等的"坏书"。

② 贵峰村为原丽江市东巴文化研究所研究员和力民的故乡，旧时村中也有东巴，自 20 世纪 90 年代开始恢复了祭天仪式，是丽江较早开展传统仪式的村寨，村中也有几位年轻东巴祭司。

后来和桂生发现，抄写过程中自己和众弟子对经书的整体把握能力也有明显提升，有些经文抄过一遍后几乎就能熟记，而且只要有出资方和收藏者，抄写也能给东巴们带来不错的经济收入。于是，制定整理抄写古籍计划，到相关部门走访及申请经费成了和桂生这个阶段的工作重心，之后他也一直为此积极奔走。但此时他与东巴学校校长的矛盾已经爆发，东巴学校的公章也被和邵忠掌管。在经费必须要以传承机构名义申请的情况下，和桂生申请成立了"玉龙纳西族自治县复兴东巴文化传承协会"，以协会名义进行活动也带来了许多方便之处。在向多部门申请经费无果，走投无路时，和桂生却意外收到了相关部门关于抄写百卷东巴古籍的通知，并于2015年6月启动经书抄写。按照原计划，抄写组由和桂生、和家龙、和灿峰、和应龙、和树杰、杨政元、和春新、和乾8位成员组成，和圣典列入经书验收人员，其具体任务为指导经书抄写和月底东巴经书的验收。但是在邀请和圣典的过程中也遇到了困难。

和桂生：舅舅（与和母同父异母）的力量是一点都没有用到，一开始我们的想法是去邀请舅舅帮我们纠正、校对学生写的经书，请他务必在月末三天给我们验收。但是他看不起这100块钱（每天的酬劳），已经低姿态地去邀请他了，我告诉他除了吃饭以外一天只给得起他100块。"我不是需要去和桂生那里找每天100块钱的人！"这样的话后来传到我耳边。

和桂生表示出对舅舅行为的不理解，他和自己的弟子们一致认为参与这套将来会被国家博物馆收藏的经书抄写工作，是莫大的荣誉，责任感和荣誉感使他们觉得在这个事情上，不应该过分计较个人经济得失，努力完成抄写任务更为重要。笔者后来与和圣典的交流中得知，他不愿意参与经书抄写不完全是经济方面的原因，更多的是不愿搅入和桂生与村支书的矛盾关系中，何况此时关于东巴学校账目存在问题的传言在新主已是沸沸扬扬。后来笔者听闻在启动经书抄写前，学校曾组织东巴开了动员会，会上和圣典与和桂生在抄写经书经费具体使用问题上存在不同意见。

（二）经费危机

据闻，此次抄写经书的经费由丽江市宣传部划拨，总额为60万元，但由于经费划拨经过了古城区宣传部、文化部门等的审核，所以经费未能及时到位。抄写过程中先后出现了100元每天、每页5元等不同报酬方案，引起了抄写者的不满情绪。

笔者：您今天写了几页了？1天最多能写几页？

和春新：今天写了3张纸共12页，最多可以写20页，5元1页。我们只是农民工，连上面拨的墨水钱都被他们克扣了，就算我们用次等的墨他们也没办法了，被和××玩起去了。

　　笔者：和××是包工头吗？

　　和桂生：他是主管，本来写书的费用是 100 元一天，现在说是一张 5 块了。说句实话，这套经书要拿到国家博物馆，不好好写我们的名声就全部丢了，就会一败涂地了。这对东巴界来说是最大的事情了，但是人民政府办事有点不妥当，比如每天只给抄写者 20 块钱的生活费，吃碗米线都不够了。

　　一开始本来安排了炊事人员给抄经者煮饭，但是后来负责人将炊事人员撤销，这引起了大家更大的不满。

　　和桂生：和××昨天打电话来说做饭的人请不起了，让我们自己做。经费实在不够的话我们就赠送给他们（国家博物馆）了，身为东巴，为北京博物院干一年的工作也是值得的，人生 60 年的话还有 59 年是自己的，这一年是要干的嘛！以后子孙生活实在困难了，就和故宫博物馆（国家博物馆）打官司，说农民捐了书想要点钱，这是可以要的嘛。是不是？我们在考虑以后工资一分不拿，生活费也一分不报销了，这个也是一个办法。我们现在就煮点白菜、面条吃了，白菜已经吃完一块地了到现在，柴有时也是自己家里抱着来的，一环扣一环。

　　在报酬方案始终不能确定，待遇每况愈下的情形下，东巴们一度萌生了将此套经书抄写完成后捐献给国家博物馆的想法，这种情绪表达也一度成为大家相互激励的方式和坚持的动力。在了解到东巴们的不满情绪后，村委会书记和邵忠也几次来到学校，一方面安抚情绪，另一方面与和桂生到丽江多部门走访。经过多方协调后，经费问题后来得到了妥善处理，不仅炊事人员返回，大家的利益也得到保障，在抄写期间人均收入可达 200 元/天。

　　（三）后续抄写工作

　　2015 年 12 月，768 本经书抄写完成后交由东巴文化研究院验收。随后研究院又给东巴学校安排了内容包括祭天、祭署、祭家神、祭胜利神、小祭风、开丧、退口舌、祭祖和禳垛鬼 9 种仪式，约 280 本经书的抄写任务。在完成研究院经书抄写后，和桂生开始组织学生抄写整套约 1000 册的东巴仪式全集经书，同时还着手策划东巴画、东巴舞蹈的整理工作。以往，新主东巴学校开班时的经文教学，都常以《全集》收录的经书为范本，而范本都是由丽江市东巴文化博物院的木琛老师手抄并配以录音的方式作为教材使用。新主东巴意识到，若学校能自己整理、手抄《全集》百卷近千册古籍经典，并配以国际音标识读，再将文案扫描保存（利于复印拷贝），那将极大地推动新主未来的东巴文化传承工作。抱以这样的目的，和桂生再次开始四处奔走筹集资金，与以往的赤手空拳走访不同，这次他学会了随身携带经书样本和照片，需要时便予以展示，如此一来学校抄经者们获得了云南省民族宗教事务委员会、丽江市文化局、丽江市非物质文化遗产中心等部门的先后资助。按原计划，2016 年 6 月，这套经书应该抄写完毕，但在抄写了 900 多本后，和桂生又收到丽江市东巴文化研究院再次抄写祭天、祭署等 9 种仪式 280 余本经书的任务。且这次不仅是抄写经书，作为丽江东巴文化研究院"传统东巴仪式规程规范化"课题的主要参与方，东巴学校还需在经书抄写和规程整理完毕后，组织 9 种仪式的实践操作，以供多媒体记录保存，作为未来纳西族地区仪式模板进行标准化推广。

李德静：现在新主东巴抄经水平已经很高了，其他人抄的他们还看不上，项目明年差不多就完成了，经书、规程都在做，规程比较费时，还有很多没有做好。以后这个就是传承的标准化教材了，不然整个纳西族地区没有一个相对统一的规范，有些仪式铺张浪费，超出百姓承受能力的情况也常出现。

从 2014 年 4 月开始抄经到 2016 年 8 月，两年多的时间，新主东巴一共抄写了 2000 多册的东巴经书，和家龙、和应龙、和灿峰和杨政元等东巴几乎每天都在学校抄经，这也成了当地东巴文化传承的主要内容。而书写熟练提高效率之后带来的丰厚收入，也是东巴们之前未曾想到的。

和桂生：1 个多月的时间，东巴经和应龙写得最多，一本 200 块，给了12000 块钱，我写了 51 本 10200 块钱，和家龙 29 本，和乾、和灿峰都是29 本。

图3—4　抄好的经书（和桂生供图 2016）

新主东巴的经书抄写从一开始面临经费和人员组织方面的困难，到后来得到研究院领导和各地东巴认同的发展过程中，不仅解决了参与东巴的经济问题，还使和桂生萌生了未来将东巴经书和东巴绘画等在电商平台推广的想法。2017 年 2 月，和桂生及弟子已开始与昆明某文化传媒机构就东巴经书和东巴画的电商推广销售达成初步合作意向。相比于外出打工，新主东巴们更愿意在学校抄写经书，这一方面是因为此类抄写不同于旅游服务中的随意应付，出资方对所抄写经书的格式一般有严格要求，使东巴们在抄写的过程中，抄写技能和传统知识都得到很大提升；另一方面，由于抄经服务对象一般都是政府部门或是文化机构，抄写不但有不错的收入，为"文化界"抄写经书，让东巴们觉得较为体面；再者，在学校抄写经书，因不用看别人脸色，早晚还能照顾家庭生活，故让东巴们觉得自由，有归属感。

和应龙：抄写东巴经对学习的帮助很大，其实也是学习经书的过程了。很多经书只要抄过一遍，内容基本记住了，抄完也就会读了。另外，抄写过程中还学到了国际音标，以前国际音标不是太懂，现在除了个别之外，都熟悉了。但是比较伤眼睛，东巴纸反光厉害，继续抄写下去的话我都要去配一副眼镜去了。收入也算是高了，如果一直有经书抄那就更好了。

四 东巴、达巴学位考核评定

2012 年 2 月至 4 月，在"丽江市纳西东巴文化传承协会"主导、丽江市玉龙县人民政府、县文广局支持下，由本土民族企业丽江市"玉水寨生态文化旅游集团有限公司"（以下简称"玉水寨"）承办的首次"东巴、达巴学位考核评定"活动启动。2015 年 10 月，"云南省东巴文化保护与传承协会"成立，2015 年 10 月至 2016 年 1 月，"云南省东巴文化保护与传承协会"与"丽江市东巴文化传承协会"合作，与丽江玉龙县、迪庆香格里拉县、四川木里县政府和文化部门联合开展了第二次"东巴、达巴学位资格考试"。两次共计 350 余名纳西族各地区的东巴、达巴参与了考核，评选出东巴大法师、东巴法师和东巴传承员 160 余名，东巴学员 184 名。通过两次活动的开展，东巴、达巴学位资格考试逐渐发展成为东巴文化界的要事，东巴、达巴学位也成了东巴自身身份认同和外界评价东巴水平的一种标准。

（一）东巴、达巴学位资格考核

1. 考核的由来

2003 年，"丽江市东巴文化传承协会"成立，该协会是由玉水寨牵头，以东巴文化传承保护为宗旨的民间组织。除了成立文化传承协会之外，以文化旅游为主打品牌的玉水寨还在多年的发展实践中形成了一套反哺民族文化的有效机制。玉水寨从 2001 年起，每年农历三月初五日①都会召集各地东巴在景区召开"东巴法会"，开展祭祀"丁巴什罗"仪式、东巴座谈会等活动，发展至今演变成东巴界的年度盛会。2009 年，该企业还成立了"玉水寨东巴文化传习学校"（现"动白东巴学校"），开展长期学员教学活动，至 2015 年已经完成了第一批 8 位学员为期 6 年的培养工作，现着手第二批学员招生工作。此外，企业还依靠聘任东巴的资源优势开展短期传承人培养、民间仪式恢复等传统文化的保护传承工作。面对丽江旅游市场东巴文化概念滥用，东巴文化产品、服务混乱的现象，玉水寨这些举措一方面是为了保障传统文化持有者及祭司群体的合法权益，另一方面也是为了最大限度地整合各地东巴文化资源，为村落东巴文化传承者提供切实帮助。在与丽江市各级政府、相关文化部门达成一致并广泛征求各地东巴代表意见的基础上，以玉水寨法人和长红②为实际负责人的"丽江纳西东巴文化传承协会"在 2012 年开展了"东巴、达巴学位定级考试"，为各地区参试东巴祭司考核评级，并通过后续历年的考核情况给予不同学位东巴相应的年度传承补助经费。

2. 考核办法

2011 年，"丽江纳西东巴文化传承协会"通过会议协商形成了考核办法与考核标准，确定了以玉水寨董事长兼传承协会会长和长红为负责人，知名东巴杨文吉、和国华、和世先，文化学者兼东巴和力民等为评审成员的考核领导小组。在 2012 年 2—4 月，对报名参与考试的 127 位各地东巴、达巴进行了学位考试。具体的考核办法如下。

东巴学位评定程序

（1）组织报名，通过电话联系及在公共媒体上发通知的方式公开组织报名，并逐一填写申报表。

（2）鉴于考核评审小组成员中杨文吉、和国华、和世先、和力民四位为民间公认的老东巴，拟提交本协会会员大会审议通过后由协会理事会授予东巴教大法师学位。除四位外，所有人都必须通过考核评审授予相应学位。

（3）报名人员按东巴法师、东巴、东巴学员的顺序依次考核，逐一进行考核评审。第一批次于 2011 年 3 月底以前开展东巴法师学位的评审认定工作。

（4）对政治标准的审核，按现行表现无犯罪记录即认定为合格。

（5）专业知识考核分为两部分，第一部分考查从事东巴文化传承活动

---

① 相传东巴教祖师"丁巴什罗"诞辰日为农历三月初五日。
② 和长红为玉水寨生态文化旅游集团有限公司董事长，"丽江东巴文化传承协会"会长，"云南省东巴文化保护与传承协会"副会长。

的实践成绩，占 55%；第二部分以书写、口头问答和实际操作相结合的方式考查祭祀礼仪操作能力，占 45%。

（6）对经过考核评审认定为东巴教大法师、东巴法师、东巴三种学位者，在媒体进行公示，如有举报名不符实者，需经领导小组复议或复试。通过社会监督确保考核评审工作的客观公正。

（7）对通过公示无异议的东巴教大法师、东巴法师、东巴，由协会核发东巴学位资格证书，并举行发证仪式。

专业知识等级标准

（1）东巴教大法师应为长期积极从事东巴文化传承的骨干分子，注重收徒传艺并成效显著，在东巴界威望较高并能主持下列仪式：延寿仪式、超度丁巴什罗仪式、关死门及超度死者仪式、大祭风仪式、大除秽仪式、大祭垛鬼仪式、大祭自然神仪式、大祭口舌是非鬼仪式、超度长寿者仪式、超度能者仪式、祭风祭呆鬼仪式、祭毒鬼和仄鬼的扣扣夺居仪式；具体考核的种类由抽签决定，但考查面不得少于上述仪式的三分之一。

（2）东巴法师应能主持下列仪式：祭胜利神仪式、祭村寨神仪式、祭畜神和谷神仪式、祭素神仪式、小超度仪式、小祭自然神仪式、祭天仪式、小除秽仪式、退送口舌是非鬼仪式、祭祖仪式、烧大香仪式（梭多）；具体考核的种类由抽签决定，但不得少于上述仪式的三分之一；东巴法师必须带过多名徒弟，其中有三名以上的东巴（传承员）。

（3）东巴（传承员）应能主持下列仪式：祭天仪式、祭素神仪式、烧天香仪式、送鬼仪式、祭畜神和谷神、祭"三多"神仪式；具体考核的种类由抽签决定，但不得少于上述仪式的三分之一。

（4）东巴学员：凡是已掌握部分东巴文化知识并能主持一种以上祭祀仪式，或能在多种祭仪中充当助手。[①]

考核小组还分别就祭祀仪式、东巴画、手工特技、舞蹈、占卜等传统文化类别制定了相应的考核评分标准，主要从东巴的仪式实践和授徒传承两方面做传承实践考查，采取笔试、面试、仪式操作考核等多种手段相结合的方式对参与考试的东巴、达巴进行综合考评。

3. 两次考核情况

从 2011 年 3 月开始接受报名到 2012 年 4 月考核完毕，首次考核来自丽江市玉龙县和古城区的东巴 74 人，宁蒗县纳日阮可东巴 30 人、摩梭达巴 18 人。在 127 人中，除了杨文吉、和国华、和世先、和力民 4 位被免试

---

① 东巴协会：《关于开展东巴学位评定的决定》，2011 年 3 月 21 日，http://dongba.lijiang.com/content/?129.html，2016 年 10 月 5 日。

认定为东巴大法师外，还考核认定了 2 位东巴、达巴大法师，30 位东巴、达巴法师和 40 位传承员和 47 位学员。认定结果在《丽江日报》、"丽江市东巴文化传承协会"网站等媒体和平台进行了社会公示，并报送玉龙县文广局审核通过。在 2013 年的第十三届东巴法会上，"丽江市东巴文化传承协会"为 76 位被认定的东巴、达巴颁发了由相关政府部门、文化机构和传承协会共同签发的学位证书。自 2012 年起，"丽江市东巴文化传承协会"还以玉水寨为出资方设立了"东巴文化传承补助基金"，将每年不低于 10 万元的款项，按照每年的考核情况发放给各地被认定学位的东巴、达巴。

2015 年 10 月至 2016 年 1 月，在"丽江市东巴文化传承协会"和"云南省东巴文化保护与传承协会"的共同组织下，开展了为期 4 个多月的第二批东巴、达巴学位资格考试。考虑到本次考核要辐射众多首次未及参评的纳西族地区，考核采取了分点分期的方式进行，共设玉龙县、宁蒗县（加泽、蒗渠、永宁）、香格里拉县和四川木里县四个考点，由"丽江市东巴文化传承协会"秘书长木琛带队分赴各地组织考核。除了沿用第一批东巴、达巴学位考核评定办法外，考试中还采取了考核地东巴民主推荐主考官配合考核小组共同考核的方式进行。经过 4 个多月工作，顺利完成了 234 名参评者的学位考核评定工作。在 2016 年 4 月召开的第二批东巴、达巴学位评审委员会上，评定出 5 位东巴、达巴大师，32 位东巴、达巴法师，60 位传承员和 137 位学员。在完成公示和主管单位的报批工作后，第二批学位证书于 2017 年 4 月 1 日在玉水寨举行的第十七届东巴法会上颁发。

（二）新主东巴的考核情况

1. 参与及通过情况

在 2012 年的首次考核中，5 位新主东巴参加考试，其中 2 位报名东巴法师考核、3 位参与东巴传承员考核，5 人都顺利通过，和圣典、和桂生被认定为东巴法师，和秀文、和树杰、和春生被评定为东巴传承员。2015—2016 年新主村有和义、和家龙、和应龙、和灿峰、和国新与和乾 6 位东巴报名参加了东巴传承员的考核，其中前 4 位被顺利认定为东巴传承员，和国新与和乾未能通过。在两次东巴、达巴学位资格考核中，新主村共有 2 人被认定为东巴法师，7 人被认定为东巴传承员。

2. 考核落榜和未参与者

第二次考核中，和乾东巴未能通过，原因是在跳东巴舞的环节中没有得分，性格内向、腼腆不善言谈的他并未参加东巴舞考核。和桂生表示，和乾并非不会跳东巴舞，东巴舞教学过程中其表现中规中矩，此次考试表现令人费解。

和桂生：和乾是东巴舞一个都没有跳，10 分里面 1 分都没有了。我们以前请老师教过，他也会跳，但是就是没有跳!

2012 年第一次考核时就被认定为东巴传承员的和树杰听说和乾考试未通过时表示不解，认为和乾是本次参加考试的新主东巴中最应该通过考试的人。在 2016 年 8 月新主的小祭天仪式中，笔者也看到过和乾主持的家族祭天仪式。和义东巴表示，2012 年起，和乾就担任家族东巴祭司，相比之下其他几位今年考核通过者是从 2016 年才开始集体担任祭天仪式主祭司，且主持过程还需要和圣典东巴指点。同期考试获得通过的和家龙也对和乾的落榜感到诧异。和桂生表示和乾未能通过考试存在其他干扰因素，他虽东巴舞一分未得，但其他各项得分较高，本应留有的过关机会是被一位较有背景的东巴挤占，他认为企业主导的考核工作存在一定的随意性。

作为和桂生较早的追随者，杨政元自 2002 年起就随师傅学习东巴文化，但他并未参与本次考核，他表示自己因胆怯所以未报名。在现实中，他与几位本次考核通过的师兄弟在东巴文化掌握水平方面并无太大差距。

杨政元:我之前是因为觉得自己会考不上就没去了，木老师他们教了那么多年，考官也是他们，我就怕了。后来觉得要是去考的话也许是可以过的，下一次考试又要等三年，有点可惜了。经书、仪式、东巴舞还有做面偶什么的他们之前都教过的。

3. 考核给新主东巴带来的影响

作为首批考核通过者，和秀文东巴将资格认定和授予证书视为一种莫大荣耀，他自认为新主历史上最著名的东巴和世俊、和文质都没有政府颁发的东巴学位证书，师傅与师兄弟得到证书不仅是外界对大家东巴水平的肯定，同时也是对东巴文化传承活动的褒奖。据和桂生介绍，从 2014 年 12 月开始至考试的 2015 年 10 月，他每晚都在家中辅导备考的弟子，常用东巴仪式规程、经书和仪式道场设置成为教学的主要内容。对于被认定的东巴而言，每年的传承补助是考核评级带来的最直接的收益，在"丽江市东巴文化传承协会"网站于 2016 年 7 月公布的"2015 年度东巴传承补助金发放情况"中显示，该年度新主 5 位之前被认定的东巴得到了 3600 元到 1600元不等的传承补助。可以看到，东巴、达巴学位考核评定一方面给受评者带来了文化自信和经济利益，另一方面也能提高东巴的学习热情，给新主东巴群体文化传承注入了极具时代烙印的新活力。

(三)东巴、达巴学位资格考核的意义

作为一项辐射滇、川各纳西族主要聚居区的传统文化测评工作，东巴、达巴学位资格考试是一个耗时、耗资的活动，其评定划分出的各级别东巴也逐渐得到了行业内部、政府部门和旅游市场的认可。"云南省东巴文化保护与传承协会"、"丽江市纳西东巴文化传承协会"及主要参与机构玉水寨是评定工作的出资方和主导者，企业行为不可避免地从经济、社会影响力等因素考虑，考核评定工作也给纳西东巴及其文化传承带来了深远的影响。

第一，涉及2省7县1区近350位东巴参与的考核评定工作，可以视为是纳西族地区东巴祭司普查活动，考核结果和相关资料可为各级政府和文化部门政策制定、活动开展提供参考；

第二，对东巴各项素质综合考核后的等级评定实际为东巴的能力测评，一定程度上具有行业"资格评定"的效用，尤其在旅游服务中对企业用人和东巴个体权益保护等方面提供了依据，可视为行业规范的尝试；

第三，玉水寨对东巴大法师、东巴法师和东巴传承员的差额传承补助，既是对文化传承人按能按劳资助，同时也在东巴祭司群体内部形成了一定的竞争，有利于激发东巴个人能力的提升；

第四，协会与企业开展的评定工作和补助奖励机制，刺激和促进了政府在非遗传承人认定和非遗保护领域工作的开展；

第五，考核过程中媒体的关注和报道，扩大了东巴文化的社会影响力，为东巴文化未来的发展和复兴创造了条件。

和长红：我们这个以传承保护为目的的评定工作开展后，对东巴文化的普及也起到了很大作用，很多东巴被邀请到课堂、讲堂和媒体访谈节目，东巴有时也成为政府对外宣传的重要媒介。在社会上也形成一种推崇东巴文化的风气，东巴变得很时髦了，东巴的知名度和社会地位都提高了，这个也是我们努力的一个结果吧！

最后，不同地区东巴、达巴集中考试有利于祭司间相互交流、互通有无、共同提高，促进了族群内部文化交流，有助于族群认同和民族团结。

小　　结

在新主东巴学校建立前的私塾教学时期，和圣典东巴是新主传统文化实践活动的代表人物，作为承上启下的一代，他是东巴文化黎明来临之时，村中大胆走出时代阴影的人，随后和桂生加入了私塾东巴教师的队伍，他们为东巴人才的培养开创了一种不同于以往的方式。1990—2010年，新主村东巴文化实践没有受到过多外界因素干扰，参与者在实践中进行着文化创伤的自我修复和文化自尊的重塑。2010年左右，新主东巴学校建成并开始教学，新主村的东巴文化复兴活动进入新阶段，祭司群体重新形成、壮大，村民们也逐渐找回了文化自信。东巴学校取得的一系列教学成果，使新主村受到外界广泛认可，同时，也是新时期政府、文化部门和民族精英对东巴人才培养和东巴文化的未来存续和发展路径做出的积极探索。随着新主东巴能力和知名度的提高，随之而来的是经书抄写的"官方订单"，这也成为东巴们的一种新型生计方式，其间他们面临过文化荣誉感与经济利益间的抉择。参与学位评定考试则反映出东巴们积极参与行业规范的制定。在行业规范活动兴起和新主东巴的参与中我们发现，一些既得利益者在长期的市场经济实践中开始意识到行业标准制定的必要性，相关规范在维护其经济利益的同时也给各地东巴祭司带来了实惠，活动开展产生了较好的社会影响并逐渐被外界认可，这对东巴自身能力的提升与群体合力的形成也起到了某种助力作用。可以预见的是，东巴文化持有者在未来的社会参与过程中，将长期面临利益分配不均衡、权益无法得到切实保障的状况，但这也会成为其反思和实践的动力，为东巴文化探寻更多潜在存续路径提供了可能性。经 20 世纪"文化大革命"的破坏后，缺少自我调节机制和缓冲空间的各少数民族及其传统文化，在接踵而至的"被"全球化潮流中，很多历史上形成的传统习俗和文化技艺已经遗失殆尽。在这个过程中，幸有东巴经书的典藏记录，纳西族得以将传统文化保存流传。

第四章　东巴与仪式

"仪式与象征，作为最能体现人类本质特征的行为表述与符号表达，一直处于人类学研究的中心位置"[①]。对研究者而言，仪式与巫术就像一幕幕充满矛盾冲突的"戏剧"，是极易诱其视觉神经的。"马林诺夫斯基是较早开始从主位观看待巫术、神灵信仰和仪式等宗教现象的人，他认为理性进化论对原始宗教的评论之所以出现，是由于学者们没能进入行为者的真实世界中去了解生活。事实上，所谓'反科学'的巫术行为可以满足特定社会中人的需要，所以自有其独特的功能。布朗从社会学的角度，主张仪式行为是社会秩序的展演，对社会结构的构筑有不可缺少的作用。特纳结合了格拉克曼和范吉纳普（Arnold Van Gennep）的理论，主张宗教仪式行为是社会通过对自身的反省建构人文关系的手段。列维施特劳斯指出，神话与仪式的表演如何可以成为我们渗入人类心灵、体察人类文化深层结构的途径。格尔兹认为，宗教是一种'文化体系'，是本体社会用以解释人生与社会的概念框架与词汇。"[②]学者们对于仪式的认识和研究，为我们解读本土仪式的本质和社会功能提供了参考。

东巴仪式开展是东巴文化实践的核心内容，也是东巴群体体现其能动性的重要媒介。作为一种在历史上曾发挥出重要的实用功能和现实意义的文化形式，东巴祭司通过仪式活动的开展沟通人神，实现与村民的对话，村民通过仪式参与达到了与逝去先祖和神鬼世界的交流，社区的文化机制、生态结构则通过仪式协调得到平衡，社区生活得以正常运转。东巴仪式以一种戏剧化的表现形式，在神圣空间中体现群体的宗教信仰、社会经历和情感体验。通常，在个体的关键生命节点或群体生活的重要时刻都要举行仪式，这既是一种日常生活的记录，也是社会秩序的梳理和强调。作为东巴文化的主要物质载体和仪式开展的指南，东巴经书在仪式活动中多以唱词的形式表现。其内容主要包括仪式来历和仪式规程，也包含仪式舞谱、画谱等。这些东巴经典渲染着仪式的神圣与神秘，并在仪式的进程中体现

① 郭于华：《仪式——社会生活及其变迁的文化人类学视角》，《仪式与社会变迁》，社会科学文献出版社 2000 年版，第 1 页。

② 王铭铭：《社会人类学中国研究》，广西师范大学出版社 2005 年版，第 113 页。

出别样的生命面向。东巴教的"宗教仪式共三十余种，另有四十余种卜书，卜法繁多。……《纳西东巴古籍译注全集》的编排是按照仪式的传统分类而分编成四个大类的，即为祈福类、禳鬼类、丧葬类、占卜类"[①]，全集中所收录的近900本经典也基本囊括了纳西族地区绝大多数东巴教仪式用书。目前，新主村恢复开展的仪式囊括了以上的四种类别，约十余种。

一　仪式与日常生活

日常生活琐碎，程式化，但仪式的举行却给平淡的日子带来某种生机与希望。故而，民间生活中，往往不能缺少的就是"仪式"。

在新主村，按仪式主办者的不同，目前开展的仪式大概可分为三种类型，第一类为以新主东巴学校为主导开展的仪式，第二类为村中成立的东巴文化传承小组举行的仪式，第三类为村民自发组织的仪式。学校主导的仪式包括2008年以来每年两次的祭天仪式、每年一次的祭祀"丁巴什罗"仪式，教学活动中的祭署仪式、祭家神仪式、求吉仪式等；东巴文化传承小组举行的仪式有祭署仪式、祭家神仪式、求吉仪式等；村民自发组织的仪式主要包括开丧仪式、降威灵·求寿仪式、祭天仪式、请家神仪式、祭风仪式、祭祖仪式、禳解仪式、清明坟地开光仪式等。在仪式开展的费用方面，东巴学校主导开展的仪式由学校负担，东巴小组举行的仪式则采取主办家庭东巴负担为主、小组成员集资协助为辅的方式，村民自发组织的仪式则由村民负担。在21世纪初期，若村民自发组织恢复开丧仪式，政府会给一定补贴，现已取消。在仪式开展的数量方面，祭天仪式、开丧仪式次数较多；从仪式规模上看，祭署仪式和祭风仪式场面最大；从仪式的普及性考虑，开丧仪式的受众最多，自20世纪末期恢复以来，村民每逢家人过世，家家户户都会请东巴举行开丧仪式。

就整个纳西族地区而言，祭天仪式、开丧仪式和禳解仪式目前开展较为普遍，上述三种仪式大部分区域为近年恢复，也存在部分村落在历史上从未中断过个别仪式传统的情况。以祭天仪式为例，在纳西族主要聚居区丽江玉龙纳西族自治县和古城区已经有十余个村落恢复。2017年春节，位于宁蒗县泸沽湖畔达祖村的纳西人，也恢复了消失近60年的祭天仪式。在各地争相恢复祭天仪式的背后，反映出东巴仪式在纳西族社区已重新有了较高的认可度。此外，由文化精英发起，并在旅游业推动下，传统纳西族婚俗仪式——"素库"（祭祀家神）也在近年兴起，不仅被打造成极具特

---

① 云南省社会科学院东巴文化研究所：《纳西族东巴教仪式资料汇编》，云南民族出版社2004年版，第1页。

色的旅游项目，也成为一些崇尚传统的纳西男女青年婚礼的重要环节。在2017年2月公布的云南省"第四批省级非物质文化遗产名录推荐项目"中，"纳西族祭天习俗"和以"素库"仪式为主要内容的"纳西族传统婚俗"成为入选项目，足以见得传统仪式的社会关注度得到提高，传统的保护也有了新的依据和保障。

（一）祭天仪式

目前新主村的祭天仪式地点有两处，一处为东巴学校，另一处为东元队和义东巴家族祭天场；从仪式主办者来看，前者为学校组织，后者为家族组织。两地的祭天时间均为农历正月初五和七月初五，即分别组织春节的大祭天和七月的小祭天，主祭司都属于初五祭天的"铺笃"①祭天群。

1. 和义家族的祭天仪式

1.1 仪式的恢复

2002年初，和义与和金文叔侄二人参与了"降威灵·求寿"仪式并获得了法名，同年农历七月初五之日，原属"塔给若"家族"铺笃"祭天群组的和义东巴组织恢复了本家族已经中断约半个世纪的祭天仪式，最初参加祭天仪式的只有和义一个家庭，仪式的场地就在当时还保留完好的旧时家族祭天场。由于没有系统学习过祭天经书，和义在祭天仪式恢复之初并不能完全掌握祭天仪式经文，只能尽量做到主要仪式环节的准确和过程的完整。②此后每年农历正月和七月初五日，和义都会组织开展祭天仪式。从2004年开始，逐渐有原属和义家族祭天群的家庭加入仪式，祭天仪式渐成为家族成员一年两次的集会聚餐、感恩祈祷的交流活动。后来的加入者中包括2010年开始在东巴学校学习的和国新、和乾等家庭。

和义：参加了"降威灵·求寿"仪式有了法名之后，我就恢复了祭天仪式，是2002年农历七月恢复的。当时东巴学校还没有开办，自己搞了三年之后大家都参与进来了，每年农历正月初五和七月初五都在祭祀，现在有十几户人家参与。

1.2 祭天东巴培训班后的仪式开展

2012年，新主东巴学校开办"丽江市纳西东巴祭天文化培训班"，属该祭天群的和国新、和金文、和乾等人参加了为期一个月的学习活动，并掌握了祭天仪式的经文和规程，他们也成为此后家族祭天仪式的东巴经师。2016年农历七月初五，和义东巴家族祭天仪式如期举行，主祭司由和乾担

---

① 纳西族有四个祭天群组，即"铺笃"、"古善"、"古许"和"古展"。

② 以前纳西族的祭天仪式并非一定要由东巴祭司主持，作为民间最大的传统节日和仪式，祭天仪式普及度较高，没有东巴的家庭也能掌握基本仪式程序，东巴祭司曾与笔者解释说，只要仪式过程完整，重要环节不出纰漏，对仪式的效果是没有影响的。

任，和义、和国新担任辅祭司，和金文东巴因为父亲生病住院而未能参与仪式。该家族祭天场位于离和义家正房约50米处东北侧的高地，祭天场四周都是树木。仪式现场大概有十余户三四十人，参与者中既有未满周岁的孩童也有刚毕业回家的大学生，同村和外村同族人以及部分村中长者也参与了仪式活动。当日宰杀了一头约100斤的祭天猪，仪式从早10点持续至下午3点左右，仪式结束后众人在和义家中聚餐。在和义家族的祭天仪式上，除了开展常规的仪式环节外，和国新东巴当日还主持了烧天香的仪式环节，吟诵了《烧天香经》。本次祭祀因为是农历七月的"小祭天"仪式，所以参与者并不算多，和义介绍若是农历正月的大祭会有五六十人参加，聚餐时要摆六七桌。参与仪式的东巴和族人都以本族是新主村最早恢复的祭天仪式的家族而自豪，有较高的参与积极性。

图4—1　和义家族祭天仪式（朱永强摄 2016）

2. 新主学校的祭天仪式

2.1　祭天场修建

2008年，新主东巴学校策划组织并恢复了祭天仪式，这也是东巴学校成立以来组织的首次大规模文化传承活动。仪式恢复前召集了村中40余位老者对祭天场修建等问题进行了讨论。

和圣典：当时从新主各地邀请了参加过新中国成立前祭天仪式的和敏舞、和敏智、和少贤、杨永胜、杨荐、杨汝东、杨德茂、杨国柱、和安才等近40位长者一同回忆讨论祭坛应该如何修建……[①]

综合多方意见后，组织者选择学校内"丁巴什罗"神殿背后的空地作为祭天场，祭坛按照惯例坐北朝南，东侧为"什罗"神殿，西侧、南侧为

————————
① 朱永强：《丽江鲁甸新主纳西族祭天仪式及其功能探究》，硕士学位论文，中央民族大学，2012年。

学校院墙，北侧为河流的挡墙。

2.2　祭祀群组的形成

按仪式举办者身份的差别，纳西族地区祭天活动分家族祭天和家庭祭天，而新主旧时均为家庭祭天。考虑到是以新主东巴学校出资恢复祭天仪式，未来也需要形成固定的祭天团体参与每年的仪式活动，故初步形成了以和圣典、和桂生、和立典、杨树高、和敏宽、杨荐、和述典、和桂军、和金康九户村民组成的"铺笃"①祭天群组，人员构成包括学校负责人、村中东巴、已故大东巴后代和村中较有威望者。

2.3　仪式过程

在每次祭天仪式开始之前，需要准备祭天神树、神石、祭天香、祭天大米、祭天猪、祭天鸡、祭天酒、杜鹃叶和白蒿枝等物品，其中被称为"美卜子"的祭天神树、"美卜补"祭天猪和盛有祭天米的篮子"毛窗笃"是最为重要的物品。祭天仪式共用到3棵高约1.5米、直径5厘米左右的祭天神树，分别是2棵代表天父和天母的被称为"美"和"达"的黄栗树，以及1棵代表天舅的被称为"许"的柏树。祭天时需要用一头四蹄白净的黑猪，农历七月的小祭时学校祭天只用一猪头，

图4—2　祭天仪式经书（朱永强摄　2011）

属于祭天群组的家庭需要在仪式开始前一天便把祭天米篮背到祭坛供奉。其他所需物品也至少应在仪式前一天备齐，祭天前一日，学校还会组织学员清扫祭天场。

仪式开始当日早晨，主祭东巴会在祭坛上安插祭天神树②，安插时2棵黄栗树分居左右、柏树居中，柏树后还插有一个象征抵挡上天降下罪责的白杨抵罪杵，其顶端放置一个鸡蛋，每棵树下放置一个神石头、每棵树旁还要插两根高约30厘米的黄栗树干。祭天米篮、祭天酒、祭天香条等物品则整齐放置在祭天神树之前，仪式中用于放生和取血祭祀的两只祭天鸡也应置于祭坛之上。待祭坛设置好，祭品摆放完备，东巴便开

---

① 朱永强：《丽江鲁甸新主村纳西族祭天仪式及其功能探究》，硕士学位论文，中央民族大学，2012年。

② 在其他纳西族地区，多有在祭天仪式前一天就将神树安插在祭坛上的情况。

始主持祭天仪式。

　　祭天仪式使用四册经书，分别为《臭术·徐志》《美卜·从般邵》《共许·考查绍》和《猛增·哈时》。仪式的规程遵照旧时传统，祭司需要按照经书内容进行仪式操作。

　　《臭术·徐志》为《除秽·上香经》，是仪式所用第一本经书，"臭"为"污秽"之意，"术"为"熏散、驱赶"之意，"臭术"即为"除秽"。祭天场作为仪式中供诸神灵下凡栖居享祭的场所，是极为庄重、神圣之地，不仅要将看得见的一切杂物清扫干净，还要将各种看不见的污秽之气驱赶出去，故在仪式之初便举行除秽仪式。"徐"是"香"之意，"志"是"烧"之意，"徐志"即为"上香、烧香"，此处使用该经书是迎请"美""许""达" 三位大神降临并向诸位大神献祭天香。经书末端，众人需在东巴祭司的引领下向三位大神分别上香跪拜。据闻，新主本无此册东巴经书，仪式时靠口传诵读，后来和圣典东巴参考了各地除秽经书并综合各家之长写成此册经书。

图4—3　学校祭天仪式（朱永强摄　2011）

　　完成第一本经书诵读后，祭天猪便可入场，东巴开始诵读第二本经书《美卜·从般邵》。"从般邵"通常被译为"创世记"或"人类迁徙记"，很多东巴教重大仪式中都要使用"从般邵"经。该经涉及世间万事起源、人类起源和纳西族先民发展历程等方面，不同仪式所用"从般邵"经书情节相似，针对不同的仪式对象时会有指向细节的差异。该经书首先从混沌之初五行变化，演化出世间万物讲起，后描述先民由于破坏自然、近亲婚配、亵渎神灵等原因受到上天惩罚，滔天洪水之后人间只剩之前得到神启幸存的"崇忍利恩"男子。之后他历尽艰辛上天娶回美丽善良的天女"衬红褒白",但夫妻婚后久未能育,在学会举行祭天仪式后终于生出三个儿子。待祭天仪式规程逐步完善后,原本目不明、耳不聪、口不能言的三个儿子说出藏语、纳西语和白语,成为三个在地缘上鳞次栉比的兄弟民族之先祖。经书还记载,三兄弟变成三个不同民族后由于聚居区位、物质文化生产类型的差异,只有纳西族将祭天仪式规程完整地保留,纳西人世代继承祭天仪式的传统也从此产生。此经书开头涉及"格鲁克"环节,意为"洒净水",即给祭天猪、祭天米、祭天酒等物品洒净水,向神坛上的三位大神禀明本次祭天所备物品是极为洁净的。之后举行"猛增"环节,意为"整头地祭献",祭司念诵经文向三位大神祭献还未屠宰的祭天猪,之后便可宰杀祭天猪,并向祭坛上三棵神树祭献放过血但还未解肉的整猪,然后辅祭司要给神树和代表阴神、阳神的"董""鲁"①两块神石涂抹鲜血,还要将点血用的公鸡宰杀,在神树、神石和抵罪杵上点血涂抹做祭献。随后要将猪头割下,向三位大神祭献。念诵此段经书之时,辅祭司要将祭天猪的肾脏挂在右边黄栗树上,将祭天猪的胆挂在中间的柏树上,将祭天猪的脾脏挂在右边的黄栗树上。祭天仪式中所用的第三本东巴经书为《共许·考查绍》,由两本经书合二为一。经书前半段"共许"意为"通过放生进行许愿"。经书主要讲述人类始祖"崇忍利恩"和"衬红褒白"为治愈三个目不明、耳不聪且口不能言的儿子,向天父天母求取治愈的药方。被告知患疾之因在于没有学会正确的祭天方法,不懂得用一只白色犏角的犏牛来放生,直到用此犏牛放生后三个孩子方被治愈。自此,纳西族各部落每逢正月大祭天之时,都把一头白色犏角的牦牛放生,以祈求子孙兴旺和种族繁荣昌盛。但是后来由于部落慢慢演变为家族、家庭等更小的单位,迫于家庭经济的压力,人们逐渐换用一只公鸡来代替牦牛放生。东巴学校每次祭天仪式时,祭司会将一只健康公鸡放生到祭天场外。《共许·考查绍》经书后半部分为"考查绍",是"点神药"经,"考查"为"神药"的意思,"绍"有"点"和"洒"之意。经书主要讲述人类始祖下凡时忘了携带神药,后为拯救生灵、造福万物,跋山涉水猎得神兽,将神兽身上的三颗具有不同效用的神药赐予世间万物。诵此经书之时,主祭司会将神树上挂着的猪胆取下,挤胆汁到事先备好的神药碗中制作神药,并用黄栗树枝叶蘸取神药洒向神树、神坛供奉物品和参加祭天的村民身上,之后众人争饮神药祈求健康福泽。

---

① "董""鲁"两位神灵是很多东巴仪式都要祭献的神灵,祭天仪式时将象征神灵的神石安置在祭坛第一层的两侧,为修建祭天场时候就立,这两位神灵是混沌初开时就出现的神灵,被认为是创世的阴阳神和保护神。

东巴学校祭天仪式使用的最后一本经书为《猛增·哈市》，"哈"意为"煮熟的饭"，"市"为"祭献"。除《从般邵》里的生献过程外，祭天仪式还有祭献熟食环节。经书主要记载先民如何正确设置神树神石，并规范地向三棵代表"美""许""达"三位大神的神树以及仪式祭拜神灵祭献牺牲的故事。此环节中，辅祭司需取煮熟的猪肉、鸡肉、米饭若干，并用小碗盛放后端至三株神树前，分别向三位大神和天上的诸位神灵祭献。之后将抵罪杵上的鸡蛋慢慢敲碎，并撒向祭天场外，表示将天舅"可兴可洛"降下的灾祸破除。

祭献完毕后，祭司需要分别从三棵祭天神树上摘取枝叶若干，放入祭坛上各户的祭天米箩中，每个米箩至少要放入"美""许""达"树枝各一，代表将神树的福泽装入米箩让参加者带回家中。树枝摘放完后，所有在场人员需在祭坛前集体跪拜，随后主祭司念诵起树、起石、送神经文，辅祭司将三棵祭天神树慢慢拔起。随后，辅祭司还需要取若干燃烧的木炭置于一片母瓦内，并在炭上放少许米饭和祭肉，让其燃烧冒出焦味，纳西语称此为"勒该哈"，意为"乌鸦的饭食"。至此，仪式完成。最后，众人会将剩余祭木连同仪式所用的其他树枝、祭坛遗留物品一并焚烧，祭石则被收回藏石处保存，以供来年使用。需要特别注意的是，祭天场内的祭肉、饭食切不可让狗吃到。纳西族有不食狗肉的严格禁忌，犯忌者将失去参与祭天仪式资格，故也不能让狗接触祭天仪式物品。

2.4　仪式参与者的减少

学校恢复的祭天仪式曾一度在丽江范围内产生了较大的影响，恢复之初各级政府、文化部门都会派代表参加，村委会也组织村民积极响应。仪式恢复的头两年，每年春节大祭天之日还在学校举行盛大的文艺演出，附近村民都举家前往，参与者有近千人之众，仅丽江各单位代表和村中长辈聚餐者就有约十桌，丽江各大媒体亦曾对仪式进行过相关报道。最近几年，除主持仪式的新主东巴群体外，参与者还有学校管理者、村中东巴后代以及村中的年长威望者，春节大祭时还会有外地学者、学校周边的村民前来。仪式参与者、观看者的减少表明学校祭天仪式已经步入常态，外界干预已经逐渐减少，正在缓慢转变为村庄日常生活的一部分。

2.5　祭天群组和主持祭司的变化

从 2008 年恢复至今，仪式规程方面没有改动，但祭天群组发生了变化，原来参与祭天的九户家庭中，杨树高、和敏宽、杨荐等家庭退出，和秀文、和春生两户加入。除了固定的祭祀群组外，仪式恢复之初被邀请至学校参与仪式的村中长者们部分已经过世，有的还在坚持每年参与。由于记错日子，年过八旬的杨德茂老人及其老伴在 2016 年 8 月 6 日（农历七月初四）

一早便冒着雨来到东巴学校参与祭天仪式。

杨德茂：祭天恢复第一年，他们就来请我参加仪式来，虽然不背祭天米箩，但是我和我老太婆每年两次都来参加。每次我会带香条、白酒，有时候我还会捐给他们一箱啤酒。村里面以前的事情，比我还记得清楚的，不会有几个了，这个是我们的传统，既然恢复了就要一直参与下去。

在仪式主祭司方面，原来只有和圣典东巴以及他的三位弟子能完整地诵读经文，每次祭祀都由和圣典东巴主持。2012 年祭天东巴培训班后，新主年轻东巴也都能吟诵经文，通过几年锻炼，至 2016 年农历七月小祭天之日，和圣典东巴只需负责仪式重要环节的辅导，经书诵读全由一众弟子担任。

和圣典：以前年年都是我来，现在要放权给他们了，这样我也就轻松一些了。学了那么多年也应该基本掌握了，今天还是有几个关键地方他们没有读对，要我去帮忙，我的几个学生倒是早就会了。

2008 年仪式恢复后，辅祭司一直由和述典老人担任，但老人在 2013 年患上半身不遂之疾，此后便由大东巴和文质之孙和茂盛接替辅祭司之职。在 10 年的仪式开展过程中，祭天群组虽有了变化，但家庭数量仍然稳定，对仪式开展并未造成较大影响；新主年轻东巴的成长则壮大了祭天东巴队伍，有助于未来仪式的顺利开展。

3. 祭天仪式的社会影响

在民间有"纳西族以祭天为大""纳西人是祭天的子民"的说法，在 20 世纪 50 年代以前，祭天仪式既是东巴教重要的宗教仪式，也是每年辞旧迎新之际纳西族民间较大的传统民族节日。在明代的汉文献中，就有"磨些蛮不事神佛，惟每岁正月五日具猪、羊、酒、饭，极其严洁，登山祭天，以祈丰禳灾。祭毕，男女百数，执手圆旋，歌舞为乐"[①]的记载。祭天仪式在当时是纳西族人缅怀先祖、感恩万物、祈丰禳灾的大型族内聚会活动。从仪式经文内容来看，通过对世间万物起源、先祖迁徙创业历史、族群关系认知、人与自然关系处理等问题的叙述，纳西族的传统文化观念通过典籍的回顾得以再现，并以每年的仪式为契机传及后辈子孙。从仪式的过程来看，东巴祭司不同仪式环节的操作、与仪式参与者的互动，都体现出纳西族敬畏神灵、尊重先辈智者、感恩自然万物的道德理念和文化关怀。从仪式的实际效果来看，对"天为父、地为母、人皇为舅舅"观念的追溯，为纳西人处理人与自然、人与人、人与社会关系提供了参照，也为村民在

---

① （明）陈文修、李春龙著，刘景毛校注：《景泰云南图经志书校注》，云南民族出版社 2002 年版，第 313 页。

现实中遭受自然灾害、人生意外之时预置了解释依据，从而可以通过文化的约束力实现对社区自然环境和社会关系的维护。在实际生活中，村民们认为，村中卫生状况的改善、邻里关系的和睦、多年的风调雨顺都是祭天仪式带来的福泽。

更重要的是，东巴学校祭天仪式的影响不仅局限在新主村。在仪式恢复成功经验的启发下，经学校负责人的多次建议，丽江市政府于 2012 年在东巴学校开办了为期 30 天的"丽江市纳西东巴祭天文化培训班"，给来自各纳西族地区的近 40 位学员系统教授了仪式经文和规程。在此基础上，学校教师还参与指导有祭天仪式恢复意向的培训班学员在各自村落开展工作，使 13 个村落的祭天仪式得以重新恢复，这无疑是新主祭天仪式对纳西族社区传统文化复兴的极大贡献。

（二）开丧仪式

人的生死是一种自然规律，但对许多民族而言，却有着向生而死，死而复生的认知。故而，对于这一生命历程的重要节点，人们总要以不同的仪式表达其意义与情感。纳西族人也不例外。

1. 仪式传统及中断

作为古羌部族的后裔，游牧迁徙、逐水草而居的古纳西人一直遵循火葬的习俗，直至定居到丽江大研镇为核心的金沙江流域后，火葬习俗仍一直延续。一般为人去世后举行葬礼将尸体火化，再于当年或次年农历十一月到火化场收取遗骨，进行安置。清代"改土归流"后逐步推行土葬，《丽江府志略》记载说："自束河社长和惊顺母死，殡殓如礼择地迁葬，题主刻铭，人不见其祸，此风乃渐革矣。"[①] 不过，在"塔城、太安、龙山、奉科等地部分村寨至解放后仍保留火葬习俗"[②]。据村中老人回忆，民国时期新主村仍有部分村民实行火葬，此也能从新主村的一块墓碑上得到印证。目前发现的新主村较早的墓碑立碑于光绪二十年[③]，即 1894 年，说明自清乾隆年间（1736—1796）搬到新主后，近 100—160 年的时间里新主村民仍实行火葬，且延续至民国时期。以往，为死者举行开丧仪式和以火葬处理遗体后，还要举行超度仪式。各个氏族后裔超度死者的时间均在农历十一月[④]，"在农历五月以前死时，家境富裕者，在当年十一月举行超度仪式，

---

① 丽江县县志编委会：《丽江府志略·礼俗篇》，雪上堂藏版本、乾隆八年纂修版，1991 年，第 207—208 页。

② 杨福泉：《东巴文化通论》，中华书局 2012 年版，第 155 页。

③ 该墓碑位于新主上村年轻东巴和应龙家族墓地。

④ 纳西族古时分为梅、禾、树、尤四个氏族，各氏族分居不同的区域形成不同的祭天群，除了祭天的日期有别外，超度死者的日期也有细微差别。

一般则在次年十一月举行仪式，家庭困难者，有的过三四年才举行超度仪式"①。按照东巴教的观点，人过世之后的丧葬仪式包括开丧和超度两个环节。若仅举行开丧仪式，那死者的亡魂是无法进入祖先灵魂行列的，超度之前灵魂所处状态被称为"日"（即为纳西象形文的"蛇"字），超度仪式后"日"方可归入祖先灵魂的行列。有的东巴将超度的过程形象地比喻为蛇蜕皮，"日"只有通过超度，逝者才能像蛇蜕皮一般获得新身份。一方面，纳西人视死亡为人生命历程的终结点的同时，还将其理解为是灵魂的转折点。通过开丧仪式，生命才算完整，而超度仪式则是灵魂开启另一段旅程的钥匙，是新历程的起点，这两个仪式是关键节点上不可缺少的部分。逝者家属往往会根据家庭经济状况，竭力为逝者举行合宜体面的仪式，他们认为，这不仅是对故亡亲人的追思哀悼，也会对家庭带来顺利，而且还能得到亲友和村民的认同。另一方面，开丧和超度仪式中纳西人非常注重对性别、身份的区分，主持东巴在仪式特定环节会按照家属的要求，针对逝者不同的死亡方式和不同性别、职业、地位，使用不同的经书，进行不同的规程操作。如仅超度死者的类别就有"超度能者，超度长寿者，超度胜利者和美德者，开神路，送死者亡灵木身，超度放牧者，超度嘎瓦劳端工匠，超度先父母去世的子女，超度失明者，超度放牧者，超度东巴死者"②11 种。在实行土葬之后，开丧和超度两个环节仍是新主丧葬仪式中必不可少的组成部分，只是时间间隔、规模有所变化。至 1951 年，土改工作队进驻农村之后，开丧、超度仪式与其他传统仪式一同被禁止举行。杨德茂清楚地记得新主村举行的最后一场开丧仪式，那场仪式的主持者正是当时新主大东巴和政才与和文茂。

　　杨德茂：1951 年，杨德武在他家火塘边没有接到气就死了③，因为和文质三月份已经过世，所以仪式就全部由和文茂来主持，放甲马招魂仪式是由和致才（和政才）来做的，那是 1951 年清匪反霸那年的冬月，和政才是正在杨德武家做仪式的时候被民兵抓着去的，被关了 3 年后才放出来的。

　　东巴祭司在主持仪式过程中被民兵带走，或许在当时并不会让人诧异，因为在那个举国动荡的年代不确定的因素太多，村民对很多意外事件都已经习以为常。祭司被带走，仪式被终止，经书被抄走，新主的东巴文化陷入了一片黑暗。

---

　　① 云南省社会科学院东巴文化研究所：《纳西族东巴教仪式资料汇编》，云南民族出版社 2004 年版，第 192 页。

　　② 云南省社会科学院东巴文化研究所：《纳西族东巴教仪式资料汇编》，云南民族出版社 2004 年版，第 203—209 页。

　　③ "没有接到气"为通俗说法，意为过世之时没有人看见，临死前未给死者含殓，以米粒、茶叶和碎银等物品组成的口殓，纳西语称为"萨萨"，"萨"纳西语直译为"气"。

2. 仪式恢复

1979 年，毕业于原西南联大的纳西族干部和万宝恢复工作，就任丽江地区行政公署副专员，这位极具政治眼光与民族责任感的官员上任后不久，就投入组织恢复 20 世纪 60 年代由于"文化大革命"而被迫中止的纳西东巴古籍抢救翻译工作。在他的全面领导下，1980 年 6 月，丽江地区行政公署发文成立"丽江东巴古籍翻译整理委员会"，1981 年 5 月，中共云南省委发文批准成立"云南省社会科学院东巴文化研究室"，和万宝兼任主任，方国瑜、和志武兼任学术顾问。研究室一方面从各纳西族地区邀请博学年迈的老东巴参与经书的释读，另一方面从各大高校应届毕业生中抽调纳西族青年加入翻译队伍，新时期东巴经典的抢救翻译工作由此全面展开。1983年，东巴文化研究室与丽江地区、丽江县民委、文教局共同举办了首届"东巴达巴座谈会"，之后还开办了"纳西语文记录训练班"，以国际音标和纳西语文拼音的教学培训方式，为东巴经书的整理翻译培养了一批年轻学者和东巴。新主村和云彩、和成典、和开祥就是参与"东巴达巴座谈会"和在经典翻译中释读典籍的老东巴，和圣典则是参与"东巴达巴座谈会"和"纳西语文记录训练班"的学员。在大环境的推动下，纳西族地区的传统文化抢救保护和仪式恢复工作也逐步开展起来，鲁甸新主村的东巴仪式也慢慢恢复，当时，最早邀请东巴祭司主持开丧仪式的是一位叫和元敏的村民。

图 4—4　新主村开丧仪式（朱永强摄 2016）

杨德茂：1983 年、1984 年以后鲁甸新主的开丧仪式又逐步兴起来了，和元敏的母亲过世之后请了和开祥东巴来主持仪式，当时只用了一只鸡没有用猪。

除了和开祥（1922—2002）东巴外，和云彩（1921—1991）、和成典（1928—1988）、和学典（1932—2001）、和志新（1926—1999）等也是当时村中主持开丧仪式的东巴，1988 年，和圣典东巴也开始独立主持开丧仪式。逐渐地，新主村逢人过世就请东巴举行开丧仪式的民俗又恢复了，与此同时，禳灾、祭祖等仪式在村落中兴起。2002 年和开祥东巴去世，这宣告了新主一个东巴文化时代的终结，至此，所有参与过中华人民共和国成立前东巴仪式的老东巴全部过世。此时，新主村东巴文化传承担子完全落在了和圣典以及他的几位弟子身上，其间，和桂生与和义等人也开始接触东巴文化。除了服务本村之外，和圣典东巴还要经常奔赴鲁甸乡、巨甸乡和维西县各纳西族村落主持开丧仪式。好在和桂生、和义等东巴在开丧仪式经文的学习和仪式主持方面进步很快，不久便具备主持仪式的能力，与和圣典东巴一同为新主村及周边社区服务。从开始主持仪式至今，三位东巴主持开丧仪式数量[①]为：和圣典约 800 场（1988—2016），和桂生约 500 场（2002—2016），和义约 200 场（2002—2016）。

　　3. 仪式所用经书和主要内容

　　在中华人民共和国成立前，一次开丧仪式需耗时 4—5 日，在举行超度仪式的年份，农历四五月就要到东巴家中送酒请祭司，随后要不间断地进行仪式准备工作至超度之日。《全集》中收录的开丧、超度类经文从第 53 卷至第 77 卷，共计 25 卷，内含 227 本经书，约占全集收录经书总数的四分之一。且所收经书都是互不重复的卷本，仅从经书的数量上就可以看出开丧、超度仪式是一组规模宏大、纷繁复杂的大型仪式。现在新主村丧葬仪式只包含了传统的开丧仪式部分，超度仪式环节并未涉及。仪式进行 2 天左右，常用的东巴经书有 20 余本。需要指出的是，并非所有家庭的开丧仪式都固定使用这些经书，祭司会根据仪式举行家庭的要求和死者的具体情况适当增减。下面，以仪式中所使用的经书顺序为例，简单对仪式环节进行描述。

　　开丧仪式使用的第 1 部经书为 py^{33}tʂv^{33}（《迎祭司经》），内容为迎接主持仪式的东巴祭司、祭司家族先辈东巴和将参与仪式的众神。东巴可在出发前在自家中完成此环节，若当事家庭未能亲自到东巴家中迎接祭司，则要在到达死者家中时念诵 na^{33}sa^{31}wə^{33}kv^{33}tʰv^{55}py^{33}tʂv^{33}（《家门口迎接祭司经》），举行该仪式环节。旧时主人家需要在家门口被称为 sa^{33}la^{31}dzer^{31}y^{31}xɑ^{33}ɕiə^{55}kv^{33}（给祖先献饭的祖先树）的地方跪迎东巴，并准备好酒茶表达对东巴的歉意，之后东巴做烧天香仪式。

　　第 2 本经书为 ʐ^{33}ʂv^{33}bu^{31}ziə^{55}（《给死者引路猪经》），意为给死者一头陪伴的引路猪作为魂归路的向导。东巴到死者家中后首先要念诵此书，

---

① 具体数据为和圣典、和桂生与和义三位东巴各自提供。

主人家要准备一头约 50 斤重的小猪崽和一只鸡，这是仪式的重要环节，若没有此猪和鸡扫除障碍抵挡灾祸，死者亡魂将无法到达目的地与祖灵团聚。

第 3 本经书为 mɯ³³ɣɯ³¹ɕy⁵⁵（《杀蒙鬼俄鬼经》），即为死者扫除蒙鬼、俄鬼等魂归路上的拦路鬼，此书念诵完毕后死者尸体就可入棺。旧时在入棺时还要念诵《关死门经》，意为将死者家中开启的死亡之门关闭，让主人家在近期不再有离别亡故情况。

第 4 本经书为 æ³³dzər³³mi⁵⁵（《收种庄稼经》），经书以一年四季收种庄稼过程的描述，寓意向过世者祭献食物。

第 5 本经书为 ku³³ʂu⁵⁵la⁵⁵（《制作五色绸饰经》），此书通过给死者制作代表五行的五色绸饰钉，象征逝者又归于五行。

以上五本经书为仪式当日白天念诵的经书，一般从早上 9 点左右开始，逝者入棺在正午 12 点左右。

第 6 本经书为 tʂʰu⁵⁵pa³³dzi⁵⁵（《烧天香经》），为晚上使用的第一本经书。一般仪式中都要进行烧天香环节，开丧仪式的《烧天香经》主要内容是对盘、拿、崩、吴等仇族的镇压。

第 7 本经书是 lu⁵⁵pʰa³³o³¹ʂər⁵⁵（《为死者招四方魂魄经》），此经书为死者招回因生前行走四方，而可能留在纳西人神山"居那若罗"东南西北四侧未归来的灵魂。

第 8 本经书是 bæ³³mi³³tʂ̩⁵⁵（《点油灯经》），仪式中，"把酥油灯或植物油灯供在死者面前……给众大神及祭祀人家历代先祖供黄金的油灯"[1]，后代感恩逝者的同时祈祷将先辈的福泽遗留给后代。

第 9 本经书为 u³³mə³³da³¹gɯ³³（《乌蒙达舞蹈经》），"乌蒙达"是在丽江纳西族地区广泛流传的丧葬仪式歌舞，若是女性过世则要念诵py³¹ŋi³³ly³¹lu³³（《女性过世·点油灯经》），两本都是藏语经。

第 10 本经书为 mu⁵⁵pv⁵⁵（《挽歌》），男性过世用的是 a³³sɿ³³ta³¹le⁵⁵tʂu³³（《挽歌》），女性过世用的是 mu⁵⁵dzər³³mi⁵⁵（《开丧超度·安慰死者之歌》），经书举世间万物无法避免死祸的例子来劝慰死者，并追溯纳西先民火葬习俗，"从俄高勒、高勒趣时代起，纳西先民就开始火葬的情况"[2]。

以上经书念诵完毕，东巴便可休息至黎明鸡鸣时刻，再继续第二天的仪式操作。

第 11 本经书是 ɕy³¹dzo³¹（《鸡鸣献饭经》），意在鸡鸣时分唤醒死者，

---

① 东巴文化研究所编译：《纳西东巴古籍译注全集》第 55 卷，云南人民出版社 1999 年版，第 130 页。

② 东巴文化研究所编译：《纳西东巴古籍译注全集》第 55 卷，云南人民出版社 1999 年版，第 208 页。

家人为其祭献食物，仪式时死者家属需要准备饭菜在死者棺木前祭献。若是富裕家庭也可以在此环节给死者祭献绵羊，届时则需使用 kuɯ³³tʂʰu³¹æ³¹dzŋ³³·æ³¹tɕy³¹le⁵⁵duɯ³¹ṣv³³（《收种粮食·祭献羊牺牲》）。

待第二日天明，祭司会按过世者离世时辰、生肖看家人是否与其犯了重丧，若犯了则需要使用第 12 本经书 ṣŋ³³guɯ³¹pv⁵⁵·tʂʰu³³sæ³³pv⁵⁵（《送重丧经》），使用此经书意为将死者过世时值日的灾星和给主人家带来厄运的时辰送走，以避免主人家重丧。

第 13 本经书为 tʰv³³zər³¹（《解土黄经》）。据该经书记载，有一家庭五兄弟分年岁时，正值其中一兄弟外出流浪，此四兄弟分得每人 90 天，后每人拿出 18 天给外出者，刚好每人得 72 天。仪式要将分给外出者的 72 天中的不吉解除，此处 72 天寓意死者在世的时间。

第 14 本经书是 lo⁵⁵ku⁵⁵tɕʰi³¹ku⁵⁵（《给死者魂路带饭经》），此经书意为给死者魂归路带上粮食。

第 15 本经书为 po³¹pa³³dzi³¹pʰər³¹dzi³¹na³¹xuɑ⁵⁵（《化解黑水白水》），意思为替死者寻找除秽水。

第 16 本经书为 dæ³¹kʰu³³（《开宅经》），包括驱除各种厄运、给署神点药、寻阴宅等内容，核心是为死者在阴间寻找好地基。

第 17 本经书是 to³³da⁵⁵·tʂʰu³³duɯ³¹æ³³dzər³³mi⁵⁵（《砍棺木·收种庄稼经》），经书通过砍伐棺木、收种庄稼的描述，给死者献上与亲人的生死离别饭。

第 18 本经书为 ʐ̩³¹duɯ³³tʂʰu³³duɯ³¹·æ³³dzər³³mi⁵⁵·tsʰv³³tsu⁵⁵tʂʰu³¹tsu⁵⁵（《起身·种收庄稼·给死者献早晚饭经》），按照传统观念，人过世之后变成祖先灵魂之前的状态是 ʐ̩³¹，此经书念诵时意为给处于中间状态的灵魂献饭。

第 19 本经书是 gu³³dzo³¹·tʰv⁵⁵tɕʰi³³ ʑi³³pʰu³³wɑ³¹me⁵⁵（《分家经》），意为将死者和活着的家人分家，叫死者不要留恋尘世生活。

第 20 本经书为 py³³dʑŋ³¹tʰv⁵⁵·ʐ̩³³pv³³（《降威灵·开路经》），此经书也是开路经的补充，意为给祭司降下威灵开启死者魂归路。

这本经书念诵之后，众人便可以将棺木抬起，运送到家族坟地进行安葬，东巴仪式也告一段落。待休整片刻后，东巴还要念诵如下的经文。

第 21 本经书为 py³¹mæ⁵⁵tər⁵⁵·mi³³kʰo³¹pʰv⁵⁵（《末尾·解罪经》），意思是为主持仪式的东巴解除仪式过程中犯下的过失罪，念诵此经文时东巴要将身上所穿的法袍、帽子等脱下，还要不停地拍打抖动表示将衣服里面装的过失罪也一并卸下。

第 22 本经书为 tʂʰə⁵⁵ʂu⁵⁵o³¹ʂər⁵⁵tʰe³³ɣɯ³³（《除秽·招魂经》），这本经书为主持仪式东巴除去仪式中染上的秽气，为其招来可能会丢失的魂魄。

第 23 本经书为 sv⁵⁵mi³³ku⁵⁵（《小祭家神经》），按照东巴教的传统，每一次在家中举行仪式后通常要举行小祭家神仪式，以安抚可能因举行仪式而被惊吓的集体灵魂"素"，同时也为举行仪式的家庭求取福泽。

最后第 24 本经书为 py^{31}pv^{55}（《送祭司经》），这本经书和仪式开始时的《迎祭司经》呼应。仪式完成时需向参与仪式的先辈东巴祭司、各路神灵表示感谢，并送回神界，念诵之时东巴可将所带的随身物品、所用的经书收拾好，待经文念毕仪式也宣告结束。

以上为新主村开丧仪式（正常死亡仪式）中常用的东巴经书和主要内容，虽然与中华人民共和国成立前相比，经书数量已大为减少，但仪式关键环节的经书仍旧沿用，仪式规程也较为完整。从仪式的内容来看，既包括为逝者灵魂引路、感恩逝者、安抚逝者灵魂、给死者祭献食物和为死者寻找阴宅等专为逝者念诵的经文和对应仪式操作，也包含为生者关闭死亡之门、为家属化解重丧和安抚家中集体灵魂等针对逝者家属的环节，最后还涉及为东巴祭司开脱过失罪、除秽招魂和迎送祭司等特别为主持仪式者吟诵的经文。仪式具有多元的服务对象和丰富的对话主体，总体上是以一种包容和感恩的姿态处理生离死别这一人生的重要节点问题。

目前，新主村中经常主持开丧仪式的祭司是和圣典、和桂生与和义，和秀文作为后起之秀，近年来主持开丧仪式的次数也逐年递增。按照纳西族的传统，东巴祭司不能主持家族内部成员的开丧仪式，本族开丧需请外族东巴主持；另外，村中各家族习惯请哪一位祭司一般都有不成文的规矩；而随着外村外地对开丧仪式东巴需求量的增大，村中年轻东巴也基本都有了担任开丧仪式主祭司或担任辅祭的经验。在多次仪式参与中，笔者发现东巴祭司在开丧仪式中的角色是多元的，作为祖先、逝者和逝者家属的沟通媒介，东巴祭司是娓娓道来的沟通者、劝慰者；作为仪式戏剧的导演和主要表演者，东巴祭司是善于表现的歌者舞者；作为生死别离见证者，东巴祭司还是勇于驱鬼辟邪的斗士。从接受主持仪式邀请的那一刻开始至仪式结束，祭司要做的不仅是妥善完成仪式所有环节，更重要的是将逝者亡魂顺利送到祖灵栖息地，这既是对现实生活正常秩序的梳理，也是对神圣空间深层结构的维护。仪式完成后，祭司身心疲惫的状况屡见不鲜，但从每次东巴说起"是我将某某逝者好好地送走了"这句话时的坚定语气和放松神态中，我们不难理解祭司们对于自身肩负责任的担当和勇气。

开丧仪式作为新主村最具普遍性的民俗事项，虽自 20 世纪中叶开始中断了近 30 年的时间，但在文化政策开放之初就逐渐恢复，且以极快的速度在村落中重新盛行，这不仅说明此仪式在民间有着极为深厚的土壤，同时也是村民文化选择的结果。有一个例子能说明开丧仪式在新主老人心中的重要性，当某位老人说某某人过世的时候很可怜，他往往指涉此人过世后没有举行相应的开丧仪式；而当他讲述某人命运非常好、死得很值时，那就意味着逝者家属为其举行了盛大的开丧超度仪式。现在村中很多健在的老者会给自己的子女交代，未来过世时定要请某位指定的东巴给自己主持仪式，他们也曾和笔者表示某某东巴的开丧仪式主持方式正是自己葬礼时想要的。在他们看来，如果不通过仪式，不遵循与传统最接近的仪式程序，自己就无法与祖辈团聚，灵魂就无归依之处。故而，对于现在的新主村民而言，家中亲人过世后的首要事情就是先请东巴看日子确定举行仪式日期，很多村民曾表示如遇家中亲人离世，东巴未到家时他们是束手无策的，开丧仪式已经变成社区居民日常生活的要件。每逢亲人过世后以传统礼俗待逝者，是村民以传统文化手段对逝去亲人的一种责任恪守。开丧仪式不仅是葬礼中不可缺少的环节，也成为村民表达文化态度的一种方式，并为下一代人做出了持续传统的文化暗示。这种铭刻在新主村人内心深处的文化烙印，一旦被激活，就会在日常生活中留下越来越深的痕迹。

二　2015 年的自然灾害

作为一个以传统农业为主要产业的村落，新主村民的绝大部分收入靠农产品产出。每日的辛勤劳作之外，自然气候条件对村民来说非常重要，关乎每个家庭的收入，尤其对近年来大面积种植烤烟的农户而言，7—9 月的天气好坏将直接影响一年的收成。而就在 2015 年 7 月末的一天，一场突如其来的雷暴天气吞噬了新主村的天空。

（一）冰雹灾害

2015 年，丽江大旱，资料显示该年大理、丽江、临沧、德宏、怒江和迪庆 6 个州（市）年降水量比往年偏少 11.5%—19.0%，临沧、保山、丽江、红河和大理 5 个州（市）河流年径流比往年偏少 26.0%—26.9%[①]，而新主村则是丽江旱情的重灾区之一，干旱少雨的天气使烤烟等农作物的长势比往年要差。新主村民回忆说，3 月种植的烤烟因为干旱，直到 4 月还需要每日用桶抬水浇灌，好不容易等到 5、6 月份稀稀拉拉的雨水，一波长势之后刚到可以采摘烘烤的季节，没想到天灾降临了。2015 年 7 月 28 日下午 5 点左右，新主村上空雷声大作，当时和圣典东巴正在自家的附子地中除草。

和圣典：先是打了几声雷，之后冰雹就像石头一样从天上下来了，打在身上都疼，我就赶快跑到"画都"（搭在田边的木屋）中躲起来了，一个冰雹有鸡蛋那么大，从来没有见过那么大的。

---

①云南省水利厅：《2015 年云南省水资源公报》，2016 年 8 月 16 日，http://www.yn.gov.cn/yn_zwlanmu/yn_tjdt/201608/t20160816_26546.html，2016 年 12 月 10 日。

后来他还庆幸自己跑得快，因为当日的确有村民因没有及时躲避而被冰雹砸伤的情况。而在新主上村，有一些鸡在这场冰雹中被砸死，后来被山洪冲到了很远处，第二日才被发现。村中不少八九十岁的长者表示，当天落下的鸡蛋大的冰雹是他们有生以来在新主见过的最大的。在这场冰雹灾害中，受灾最为严重的是烤烟和玉米。烟地中，几乎所有的叶子都被打落，只剩带有残叶的烟秆竖在地中，玉米叶子则像被人拿梳子梳过一般，如发丝一缕一缕的垂下。笔者于 2015 年 7 月 29 日到达新主，当日与新主乡政府和保险公司负责人一同走访了主要的烟草种植区，发现所到之处无一幸免，很多庄稼都面临绝收。当日丽江的微信朋友圈中，一条《东巴王故里——新主遇百年天灾》的微信开始流行，紧接着，《丽江玉龙县遭遇冰雹灾害，新主村烤烟几乎绝收》[①]《玉龙县下起了冰雹，农作物受灾严重》[②]这样的媒体新闻也用图文并茂的方式将新主受灾情况做了报道。新主村作为鲁甸辖区内烤烟种植主要区域，烤烟生产已成为该村支柱产业，[③]此次自然灾害给新主村带来了前所未有的经济损失。新主村委会书记和邵忠介绍，本次冰雹灾害烤烟绝收面积达到 1700 多亩，受灾损失金额达到 2000 万元人民币。

和邵忠：烤烟绝收的是 1700 多亩，受灾的 10000 多亩，金字片全面积受灾。

笔者：损失估计大概有多少？

和邵忠：2000 多万。

笔者：政府和烟草部门大概赔了多少？

和邵忠：烟草政府补贴不到 300 万，烟草保险赔款 170 多万，政府的农业局大概会有 40 万—50 万救灾款项到位的意思了。

亩产值可达 5000—8000 元的烤烟在受到冰雹灾害后，保险公司和政府部门只为绝收户提供了每亩 800 元的补偿和补贴，而这仅够扣除烟草公司垫付的农药和育苗费用。对于那些未绝收的受灾户来说，收入也只有往年的三四成。因为之前有成功种植营销玛卡[④]的经验，为尽量使村民减少经济损失，和邵忠组织受灾村民在绝收的烟草地中拔除烟秆种植玛卡，还与安

① 今日头条：《丽江玉龙县遭遇冰雹灾害，新主村烤烟几乎绝收》，2015 年 7 月 29 日，http://www.toutiao.com/i5043303334/，2017 年 2 月 10 日。

② 虾米资讯：《玉龙县下起了冰雹，农作物受灾严重》，2015 年 7 月 28 日，http://nytuan.com/reed/38344.html，2017 年 2 月 10 日。

③ 参见朱永强《丽江鲁甸新主村纳西族祭天仪式及其功能探究》，硕士学位论文，中央民族大学，2012 年。

④ 玛卡原产于南美秘鲁，于 2010 年左右引入丽江，被炒作为滋补壮阳"神药"，引入之初价格奇高，在滇川藏大规模种植成功后，"玛卡神话"破灭于 2016 年。

徽一家外贸公司签订了收购意向合同，此举得到了村民的积极响应。

然而到 2016 年的玛卡收购季节，玛卡市场行情风云突变，供需失衡使玛卡价格从往年的 300—400 元/斤跌到 5—10 元/斤。至 2016 年 8 月，新主村还有很多玛卡烂在地中无人理睬，用村民的话说就是"挖玛卡的人工费都比卖玛卡的价格贵"。

（二）东巴祭司对冰雹灾害的解读

科学与宗教都有一个共同的指向：解释现象，无论是自然现象还是社会现象。就风雨雷电而言，在科学的研究中，认为是各种不同结构的物质运动的结果；而从宗教角度来看，既可能是各种神灵作用的结果，也可能是人类的某些行为不符合神灵的期待或规律所导致。只有调试了人的行为规范，自然才能正常运转，所以关联着人与自然的关系。纳日碧力戈认为："灾难的发生反映复杂的自然、生物和社会文化的互动过程。一方面它反映这三种因素之间的联系，另一方面也反映这些因素如何在这个物质和文化世界里运作。"[1]对于这场猝不及防的灾害，除了想方设法获得经济上的补偿外，当地人也站在不同立场对此进行了解释。在新主一些东巴的解读中，这一场"秩序之外"的冰雹灾害，有着深刻的社会和文化根源。

1. 和桂生及其众弟子的解读

对于这场百年不遇的天灾，反应最为激烈的是和桂生以及他的弟子。他们认为这并不是一场完全由自然因素导致的灾难，而更多地归因于近来村中接二连三出现的违背传统、违反礼俗的行为。他们认为，那些不守礼法、破坏规律者的代表就是某个地方当政者，其不听众人劝告，建造不符合纳西族传统建房规律的上下各六间的二层楼房之举与在祭天场和"什罗"殿附近修建洗澡间的行为，是导致此次天灾的原因。不仅如此，和桂生还表示自己作为"大东巴之乡"的东巴祭司，面对村子遭受如此自然灾害却无能为力，对此而深感愧疚，他还提及前年学校曾组织举行了祭祀自然神灵"署"的仪式。后据笔者了解，和桂生家中的 6 亩烤烟在此次灾害中基本绝收，弟子和灿峰、和应龙等家中的烤烟和农作物也有不同程度的受灾。

和桂生等人对冰雹灾害的解释一方面结合了传统文化的观点，另一方面多少也受自己与某人微妙关系的干扰，再者不可避免地融入了家中受灾所产生不良情绪的影响。但和桂生对文化传统的信仰、坚守以及将自己东巴祭司身份视为某种责任潜在担当者的态度，则反映出他在长期的文化实践中已经具备了很强的文化使命感和社会责任感。

---

① 纳日碧力戈：《灾难的人类学辨析》，《西南民族大学学报》（人文社会科学版）2008 年第 9 期。

2. 和圣典对冰雹灾害的解读

和圣典东巴家因只有二老在家,近年并未种植需要投入大量人力的烤烟,故在这次冰雹灾害中没有受到损失。当他得知和桂生对于冰雹灾害的解释时,认为这种解释难以成立。但和圣典认为烤烟种植对新主环境的影响极大,这种影响不在于种植本身,而来自采摘后烟叶烘烤阶段。因为烘烤过程需要大量的燃料,虽也使用煤炭,但大多数村民还是倾向于使用看似随地可取、成本低廉的木柴。自种植烤烟以来,新主山林中的树木逐年减少,且村民伐木时乐于选择一些树龄上百年的阔叶大树,因为这样的木材耐烧且可省去频繁上山采伐,可这却对山林带来了极大的破坏。

其实在烤烟种植以后,村委会领导也曾考虑到这个问题,但因烤烟种植是政府推广的项目,在各级政府和相关部门中存在较大的利益链条,且农户收益较大,所以即使存在巨大环境问题隐患,也屡被搁浅忽视。另在冰雹灾害数日后,村中开始流传区域内所设三个防雹弹发射点因民航局反对而一弹未发的传言,不过这一传言很快被制止,因为按照村民与保险公司的合同规定,一旦紧急情况下未发射防雹弹,对方不负赔偿责任。究竟是因为久旱麻痹未能及时防范,还是如传言民航局不让发射,抑或防雹弹发射但未起作用,我们不得而知。但这个事件之后,新主村委会负责人转变了应对雷暴天气的态度,不仅要求每个发射点在烤烟生产阶段24小时有人值班,还想尽办法屡次到气象部门争取防雹弹。

自然灾害看似是难以避免的,但如果在某个特定的时间、空间下发生,那就会被赋予文化的意义,变成人与社会、人与自然关系的某种反馈。从某些传统文化持有者的视角分析,对传统文化规律的违反、对约定俗成信条的违背是导致灾难出现的原因,他们认为这种行为本身是可以避免和协调的。在和桂生看来,冰雹灾害是自然对于人们不守礼俗,不敬传统所做的惩罚,在他的逻辑中,对隐形文化结构的破坏必然导致外部客观环境的改变。而和圣典东巴则从人与自然的关系出发,认为烤烟生产过程严重破坏了自然环境,导致植被减少、水土流失、气候恶化。面对旱情,和圣典曾于2015年5月在村中主持了祭"署"①仪式,以祈求雨水。从中可以看出,虽然两位东巴对自然灾害的起因有不同的解释,但是和桂生的解释与和圣典的应对中都暗含了传统文化指向,而这也恰恰是传统文化面对困境

①"署"在东巴象形文和东巴画中以人首蛇身的形象出现,是掌管自然界的神灵。东巴文化中,"署"类原本是与人类同父异母的兄弟,他们居住在远离村寨的河流、山谷和森林等地。经载,因人类破坏自然,"署"类与人类爆发了冲突,后来大鹏神鸟将其降服,自此,"署"类与人类达成了以人类尊重其栖息地,保护自然为基础的和平相处的共识。"署"的象形与背后的文化内涵与印度教、藏传佛教有较深的渊源。约瑟夫·洛克、杨福泉等学者对此有专门的研究论著。

时所做出的反应、调适和采取的应对措施。

从更广的角度分析，云南 2015 年的干旱、新主村冰雹灾害的出现并不是孤立的现象，这只是近几十年来中国乃至全世界处心积虑、不顾后果谋求物质发展而无休止地掠夺自然资源、破坏自然环境后出现全球性极端气候变化的一种常态反映。就目前来看，单靠经济手段、政治手段来解决环境问题、生态问题是不切实际的，传统文化的经验为我们解决这些问题提供了某些启示。

三　一场祭风仪式

祭天、祭署和祭风仪式被称为纳西族东巴教的三大仪式，从分布区域、仪式规模和功能特点等方面看，这三种仪式在纳西族东巴教中较具代表性。祭天仪式为三仪式中最早在新主恢复者，2010 年和 2015 年在新主东巴学校和村民家中分别举行了两场祭署仪式，直到 2016 年 1 月，祭风仪式才在新主村民家中恢复。至此，纳西族东巴教三大仪式在新主村已全部恢复。

（一）仪式恢复的缘起

与祭天和祭署等祈福仪式不同，祭风仪式属于超度（禳鬼①）仪式，是三大仪式中花销最大的一种，不但要求举办家庭有仪式需求，且还要有承担仪式花销的经济实力。此次恢复仪式的家庭位于新主村"开满"东海队，家中长子名为和邵晶，是丽江市古城区一中的退休职工。和邵晶有四个弟弟、两个妹妹，除五弟在丽江市公安局上班外，其余弟妹都在新主村生活。故事要从和邵晶的奶奶说起，20 世纪初，和邵晶的爷爷在一次意外中过世，此后家中便遇到了诸多不顺。按照传统习俗，和邵晶的奶奶从太安汝南化请来了东巴，在家中举行了盛大的祭风仪式，虽距今近百年，但关于那场仪式村中仍留有一些传说。

杨荐：那个时候是请太安的东巴做的仪式，请人来回就 5 天，回来后专门准备仪式物品花了 7 天，当时没有买的地方，什么都做。自己砍、自己编、自己糊，之后仪式过程持续 7 天，到送走做仪式的祭司差不多花了 20 天时间。听说山羊、绵羊宰了 44 头，牛 4 头，猪 12 头。到我们记事起这个事情就在广为流传了，我是 1947 年的人，比我们大 20 岁的人也没见过这个仪式，应该在 20 年代前，依我看。

和邵晶介绍，在他奶奶请东巴举行了祭风仪式后，家中一切就变得非常顺利了，到他这辈，父母生下了 5 男 2 女，这在村中是少见的。而在 20

---

① 百卷版《纳西东巴古籍译注全集》将祭风仪式归入禳鬼类仪式，该仪式为超度非正常死亡者亡魂而举行，内容也涉及禳鬼。

年前，和邵晶家又遇到了不顺之事，他的父亲和他的二弟媳妇均意外死亡。之后，和邵晶三弟的媳妇也在一次意外中去世。由于家中亲人非正常死亡现象屡次发生，和邵晶兄弟几个便与母亲商量，计划在老家举行祭风仪式为逝者超度，并在三年前就与塔城东巴和秀东确定了仪式时间。然而，在2014年仪式约定时间将至之时，和邵晶的妻子患癌症死亡，仪式就被拖到了现在。

（二）仪式过程

1. 仪式东巴

担任本次仪式主持的祭司是丽江塔城东巴和秀东。和秀东自幼跟随爷爷学习东巴文化，10岁左右至丽江市东巴文化研究院随从和开祥、和云彩等老东巴学习。学成之后便留在东巴文化研究院工作，是纳西族地区较有影响的年轻东巴。邀请和秀东担任主祭司，一方面是因为他有在其他地方多次担任该仪式主祭的经历，另一方面是与和邵晶有姻亲关系。除了和秀东及两位一同从塔城来的辅祭东巴外，本村的和桂生、和义、和金文三位东巴也被请来担任辅助祭司，另外还有杨荐与和邵仑两位村中老者充当仪式助手。

2. 仪式的准备

2016年1月16日，是仪式前一天，整日都在为仪式做准备。较复杂的首先是东巴木牌画的制作，据和秀东介绍，仪式中使用的木牌画需要60块，在高约60厘米、宽约15厘米的木牌上要绘制形象不一的东巴画。其次是纸花和纸旗，仪式需要五色纸花数十朵，绵纸做的旗子约120个。再次，还要做2棵分别用白杨和松树做成的祭风树，树需高5米左右，树干直径约10厘米。在白杨树上，要用五色彩线编织9个菱形的图案，松树上则要用草编织一个能放下约30个鸡蛋的蛋巢。另外还要制作各式面偶近20个，柳条编织的狗1只，稻草做的鹿1只、稻草人3个，再砍削修建鬼寨用的木条若干，准备柳条若干，小桃树一棵。此外，还需将仪式所用到的猪、羊、鸡、米、酒、酥油等物品一并备齐。众人从16日早上9点左右忙至傍晚7点，还剩下面偶未捏制。和秀东一边与主人家一道招呼众人吃饭，一边要求辅祭和助手第二日早上9点到场。晚饭后和秀东请和桂生东巴第二天带一本名为"森子恒子"（《说难道易经》）的经书来现场，透露自己的经书借出未归。

3. 道场设置

2016年1月17日早上9点半，笔者与和桂生一行来到此次仪式举办地和邵晶二弟家中时，和秀东已在捏制面偶。据和家人讲，和秀东昨夜吃完饭后便忙于纸花的制作，随后与和家老五饮酒至黎明鸡鸣时分才去休息，睡了约两个小时就起床煮茶。和秀东一边捏制面偶一边指导辅祭在和家坐北朝南的正房一楼设置仪式神坛。

图4—5　祭风仪式木牌画（朱永强摄　2016）

图4—6　主祭司和秀东设置仪式神坛（朱永强摄　2016）

神坛位于一楼右侧走廊，正前方从左至右分别悬挂着九头战神"格空堵支"、战神"突赤优麻"、至高神"萨依威登"和东巴教教主"丁巴什罗"，四张神像的左右两侧分别是创世神卢神和色神。神像之上悬挂着九张拥有不同坐骑的战神纸牌画。神像前方摆放着一张长桌，上面并排置有两个簸箕和一碗酥油。在两个簸箕里面盛有不同的面偶等物品。正前方的簸箕底部撒着代表祭粮的大米，正中间有一个装满大米的斗，大米中插着

图4—7　祭风白杨树（朱永强摄　2016）

一扇象征通往神界的木门，门口放置着五张战神"卡冉"的纸牌画。纸牌画的前面放置着捏制好的两排面偶，靠里的一排面偶中间是"lɑ³³u³³ y³¹ ʂ͡ĩ⁵⁵pʰy³¹ so³³he³³dɯ³³"，为居住在神山上的能分辨善恶的三位大神，两边则是名为"bər³¹y³³se³³do³³"的绵羊和牦牛守卫。靠外的一排面偶是五位"许冉卜波"，代表世间最早出现的五位东巴。在此簸箕的正后方倒置着一个铁犁铧，象征通往神域的"居那若罗"神山，犁铧顶上覆盖着白色羊毛，代表山上的积雪，羊毛上还插着代表祭木的柏枝，铁犁铧的两侧插着两面有战旗寓意的纸旗。靠左的簸箕底部同样铺满代表祭粮的米，上面放置着两个代表"端格"和"优麻"战神的面偶和骑虎战神"巴乌优麻"，骑犏牛战神"佐体优麻"，以及另外一位优麻战神的纸牌画。簸箕中还竖着法刀、弓箭、神杖和一块绘有纳西八宝的赎魂木牌画和一块上面绘有九头战神"格空都支"的木牌画。除此，簸箕里还放有白海螺一对、降魔杵一支、鹰爪一只、油灯一支、插着的香条若干，油灯后的米粒中还插着一张百元大钞。此簸箕的左边放置着净水壶一个，上面插着柏树枝若干，净水壶右前方还放着五幅冠一幅。在祭坛正中间簸箕的前方，并排放有两盏油灯和一个香炉，香炉居中，香炉前还供有一杯酒、一杯茶。此外在这个长桌上还供有瓜果四盘，盘中装有瓜子、苹果、梨、水果糖等物品，另有两瓶酸奶。

　　长桌前方有一张方桌，桌上放着仪式所用的东巴经书、扁铃、手摇鼓等物。方桌的东西两侧各放一条长凳，西侧的长凳上方挂着一个牛皮鼓，长凳的西侧有一株插在土块上高约 1.5 米的松树，此树是仪式中供和家祖灵休憩和享祭之所，树下插着写有两位非正常死亡者姓名的木牌一块。在离此神坛约 5 米处的院落中还设置有一个烧天香处，在高约 1 米的木质简易三脚架上支着一口装满松柏枝的铁锅，锅旁的小方桌上放有烧天香用的面粉、糌粑、酥油、酒茶、苦荞等物品。

　　以上为家中神坛和道场的主要内容。在此道场布置的同时，还有一个户外道场也开始设置。户外道场在离和邵晶二弟家约 300 米处的一块低地中，此地原先种植烤烟，现未种植作物。和秀东解释，选择这块地的原因是祭风仪式户外道场需要在河流旁的空地上设置，而这块地的东侧就是流向村外的一条河流。在道场的西侧竖着一棵高约 5 米的祭风松树，树中部设有一个稻草编成的蛋巢，里面放着数十枚鸡蛋，暗示鬼魂栖居于此。松枝上挂着绘有十二生肖动物形象的小木牌，代表在十二个属相年或一日十二个时辰不同方位上吊死的鼠、牛、虎、兔子、龙、蛇、马、羊、猴、鸡、狗、猪的楚鬼、尤鬼的木牌。在这棵树下用 12 块平头单色木牌画和竹条围成一个直径约 2 米的楚鬼、尤鬼鬼寨，这些木牌画分别是"尤孜构孜""构土希瓜"、"孜古羽勒盘"、"开美玖命金"等代表东、南、西、北、中各个方位的楚鬼、尤鬼和其他鬼族头目[①]，木牌画和竹条间还插着一些鬼旗。鬼寨中间悬挂着镇压鬼寨的看守——一条柳枝编成的狗和一只楚鬼、尤鬼的坐骑——稻草做成的马鹿。在离这棵祭风树七八米远东侧的低地处，插着白杨树做成的祭风树，在高约 3 米处横向钉着一根长约 2 米的木条，木条两侧各钉着两根长约 1.5 米和 0.5 米的木条，在长约 1.5 米的木条两端又钉有约 0.5 米长的木条。在木条与白杨树和木条与木条之间共有 9 个交叉处，用五彩线编织了 9 个被称为"雄贝纳卡"的菱形门，代表着鬼寨的天空之门。五彩菱形门的周围还挂着各色的纸花和鬼旗。以白杨树为轴心，约 30 块尖头彩色木牌画和鬼旗构成了一个直径约 3 米的呆鬼、佬鬼和壬鬼鬼寨子。这些木牌画代表着"肯孜呆尤"、"纳日唑补"以及东、南、西、北、中各个方位的呆鬼、佬鬼和壬鬼头目[②]。在两个鬼寨前方有一个用 18 根木条交插而成的一道城墙，此木条被称为"其神"之签，经书记载签头是用铁来打造的，18 位"其神"兄弟组成的护卫墙可以防止寨中的鬼逃出乱窜，"其神"墙长约 1.5 米，两侧放置着卢神石。该墙是鬼域和人间的界限，也将鬼寨和东巴仪式操作空间隔离。另外在祭风松树约十米远的西侧高地设有一个用 5 块上面绘有居住在东、南、西、北、中五方的署神头目的木牌画，和一个两侧同样绘有署神形象的木门围成的署寨，在各署神木牌画之间也插有五色旗若干，署寨直径约 0.5 米。

　　4. 仪式过程

　　2016 年 1 月 17 日上午 11 点，道场设置齐备，东巴祭司们陆续换上法袍准备举行仪式。随着三声由短及长的白海螺号声响起，祭司开始摇动铜扁铃、敲响牛皮鼓，祭风仪式开始。主祭司和秀东开始吟诵《设神坛经》，辅祭司和桂生、杨建华、和义也开始诵读主祭司分配的《撒祭粮》《为卢神沈神除秽》《请神经》《烧天香》等经书。以上经书是仪式第一阶段的经书，经文内容包含如何规范设置神坛并迎请神灵下凡参与仪式，为神灵除秽和供养神灵等，涉及撒祭粮、除秽、烧天香等仪式操作环节。之后主祭东巴念诵《大祭风·开坛经》，该经书讲述了大祭风仪式的起源和目的，交代了楚鬼、尤鬼、呆鬼、佬鬼等各种鬼族的来历。经书记载楚鬼是吊死鬼，尤鬼是殉情而亡的情死鬼，呆鬼是无头鬼，而佬鬼则是被猛兽咬伤致死的鬼，但呆鬼和佬鬼还包括另外所有遭受到意外事故非正常死亡的鬼。

---

　　① 鬼名称谓部分参见云南省社会科学院东巴文化研究所《纳西族东巴教仪式资料汇编》，云南民族出版社 2004 年版，第 263 页。

　　② 鬼名称谓部分参见云南省社会科学院东巴文化研究所《纳西族东巴教仪式资料汇编》，云南民族出版社 2004 年版，第 263 页。

各鬼族虽有各自的名称但具体区分上有交叉的情况，如自缢而亡的殉情者是尤鬼也是楚鬼。东巴教认为，各种鬼族的头目出现后，由于其作祟人间，会发生各类非正常死亡现象。因此，在各种意外发生后，要针对不同的事件举行对应的仪式协调人类与鬼族的关系，该仪式中，东巴祭司需将事主家族中非正常死亡者鬼魂赎回，放入正常祖灵序列。此后东巴们吟诵《点油灯经》《迎请其神经》《请卢神经》《求威灵经》《创世记》《白蝙蝠取经记》《迎请精如神经》《迎请卡冉占神经》等经书。以上经书主要讲述了如何迎请、供养经书所涉及的、被请来助战的各路大神，如何在仪式中求助大神的灵力，也讲述了人类学会卜卦的过程和大祭风仪式的基本程序。经书念诵的过程中，置于神坛上的油灯被点燃，面偶和铁犁铧上被涂抹上酥油供养。在念诵最后一本经书之后，主祭司和秀东还手持法刀在道场前跳起了迎请战神舞。跳完舞蹈，众东巴休息片刻，接下来和秀东念诵《解凶结经》和《抛弃结经》。念诵经书过程中，东巴将一条事先缠绕在和邵晶二弟身上的麻线用镰刀解开并切断，然后命人丢到鬼寨中，象征着给主人家带来灾祸的因结已被解开抛弃。与此同时，和桂生、和义等东巴诵读《除秽经》，拿着除秽火把在家里各个角落走动，为主人家除去秽气，最后和义东巴还拿着火把为两棵祭风树、鬼寨除秽。仪式完毕后，火把和除秽物品被丢弃到小河对面。之后东巴诵读《迎请萨依威登战神经》《迎请郎久敬玖战神经》，"萨依威登是美利董孜的战将，能战胜所有人类敌人，包括呆鬼、楚鬼、尤鬼。郎久则主要是用来对付呆鬼的战神。"[1]祭司诵经邀请两位战神降临神坛助东巴祭司完成仪式。

这两册经书诵读完成后，和秀东带领众人来到户外的祭风仪式道场，离祭风树约 20 米远的西北处高地是祭风仪式的户外神坛设置处。神坛坐西朝东，设置较简单，一张九头战神"格空都支"的神像被一根竹子固定在离地约 30 厘米处，神像前方置着一个簸箕，底层撒着作为祭粮的大米，簸箕内有"端格战神"和"优麻战神"的面偶各一个、五幅冠一个、降魔杵一支、法刀一柄、战神纸牌画三张、百元大钞一张，还有油灯一只。神坛右前方还烧了一堆火，由于祭司们更多时候需要在此神坛前诵经，所以火堆对冬天户外举行仪式来说是必备的。在和秀东东巴念诵《除秽经》的同时，助手们拿着柏树枝做成的除秽火把在仪式道场各处除秽，辅祭东巴在鬼寨和祭风树下插上点燃的香条。之后和秀东还念诵了迎请神灵经书片段，意为将家里神坛中的神灵也请到此仪式道场。众位祭司还诵读了《寻找祭

---

① 云南省社会科学院东巴文化研究所：《纳西族东巴教仪式资料汇编》，云南民族出版社 2004 年版，第 267 页。

祀楚鬼的办法经》《十二种牺牲来历经》《给楚鬼献饭经》《给呆鬼献饭经》《粮食的来历》《把牺牲交给鬼经》等经书，仪式过程中，助手杨荐用苦荞爆米花给两个鬼寨的鬼族施食。

图4—8　家中仪式现场（朱永强摄　2016）

祭司诵读这些经书的同时，一头猪、一只羊和一只鸡被辅祭和义及助手从家中设置的神坛前牵至事主家厨房中，围绕火塘转圈以后，又在厨房各个角落转了一圈，厨房里椽子上的烟灰也被刮下些许，连同三种牺牲被带至户外的仪式道场中。猪和羊的牵绳被固定在两个鬼寨附近，鸡被放置在用木牌画插成的鬼寨外，烟灰则被分成两份丢弃在两个鬼寨中。和秀东东巴解释说，三种牺牲和烟灰从厨房被带到户外的仪式道场，意为作祟家中的鬼族、之前家中凶死者的亡魂都一道被赶至鬼寨，加上之前木牌画上各类鬼族的头目，鬼寨中已经汇集了仪式中涉及的所有鬼族。原先制作好的、代表事主家中非正常死亡者的两个稻草人也被放置在鬼寨之外。而念诵以上的经文，意为给鬼族和祖先亡魂施食祭献。

在鬼寨前，和秀东念诵《射呆鬼猪》经，经文讲述了"鬼王美利术主将人族首领美利董主杀害之后世间出现了各种呆鬼。[1]"念诵途中和秀东拿弓箭对准黑猪做射杀之状，意为鬼族帮凶黑猪被和秀东扮演的"郎九敬玖"大神以桃木弓箭射杀。随后助手们将猪、羊和鸡宰杀，分别取了三牲的血涂抹在木牌画、祭风树和鬼寨内的各种物品上，表示以牺牲之鲜血给鬼族施食。之后又取了猪、羊和鸡的头尾，取各部位的肉少许煮在道场北侧事先搭建好的铁锅中，以待煮熟后给鬼族熟献祭。在道场的最南侧还有一个专门为风鬼头目"达勒五萨密"设置的小道场，一个高约30厘米的稻草人

---

[1] 东巴文化研究所编译：《纳西东巴古籍译注全集》第87卷，云南人民出版社1999年版，第110页。

被装扮成新娘的形象，稻草人安靠在一根竖插的竹子上，其前摆放着两盘祭品，内有瓜子、糖果、核桃等物，旁边还放着一碗清水。

图4—9　风鬼头目"达勒五萨密"（朱永强摄 2016）

之后众东巴念诵《放替身鸡》《找回凶死者魂魄》《从猛鬼中招魂》《制作木身》《用鸡给死者接气》等经典，经书涉及寻找、劝慰、安抚事主家中凶死者的亡魂，并用鸡给未得到照料就意外死亡的人接气等内容。

与此同时，和秀东吩咐助手和邵仑到离事主家约 300 米处的小河边，将两位非正常死亡者的亡魂与和家的历代祖先迎接回家，和邵仑与和家兄弟三人端着内装酒茶和煮熟肉饭的簸箕至河边，在和邵仑念诵《祭祖经》片段后，众人跪拜将祖先迎回。迎回的祖先被供奉在之前设置好的家中道场左侧祖先树下，树前放置着酒茶和饭肉，点燃的香条也插在树下。待和邵仑等人迎请完毕回到户外仪式道场，众位东巴祭司的经文也基本诵完。和秀东又请和邵仑将事主家中祖先树前写有非正常死亡者姓名的木牌抬至户外仪式道场并放在鬼寨前。随后和秀东念诵《迎接胜神祖先经》《定五色缨子经》《给死者献冥衣》和《把死者接在历代祖先之后经》，以上经书的主要内容包括：将死者历代祖先请到仪式道场受供奉、为死者制作五色缨子并让非正常死亡者灵魂归于五行、为非正常死亡者的亡魂献上坐骑衣物、让死者灵魂回归正常死亡祖先灵魂群体中等。念诵完毕，众人拿着写有两位非正常死亡者名字的木牌和置有牺牲的簸箕回到家中神坛前，将木牌和簸箕放在祖先树下。和秀东开始吟诵《祖先献饭经》和《祭祖经》，事主家人抬着准备好的酒茶和肉饭放在祖先树前集体磕头祭拜。经书念完，和秀东告知和家众人，已经将两位逝者的亡魂从鬼族中招回，并已经送入先祖鬼序列中，未来可以正常地祭拜了。之后众人午餐。

在纳西文化中，非正常死亡者因为临死时没有得到家人照料，断气时未能及时将由米粒、茶叶和碎银等物品构成的口殓置入逝者之口，被认为是未能得到"萨萨"者，死后亡魂往往会成为孤魂野鬼。会因不能享受到家人供奉的牺牲、无处安身等原因而变得暴戾邪恶，并与各种作祟鬼一道危害人间日常秩序，给家庭带来意外事件。此环节中，通过一系列仪式操作，东巴祭司将非正常死亡者的亡魂从作祟鬼中招回，放到正常祖先鬼序列，以后这些亡魂便能享祭，也不会再找事主人家的麻烦。

图4—10　众祭司吟唱《鲁般鲁饶》（朱永强摄 2016）

约下午4点，仪式参与者回到户外的仪式道场，助手们用在道场煮熟的肉饭给鬼寨施食。太阳落山后，众位祭司一同吟诵祭风仪式代表性经书，东巴教三大史诗①之一的《鲁般鲁饶》，该经书记载了世间第一对殉情的男女"孜古羽勒盘"和"开美玖命金"的殉情故事。故事主人翁原本是一对牧场放牧的男女青年，相恋后不能生活在一起便双双殉情而亡。经书中给世人描绘了一个"红虎当坐骑，白鹿当耕牛"，没有烦恼、没有忧愁的世外桃源"玉龙第三国"。旧时东巴诵读此书时会故意将鼓声敲得很响，以防参与仪式的青年男女听见，曾传，不少男女青年因为听信了经书中的诱人描述而走上殉情之路。②该经书吟唱腔调优美，音韵感极强。本次吟唱过程中按例有东巴吹笛、吹树叶伴奏，仪式观看者皆被凄美动人的唱经旋律和独特的仪式表现形式所吸引。约晚8点，该经书吟唱完毕，众人离开仪式现场。

1月18日上午9点，笔者到达主人家时，前夜在户外道场值夜的祭司杨建华刚好起身。约9点半，仪式从家中的道场开始，祭司吟唱《烧天香经》《点油灯经》，在烧天香处祭点天香，将点燃的香条燃插在神坛前，并往油灯中添加香油。之后主祭司和秀东吟唱《迎请战神》经书片段，并在神坛前一手拿鹰爪、一手拿铜扁铃，跳起战神舞。此环节意为供养昨日

————————

①《从般从饶》(《创世纪》)、《鲁般鲁饶》(《殉情之歌》)、《董艾术艾》(《黑白战争》)被誉为东巴教的三大史诗。

② 笔者90岁高龄的舅奶曾讲述自己年轻时为偷听该段优美的东巴经，而在东巴诵经时，邀人故意将沾水的手帕蒙在东巴鼓上，好让鼓声变小能听到东巴诵经，至今舅奶还会吟唱该经书部分经文内容。

迎请在神坛中的各路神灵，祈求神灵在今日的仪式中也能为祭司开展仪式助战。事主家属抬着装有酒茶、肉饭的簸箕给先祖祭献饭食。

随后众人来到户外的仪式道场，辅祭司在神坛前点燃香条，在鬼寨和祭风树前也插上香条。接着，助手抬着一桶饭食，用一个大铁勺舀出来撒向鬼寨和祭风树，给鬼族施饭。主祭司和秀东则在"达勒五萨密"祭坛前诵读《祭风神娘娘经》，给以其为代表的云鬼、风鬼祭献食物，"达勒五萨密"面前的清水也换了一碗。因为旧时纳西族迎新娘进门时要用一碗清水，故此清水是给出嫁当日成为风鬼的新娘"达勒五萨密"的必备祭品。

之后祭司在署神寨前诵读了《给署神和尼除秽经》《安抚署神经》《偿还署索取的债》等经文。署神通常被认为是掌管自然的神灵，原本是与人类同父异母的兄弟，和人类分家之后掌管山谷、森林等远离人类村庄之处，念诵此书意为主人家因日常活动而破坏自然、污染环境并得罪了署神，仪式中要向署神忏悔，为自己赎罪。因为和家的署神潭①已经荒废，经书念诵完毕，署神木门和木牌画被辅祭和义、和邵晶二弟、三弟等人拿到离仪式道场约 2 千米西侧山上和家一块地中。此处为原来和家取水处，树荫中的水源尚未完全干涸，和义将木牌插着水源处附近，意为新设祭署神潭。木牌插好后，还在上面抹了酥油，并在署神潭四周插上点燃的香条，众人跪拜磕头后下山。

下山后，主祭司带众人回到家中。按主祭司要求，仪式主人家所有亲属都跪在神坛左侧象征祖先栖居之树前，之后，和秀东念诵《祭祖经》，给两位在之前仪式环节中已放入祖灵行列的逝者灵魂和历代祖先祭献食物，并将两位新增者灵魂托给和家祖先，嘱托祖先在魂归路及未来照料好。家属成员磕头跪拜后，写有两位逝者名字的牌位和装有牺牲的簸箕被仪式助手抬至和家后院菜地，放置在一棵高约 10 米的香柏祖先树前，仪式助手燃香献饭，众人则在树下再次跪拜。之后回到家中，和家招呼众人吃午饭。

下午 2 点左右，户外道场仪式再次开始。此环节中，众位东巴需要诵读经书让两个鬼寨中的鬼族享祭，之后劝解、驱赶鬼族离开仪式道场，回到各自领地。首先，和秀东在祭坛前诵读《说难道易经》，经书极力描绘了鬼地的安乐生活，规劝吊死鬼勿要留恋活着的苦日子，离开人世回到楚鬼、尤鬼聚居的地方。随后，东巴在壬鬼鬼寨前诵读《分出壬鬼经》，将壬鬼从鬼族中分开送回领地以减少对人类的危害。而在呆鬼、佬鬼鬼寨前，需要念诵《呆鬼的出处来历经》《偿还呆鬼的债经》等对应的经书。在仪式的末尾环节，众位祭司诵读《到九个地方退送鬼经》《迎请优麻战神、

---

① 旧时，每个家庭或家族都有自己的署神潭，一般在自家打水的水源处。

端格战神经》《抛弃卡里面偶》《镇压楚鬼经》《捣毁楚鬼寨经》《砍倒
黑树经》《烧毁壬鬼寨经》《捣毁呆鬼寨经》等经书,以上经书分门别类
地将各鬼寨中的鬼族送走。念诵过程中,和秀东东巴拿着法刀砍向两棵祭
风树,砍断鬼寨中拴住柳条狗的绳索,并刺向稻草鹿。经书念诵完毕后,
鬼寨的木牌画被辅祭司破坏,鬼寨被捣毁,两棵祭风树被拔倒。随后,辅
祭司在道场东侧的小河边燃起一堆火,仪式道场中的木牌画、祭风树等所
有物品都被搬到火中烧毁。

随后,众人回到家中神坛前,在主祭司和秀东的带领下大家开始诵读《大
祭风仪式·结尾经》,目的是为祭祀活动做扫尾工作,"让鬼和活人的魂魄
彻底分开,不再让楚鬼和尤鬼纠缠活着的家人,不让祭祀过的楚鬼、尤鬼返
回伤害主持祭祀东巴和这一户人家"[①]。之后祭司诵读《把本丹战神召集起
来·送战神经》和《送神经》,将参与户外道场仪式、帮助捣毁鬼寨的
本丹战神和其他下凡助战的诸位大神送回神界。最后一本经书为《开脱
罪责经》,祭司诵读此经书的同时将自己身上的法袍、发帽等脱下并拍
打抖动,意为将仪式中的过失罪抖落抛弃,不让自己在仪式中受到伤害,
之后祭司和参与仪式的众人向神坛磕头跪拜。仪式宣告结束,祭司收起
祭坛上的法器物品。

表4—1　　　　　　　　　2016年新主村大祭风仪式主要环节

时间 \ 内容	大祭风仪式主要环节
1月16日	仪式所需物品准备,主要包括:祭风树、木牌画、面偶、柳条狗、稻草鹿等
1月17日	一、设神坛;二、除秽;三、请神;四、供养神;五、招各类非正常死亡鬼族的头目,家族非正常死亡鬼;六、施食鬼族;七、从鬼族中将祖先鬼分离;八、为家族非正常死亡祖先鬼者招魂、接气;九、将非正常死亡祖先鬼放入正常祖先序列;十、祭祀祖先;十一、安抚鬼族
1月18日	一、烧天香;二、醒神,请神,供养神;三、施食鬼族;四、小祭署神;五、送署神,新建署神潭;六、祭祀祖先;七、送祖;八、还鬼债、送鬼并捣毁鬼寨;九、送神;十、脱祭司过失罪;十一、撤神坛

在仪式过程中,东巴祭司是仪式的焦点,作为在仪式中沟通神、人与
鬼族的媒介,祭司是集三种身份于一体的参与者。而将事主家中非正常死
亡者亡魂放入正常亡魂序列则是仪式的核心与最终目的,仪式效果需要通
过未来事主家中生活是否能回归正常,避免如非正常死亡等类似偏离日常
秩序事件的发生来检验。

---

① 云南省社会科学院东巴文化研究所:《纳西族东巴教仪式资料汇编》,云南民族出版社 2004 年
版,第274页。

5. 仪式相关问题探讨

作为新主资历最老的东巴，和圣典并未在此仪式中出现。和邵晶表示，仪式前曾到和东巴家中邀请他主持仪式，但因故推辞，后和圣典东巴向笔者证实了这一点。然而，除了期间要参加侄女的婚礼外，和东巴拒绝主持仪式其实另有隐情。东巴解释说，他不愿意参与这类"过失罪"极大的仪式，因为参与此仪式有伤及他自己和家人的风险。一直以来，和圣典东巴都极少参与村中除开丧外的非正常死亡者相关仪式，这也是他与和桂生东巴的区别之一。和桂生东巴自 1月 16 日仪式准备之日起，至 18 日晚仪式完成，每日早出晚归一直在和邵晶二弟家中参与仪式，作为仪式辅祭司，他积极配合和秀东完成仪式，极

图 4—11 主祭司和秀东（朱永强摄 2016）

其敬业。和桂生自担任东巴祭司以来，平时只要有人来家中邀请，若不与其他仪式时间冲突一般不会拒绝。

祭风仪式作为纳西族三大仪式中最迟在新主恢复者，固然有其特殊性使然，但也反映出祭司缺失的现实。据了解，在本次仪式之前，新主东巴中尚未有人参与过祭风仪式，和圣典东巴家中虽有几册大祭风仪式的经书，他也能识读，但一直未曾使用过。而在丽江范围内，仅有少数东巴有主持这一仪式的能力，一来，祭司需要掌握较多的经典和繁杂的规程，再者，还要愿意并能够承担仪式带来的"过失犯罪"。和秀东表示，与 20 年前相比，祭风仪式日渐衰弱，当前仅四川、宁蒗等地一些纳西族村落还有流传。他回忆，在自己年幼时塔城曾多次举行此类仪式，毋需主祭司分工，各东巴会按照惯例制作完成各自不同的道场所需物品。至 2016 年 1 月，新主东巴学校作为"国家级非物质文化遗产东巴画"传承基地已开展 6 年共 8 期的东巴文化培训班，然而新主东巴中竟无一人会单独绘制祭风仪式所用木牌画，问题可见一斑。而在仪式的具体环节方面，和桂生表示，仪式期间他曾与参加过这一仪式的和力民老师讨论，发现本次仪式被省去了众多经书和操作程序。据笔者统计，本次仪式使用东巴经书 60 余本，花时三天。这与历史上动辄使用上百本经书、费时七八天的传统还是有较大出入，其中有些标志性的道场设置和仪式环节也被省略。按照以往的经验，这一方

面是仪式恢复中惯常出现的状况，另一方面也会受主人家具体要求等客观条件的影响。

在仪式开展半年后的回访中，和邵晶介绍说，七个兄妹在为期三天的仪式中共出资两万余元，其中不包含自家产的米、面、油，养的鸡和猪等物品。他补充，此次仪式本来可以申请相关部门资助一部分经费，但考虑到是处理自己的家事，就放弃了这一做法，他还表示此次仪式的规模和仪式所用牺牲数量都是与主祭东巴和秀东和众位兄弟讨论后决定的。仪式之后，除了表现出极大兴趣，从小在城里长大的儿女和孙辈尚未能理解仪式行为，而和邵晶与诸位弟妹则感觉心中多年的愿望得以实现。他认为仪式是对意外过世的家人的安抚和对家族东巴传统①的交代，也是对历经多次意外事件发生的家人们的心理慰藉，并希望未来家中后辈能对东巴文化产生兴趣，继承家族东巴文化传统。而此次祭风仪式的恢复，也在丽江产生了一定的影响，多位丽江文化部门工作人员和外地东巴祭司都表现出对仪式恢复的关注和认同。可以看出本次仪式的恢复由多种因素促成：家人意外死亡的现实需求、较好的经济条件保障、家族东巴文化传统和开放的文化环境等动因缺一不可，仪式的恢复对举办家庭和社区也带来了一定积极意义。

任何仪式都是通过一种戏剧化的方式，表达人们对日常生活的理解和对特定生活事件的认知、处理，以及对特殊生活经验的反思。而仪式空间中，参与主体通过"表演"和"仪式语言"将"神圣空间"和"世俗空间"熔于一炉。神坛和鬼寨是与日常生活对应的两个空间，东巴祭司、助手与事主作为仪式的不同角色，在这些空间中通过吟诵经书、舞蹈、供养、施食、跪拜等仪式语言实现仪式的运转。在这个过程中，"作为人类社会的另一种意义表达，宗教的超验性和神秘性起到了关键作用"②，仪式主角东巴祭司通过与神灵、鬼族和事主的对话，用超验和神秘的宗教体验解答和处理日常生活中的特殊事件和关键问题，这既是一种仪式技巧的体现，也是对现实需求的回应，社会秩序因此得到修正和巩固。

四　东巴文化传承小组及仪式活动

在新主村，除了东巴学校每年开班时候组织的各种教学仪式，每年的祭天仪式、祭司"丁巴什罗"仪式和开丧、坟地开光等仪式之外，近年村中还自发成立了一个东巴文化传承小组，每年在不同组员家中聚会，举行

---

① 和邵晶介绍，自己曾祖辈也是村中东巴。

② 杨筑慧：《传统与现代——西双版纳傣族社会文化研究》，中国社会科学出版社2009年版，第286页。

各类仪式。

（一）小组成立的缘起及成员

2013 年，在和圣典东巴的组织下，新主东巴群体成立了一个东巴文化传承小组，该组织每年都在内部流转开展祭祀仪式活动。2012 年 12 月，在和圣典之子和茂俊的婚礼上举行了请家神仪式，丽江东巴文化研究所和力民老师担任仪式主持，以和圣典弟子为主的新主东巴群体也参与了仪式。婚礼之后，以此次仪式参与东巴祭司为班底，成立了东巴文化传承小组。组员有和圣典、和春生、和秀文、和义、和国新、和金文、和乾以及巨甸籍现服务于玉水寨的和学东。从人员构成来看，几乎囊括了除和桂生以及弟子之外的所有新主东巴祭司。和圣典表示，这个组织独立于东巴学校之外，是民间自发形成的东巴文化传承组织。组织按照成员自愿组建，相互帮扶、集体参与的原则开展仪式活动。至今在成员家中已经开展了包括请家神、祭署、求吉等六次仪式，创建了一个

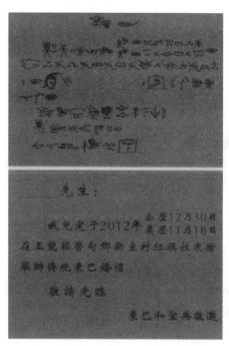

图 4—13　和茂俊结婚请柬（朱永强摄 2015）

新主东巴相互学习、交流的文化实践平台。

（二）开展的活动

1. 仪式开展基本情况

2013 年小组成立之后开始组织策划仪式活动，从 2014 年 2 月举行第一次仪式到现在，共组织了六次仪式（见表 4—2）。

表 4—2　　　　　　　　新主东巴文化传承小组仪式统计

序号　　　项目	仪式时间	仪式名称	主办者	参与者	活动缘由
1	2014 年 2 月	祭家神	和义	组员	独子结婚
2	2014 年 8 月	烧大天香·求吉	和义	组员	长孙满月

序号　项目	仪式时间	仪式名称	主办者	参与者	活动缘由
3	2015 年 1 月	烧大天香·求吉	和春生	组员	
4	2015 年 1 月	烧大天香·求吉	和义	组员	
5	2015 年 5 月	祭署、烧大天香	和国新	组员	干旱求雨
6	2016 年 5 月	烧大天香·求吉	和圣典	组员和树杰	

从上表可以看出，传承小组共开展了 6 次仪式，其中 2014 年 2 次、2015 年 3 次、2016 年 1 次；举行了祭家神、烧天香·求吉和祭署神三种仪式；主办仪式东巴一共 4 位，其中和义东巴主办 3 次，和春生、和国新、和圣典各 1 次；仪式参与者主要是小组成员；其中的 3 次仪式有明确的原因和诉求，其余 3 次则无。

2. 和义家中的祭家神仪式

家神纳西语称"素"，故此仪式又被称为"素库"，"素"又被译为家庭或家族成员的集体灵魂。学者对纳西语"素"或"祀"一词，有不同的解释，大致有"家神"、万物有灵到神灵阶段的"过渡性存在""集体灵魂""个体灵魂""生命之神"等几种定义。①东巴祭司通常用"素"一词指称家神。一般在纳西族的传统民居中，厨房内有一根柱子被称为"吉美某杜热"，意为"母房中的顶天柱"，在这个柱子上挂着一个家神"素"栖居的竹篓，里面放置着素桩、素桥、素塔、素梯、素石、素弓箭、素流苏等物品。因为家中的素篓已经遗失，善于制作东巴法器的和义东巴在仪式前又重新制作了素篓内的所需物品。小组成员中绘画能力最强的和金文东巴帮和义绘制了一幅素神的守护者五谷神"诺托森"卷轴画，仪式中该神像又被重新请回挂在了和义家火塘神龛位置。仪式使用了《设神坛经》《除秽经》《撒祭粮经》《点油灯经》《迎请素神·给素神献牲经》《迎请素神·点药经》《素米古》和《迎送亲·颂辞》等经典。在诵读《迎请素神·给素神献牲经》时，要举行"'素潘'（往生命神桩上'拴生命神'）环节，突出地反映了人们力图把一个家庭中属于不同血缘关系的人的生命神一体化的意识"②，在丽江鸣音等地此环节中，东巴边念有关素神箭来历的经文，边把一对新人辫梢取下，混合拴在素神箭杆上，表示两人的结合，

---

① 参见鲍江《象征的来历——叶青村纳西族东巴教仪式研究》，民族出版社 2008 年版，第 93 页。
② 杨福泉：《东巴教通论》，中华书局 2012 年版，第 179 页。

从此女方的灵魂进入男方家的家神篓中并与男方捆绑在一起无法分离，成为男方集体灵魂中的一份子。在《迎请素神·点药经》念诵之时有一个"罢玛巴"的涂抹酥油仪式环节，两位新人需要跪在东巴祭司面前，祭司将代表福泽的酥油抹在两位新人的额头，为新人祝福。

新主东巴学校曾于2012年底开展了以教授祭家神仪式为核心的传统仪式培训班，之后村中新人结婚也有举行此仪式者，如和灿峰东巴在2013年结婚时就在家中举行了请素神仪式，杨政元、和应龙等年轻东巴表示未来有在家中举行该仪式的计划。新主东巴也曾多次到丽江各地，帮助新婚家庭恢复请家神仪式，从中可以看出请家神作为求吉祈福类的仪式，在未来有较大的发展空间。

3. 2015年的祭署仪式

2015年5月，在和国新东巴家附近的一处水源地举行了一场祭署仪式，此次仪式试图通过向自然神"署"偿还欠债、忏悔感恩，祈求大旱之年风调雨顺。2010年，东巴学校曾经开展过祭署仪式的教学实践活动，向学员教授了部分仪式经文。和国新家主办的祭署仪式持续三天，使用了羊、猪、鸡等牺牲祭献，与往常一样每位小组成员资助仪式主办者和国新人民币200元。"新主地区祭署仪式不是每年必做，而是隔一两年后年做一次，以求风调雨顺，人畜平安"①。以前此仪式一般费时三天，第一天为仪式前物品准备，神坛、鬼寨和署寨的设置，仅仪式所用的祭署木牌画就要绘制80余块。第二天，主要开展除秽和祭献牺牲，分为生祭、以煮肉的汤沫祭祀、熟祭、除秽和洗秽等环节。第三天为祭署，此日不杀牲、不献牲。主要有以下程序和内容。

第一，在鸡鸣之时东巴祭司唤醒署神、开署门，然后在署神潭用牛奶和大米给署施药；

第二，东巴在神坛前点油灯、烧天香，迎请诸神相助杀猛鬼、恩鬼，之后送走傻署、看门署；

第三，祭司来到署神寨前为参与仪式的东巴招回可能会在仪式中受惊吓的魂魄，并将绘有八宝图案的招魂木牌从署神寨取回；

第四，东巴用一只小鸡仔向署神许愿；

第五，祭司为仪式主办家庭牵署神寨的富贵；

第六，拆署神寨、分署神的财物；

第七，送署神，将署神寨的五方署头目木牌画插到署神潭周围。

———————————

① 云南省社会科学院东巴文化研究所：《纳西族东巴教仪式资料汇编》，云南民族出版社2004年版，第48页。

　　此次仪式使用了《祭署仪式概说经》《设置神坛·撒祭粮经》《署神的出处来历经》《请署神经》《烧天香经》《用白山羊、白绵羊、白鸡偿还欠署神的债经》《求雨经》《署鹏争斗经》《丢弃傻署经》《开署门·"丁巴什罗"给主人家降福分经》《建署塔经》《给署神许愿·给署神施药·偿署神债经》《招魂经》《送署神经》等为代表的 60 余本经典。其中《署鹏争斗经》（《修曲署艾》）为东巴经中家喻户晓的经典，经书记载人类因为破坏自然环境，侵犯了署神生存的领地而与同父异母的署神发生了争斗，东巴教祖师"丁巴什罗"派遣神鹏"都帕修曲"降服了人首蛇身的署神，之后人类与署神达成互不侵犯的约定，人类从此也学会了爱护环境、尊重自然，与署神和睦相处。

　　和圣典东巴介绍，在祭署仪式完成之后，和国新家房屋背后的署神潭中原先流出的小股泉水在一声闷响之后突然变大许多，据悉参与仪式的多位祭司当时还用手机拍下了潭水变大的照片。传承小组在旱灾之年举行的祭署仪式有着特殊的意义，既是对祖先生活经验的追溯模仿，也是一个在当下以传统文化智慧缓解人与自然紧张关系的案例。在至今仍是以农业生产为主导的纳西族社区，人类与自然界和谐共处的场景并不少见。"东巴文化中人对自然界'欠债'的观念有利于约束人对自然界的开发行为，凝聚着纳西先民从人在自然界的生存经验中总结出的朴素而充满真理性的非凡认识"[1]。在纳西人将掌管自然之神"署"视为与自己同父异母兄弟的观念中，我们也能体会到纳西族人与自然为亲、天人合一的生态观，以此反观工业文明，层出不穷的各种自然灾难，对我们如何尊重自然，调整与自然的关系有重要的启发意义。

　　4. 2016 年的求吉仪式

　　2016 年 5 月，在和圣典东巴家中举行了烧大天香·求吉仪式，仪式主祭司由巨甸东巴和学东[2]担任，小组成员以及和圣典弟子和树杰担任辅祭司。和圣典原计划在 2015 年腊月举行此仪式[3]，但因与其他地方仪式时间产生冲突，便改在 2016 年 5 月举行。在小组成员举行的 6 次仪式中，有 4 次为烧大天香·求吉仪式，可以看出仪式在成员中较受欢迎。烧大天香·求吉作为一种祈福类的仪式，除了旧时一般在农历腊月举行的时间限定外，对仪式地点、所用牺牲等没有什么太高要求，所以在一般的东巴家庭也比较容易开展。且因仪式中有求吉、求洁等内容，故也有小

---

　　① 杨福泉：《东巴教通论》，中华书局 2012 年版，第 500 页。

　　② 和学东原籍鲁甸新主，后家族迁至巨甸，现为玉水寨东巴学校教师，在年轻东巴中具有较强的实力。

　　③ 岁末为求吉、退口舌仪式的传统举行时间，但和家原定时间与玉水寨杨文杰东巴家仪式时间冲突，考虑到部分东巴需要两边参与，和圣典东巴就调整了自家仪式时间。

孩满月（和义家）的时候在家中举行此仪式的情况。该仪式环节包括设神坛、请神、供养神、给面偶施食、解除家里的秽气、为家户求吉、将面偶抛弃、送神和小祭家神等内容，仪式中使用众多的面偶，代表神族和供养的牺牲。仪式使用《设神坛经》《接水汽经》《请神经》《点油灯经》《烧大天香经》《请里多面偶经》《请萨达戈多面偶经》《送里多面偶经》《送萨达戈多面偶经》《送神经》《小祭家神经》等十余本经书。传统纳西族东巴教仪式在祭神禳鬼之时多会杀牲取血祭祀，但求吉仪式中，因涉及主人家偿还日常在水源地杀牲污染环境欠债的仪式内容，所以在具体仪式操作中避讳血祭和食肉。在和圣典家举行仪式当日，祭司及家属午餐食素，但由于念经做仪式耗费心力，所以晚餐也增加了肉食，这也是东巴仪式中较为独特的现象。

当问及仪式是否达到了效果时，和圣典东巴表示：

仪式不错，确实起到求吉的效果了，一个月之后阿俊（和茂俊）得了副主任的职务（当选为村委会副主任），家里也是顺利的没有病痛，只能是这样的效果了，不可能天上掉下一块的，有了付出心想事成就不错了。

和圣典东巴较为认可家中举行的求吉仪式，并把儿子当选村委会副主任与仪式活动联系在一起。将仪式与日常生活事件普遍联系已经成为新主村民的习惯性思维方式。本次仪式由于没有使用牲畜，所以开支较小，一共花费 2000 余元，按花销总额比例，每位小组成员资助了 100元。和义东巴因为赴鲁甸主持开丧仪式，所以当天未参与小组活动。除小组成员外，和圣典的徒弟和树杰也被师傅邀请参与此次仪式。东巴传承小组下次仪式活动时间目前尚未确定，但和圣典表示明年一定会有成员举办。

小　结

新主村的传统仪式中断约 30 年，从 20 世纪 80 年代仪式传统逐渐恢复至今，又过了 30 多年。最早恢复的开丧仪式现在已经成为新主村丧礼中的必备环节，祭天、祭风、祭署传统三大仪式也已经在新主悉数开展。一方面，80 年代以来国家对内改革、对外开放政策的实施逐渐营造出传统文化复兴的大环境；另一方面，在传统文献整理抢救、旅游开发等因素刺激下，新主村东巴群体开始依据传统文化基因，逐渐恢复中断多年的民间传统仪式。这些仪式的恢复不仅是传统文化复兴的标志，也是村民对东巴文化再认识的过程，在这个过程中存在对传统文化的选择性继承的现象，而这种在不脱离文化土壤条件下的文化自觉也保证了文化未来发展的持续性。作为纳西族东巴文化中的核心构建，传统仪式无论对东巴文化本身的存续抑或是对纳西族社区的和谐发展而言都有重要意义。村中传统仪式的恢复也反映出"大东巴之乡"新主村，在新时期以民俗仪式开展这一最能体现东巴文化本真及多重社会功能的方式，为纳西族传统文化的存续所做出的积极探索。

第五章 东巴之间及"他者"

和圣典与和桂生是当下新主村最有影响力的东巴，彼此之间不仅有亲缘关系，且在许多东巴文化传承活动中还有交集。但他们之间由于各种各样的原因所产生的不融洽关系在新主村已经是众所周知的事情，甚至在丽江东巴文化界，大家对他们两个人的微妙关系也颇有微词。两位师傅的立场自然也影响了各自的弟子，两边的弟子们虽无公开的矛盾，但在内心却也暗自较着劲。东巴学校正、副两位校长在学校建设之初就已产生分歧，目前，两人公开化的冲突亦成为学校发展的制约因素。从长远来看，两位东巴师傅之间的关系处理将会影响群体团结和祭司东巴文化实力的提高，两位校长各自的立场将左右未来新主东巴学校社会影响力提升和人才培养的推进。

一 舅舅与外甥之间的关系

和圣典与和桂生同为村中的东巴，且还有亲戚关系，不过这层关系除了被村里人知悉外，并未在他们日常交往中发挥任何作用。

（一）舅舅与外甥的相互印象

据和桂生的母亲介绍，在她奶奶怀孕 7 个月时，他爷爷便去世了，生下其父 9 个月后，奶奶改嫁给和圣典的爷爷，之后生下和圣典父亲，和圣典的父亲与她父亲成了同母异父的兄弟。然而祖辈的这层血缘关系延续到了和圣典与和桂生这对舅舅与外甥身上时，却没有体现出血浓于水的乡村亲属亲近感，相反，彼此之间还有一些心生间隙。

1. 外甥对舅舅的期待

东巴学校建立之初，和桂生与和圣典都是学校的副校长，但和圣典在与学校班子几次合作之后就退出了，个中原因不得而知。除了每年正常开班时间外，学校实际负责人和管理者只剩下和桂生一人。平日里他一边要去丽江各个部门走访申请经费，一边还要指导学生抄经学习，且要随时到各地主持仪式，面对这样的情况，和桂生自然希望村中东巴资历学识都最好的舅舅也能参与学校的日常管理与教学。

和桂生：舅舅应该来帮忙的，我扛了左手，舅舅应该来扛右手，这样我就可以大放宽心地去做了，你说是不是？我没有说什么不同意见，舅舅和外甥，一个左手一个右手就可以把学校事情做得更好。抄写经书这个事情，本也是想请他来学校指导这些孩子，该回报的地方我们也会好好给他，但最终还是没有做到。

然而，除了开班期间外和圣典始终游离于东巴学校之外，据说 2016 年有一个月他在学校抄写经书，之后便与学校无更多纠葛。对于和圣典的做法，和桂生认为是由于舅舅缺乏责任心，没有将新主东巴文化发展当作自己的事业，满足于自己主持仪式和药材种植的收入。但是除对舅舅不参与学校管理的不满外，和桂生对和圣典的东巴文化水平，以及舅舅对自己的态度却鲜有微词。

和桂生：我舅舅的东巴经书让他反着背他也是能背得出来，他的经书掌握在新主是第一了。表面看我会和他顶嘴，但是实际上他不会说我半点不好，只会说我辛苦、我可怜。我舅舅曾说如果没有我的话这个学校早就不行了，这是我和你说的实话。

不愿抛头露面的和圣典，在和桂生眼里显得过于低调，认为他在自我宣传、扩大影响方面还有待提升，如他认为舅舅组织的东巴文化传承小组活动可以通过媒体推广宣传，借以扩大影响，但舅舅却不擅此道；他表示，在舅舅参与"云南省省级非物质文化遗产代表性传承人"评选和入选"云南省东巴文化保护与传承协会"理事等过程中，他也曾积极奔走，对此舅舅不一定知情。他感慨这是自己从新主东巴文化发展大局考虑而做的工作。

2. 舅舅对外甥的印象

对于和桂生，和圣典鲜有溢美之词，一方面他认为和桂生多年的东巴学校管理工作极为艰辛，是他使学校能有今天的局面，尤其肯定了他在经费申请方面无人能替的作用；另一方面他对和桂生的学校管理和仪式主持提出了看法，认为和桂生因自己的身份和职责没有理清，所以长期未能处理好与校长的关系。另外，他还觉得和桂生在仪式主持方面过于大胆，什么仪式都敢主持，指出和桂生屡次在仪式主持过程中出现纰漏和问题，授人以柄。

和圣典：他这个工作难做，但他也不太会做，担任副职的话辅助正职就可以了，正职没有时间你就抵上去，像他有时候就会去做副职不该做的事情了。但是厂长（指和桂生）要钱很厉害，去各个单位跑，书记没有这个能力，也不会去做。

而对学校自成立以来账目由和桂生的弟弟和桂军管理之事，和圣典认为这是他公私不分的表现，指出这是极易产生经济问题的。而谈到和桂生与和邵忠的关系时，和圣典表示在各自政治、经济利益的驱使下，他们不可能成为真正的合作者，自己不愿意与东巴学校发生太多的关系，也有这方面的原因。而在东巴文化教学方面，东巴天分极高但有失严谨认真，是教师出身的和圣典对外甥的评价。

和桂生对东巴学校做出的贡献是村民有目共睹的；他与和邵忠的分歧主要源于对学校的实际控制权的争夺，其实也是文化实践者和决策者之间的矛盾；而忽略仪式主持中存在的小细节问题，有求必应，是和桂生对于旧时东巴文化传统的大胆继承与发扬。

（二）他人的评价

1. 对和邵忠的评价

作为新主村委会书记兼东巴学校校长，和邵忠是日常与两位东巴接触最频繁的人之一。在他看来，和桂生胆大鲁莽、口无遮拦，而和圣典则过于谦虚谨慎，东巴水平和汉文水平都高于和桂生。

和邵忠：和桂生是不知道的也会乱说乱干，和圣典老师是知道，但是他不出头，该说的地方也不会说，会悄悄的。文凭（汉文化）来说他们也是差了很多，和圣典是高中生，可以用汉语来解释东巴经书，和桂生是不行，写个字都是歪歪扭扭的，现在学生都比他写得好了。

和邵忠的评价有客观之处，但也不可避免地掺入了他与和桂生由于在学校管理方面分歧而产生的情绪。由于最近两年学生持续抄写东巴经书，水平提高较快，和桂生书写水平被学生超越也是一个客观的事实。对于和圣典，和邵忠认为他是新主不可多得的人才，在新主村能获得和邵忠这样的评价者并不多见。

2. 对和金文的评价

对于和圣典与和桂生，他们各自的弟子有着大致相同的评价，即认为和圣典博学低调、保守传统，和桂生敢说敢做但缺乏细致。作为与上述两位没有师承关系的新主年轻东巴，和金文对两位东巴和他们的关系有自己的理解。他认为劳心劳力的和桂生虽很有想法，但是在具体管理学校和教学实践方面还是有较大的欠缺；评价和圣典老师是东巴学校教师中教学方法运用最为合理，教学效率较高的一位。

和金文：学校的主要问题就在管理上了，教学也受影响了。比如前期已经学完一轮了，但上课看不出老师的教学步骤，学员好像也没有学习计划，导致效果提不上去，有时上课连课程表啊什么都没有。现在唯一能做到有课时规划的就只有和圣典老师了，因为他有当老师的经验。

谈到和圣典一直未能如和桂生所愿参与学校管理与教学工作时，和金文觉得这是因为和桂生没有给和圣典创造足够的条件，另外他认为，未来和邵忠与和桂生的关系若不能处理好，那东巴学校后期发展将陷入困境。

和金文：厂长（和桂生）想让和圣典来的话要给他来的路啊，没有路怎么来，因为他毕竟不是学校领导只是教师，教师的话完成教学就行了。

笔者：厂长和书记好像也是关系不好是吧？

和金文：也遇到一些问题，他们的关系要好，否则有朝一日东巴学校就会拜拜（倒闭）了。厂长有些想法是好的，但想法总归只是想法，他不知道如何去实施，不知道如何具体操作。

和金文的看法也代表了新主大多数关心东巴学校发展状况之人的意见，受制于和桂生与和邵忠关系的影响，本应在教学中发挥一己之长的和圣典一直游离于学校组织者团队。

在与和桂生的交流中，他经常会和笔者说的一句话就是"我太累了，文化的事情真的不好做！"他和笔者算过一笔账，若只是做一个民间东巴不参与学校日常组织管理工作，他的收入不会比现在差，还会有更多时间可以参与农活、陪伴家人。但是从 2009 年笔者第一次与他接触到现在，他仍是那个站在新主文化实践战线最前沿的人，眼中虽有倦意但无半点退却神态，且每次见面时习惯性地抱怨之后，又会充满激情地讲述自己未来文化传承的宏伟计划。他的这种状态其实反映着和桂生及其年轻弟子文化传承的处境和态度，虽然一路遇到各种困难和阻碍，但未改初衷，反而在不断与外界的交流、与异文化的碰撞中强化着群体作为新时期东巴传承人的身份构建和身份认同，更加坚定地践行传统文化实践活动。

对于和圣典和他的弟子而言，他们的文化传承更多时候体现在日常的仪式开展中，似一个精确走动的机械钟表一般，以更接近传统的方式在寻常的生活中悄然服务着社区中每一户有着仪式需求的人家，成为社区日常生活的必备元素。新主东巴群体的文化实践不仅是传统文化主体性在新时期的理性凸显，更是东巴群体以先辈智者大师留下的文化财富和本族的文化智慧，对传统文化在当下存续路径的大胆探索。

二　校长与副校长之间的分歧

目前新主东巴学校设有正、副两位校长，校长和邵忠、副校长和桂生，和邵忠是以新主村委会书记的身份兼任校长，而学校教学和日常管理的实际负责人为和桂生。2012 年前，和桂生在东巴学校有绝对的话语权，之后随着学校财务支配权被校长掌管，和桂生逐渐失去了对学校的管理权。这对本该通力合作、共同进退的搭档目前却面临着重重矛盾，这也影响着新主村东巴文化发展的步伐。

（一）学校建设的分歧

作为新主东巴学校的筹建者，和桂生与和邵忠早在 2006 年学校动工建设之初便开始共事，众人以为当时新主村委会主任的身份是和邵忠进入学校筹建团队的直接原因，而现任村委会书记的他也是目前村委会中任职时间最久的一位"一把手"。作为一个主要靠政府资金维持和运转的民间机构，在目前的官方话语体系下，让和邵忠担任东巴学校的一把手，自然也被村民认为是无可非议。而和邵忠的经济实力、个人阅历和行事作风使他不论是在村委会还是在村民心中都具有一定的威望。

和邵忠 1964 年出生，1984 年从昆明技校进修回来之后，成为村里的兽医。20 世纪 80 年代也是鲁甸乱砍滥伐最为严重的时期，1986 年他成为新主最早买汽车运输木料的老板。1992 年，他进入鲁甸兽医站，边倒卖木材边做兽医让他很快步入当时新主高收入者行列。2000 年他从兽医站辞职后，很快又成为当时丽江较早一批商品房的购买者，同年，他开始在新主村委会任职。在其任职期间，新主村开始大规模引入中药材种植，他不仅自己大面积种植药材，买卖药材种子也使他获得了高额利润。在大多数村民眼中，和邵忠是一个兼具政治谋略和经济头脑的人。

和邵忠：我把我的工资全部拿出来给困难党员，自己一分也不享受，今年第 6 年了。把工资给困难党员是有原因的，我开始当书记时新主有五六十个党员，但是有一年来开会的时候，很多人连交党费的钱都没有。从那一年开始，我把自己的工资给那些老党员，现在村里有 200 多个党员了。今年有 39 个 60 岁以上的，我给了他们每人 400 元，我的工资全部给他们还不够，还要额外再加一点。

笔者：您到现在为止一共给了多少，算过吗？

和邵忠：像今年（2016 年）就有 39 个人，差不多 15600 块的钱给了他们，6 年多少了？这些老党员后来交党费就积极了，我给了他们 400 块他们不交是搞不成了，是吧？

笔者：您一个月的工资才一千多，不可能吧？

和邵忠：去年和今年是 1400 块，之前是 1100 块，前几年是比我工资多的给了他们！

笔者：那您的生活怎么办？

和邵忠：我以前就是当老板的，不仅有积蓄，而且在新主这些党员里面算是条件最好的了。我以前是当兽医、开汽车、办木材加工厂，1986 年我就买汽车和加工木料切割机，一天的利润有 2000 块。我是新主农民中第一个在丽江买房子的人，2000 年最早开始卖商品房的时候我就买了！

作为新主的富裕户，目前和邵忠在丽江有数处房产。自 2009 年开始，他将自己每个月的工资全额捐出作为村中近 40 位 60 岁以上老党员的党费，至今已捐出近 10 万元。虽然近两年中草药材市场萎靡，自己种植的近 2000

亩玛卡亏损近百万，但 2016 年他还是将自己的工资悉数捐出。而他的付出也得到了回报，与历次换届选举时一样，他毫无悬念地在 2016 年新主村委会换届选举中高票胜出，连任村委会书记，至 2015 年，由于他在村中任职时间超过 15 年，成为班子中唯一离职后可以领取生活补贴的基层管理者①。

虽然和邵忠与和桂生自学校建校开始便有很多分歧，但矛盾公开化始于 2015 年，这年和桂生在一次偶然机会中结识了丽江市设计院的杨院长，还为杨院长完成一副其多年求而不得的东巴对联。杨院长得知作为新主东巴学校负责人的和桂生未来有扩建学校的计划后，亲自帮学校设计了一份建筑设计图，设计总投资预算达 1500 万元。

和桂生：我作的对联杨院长非常满意，说求了三年终于得到了。后来他来到东巴学校，当看到 9 个学生都在抄写经文的时候，感动地说："你们这个院子的设计我来做，不管设计费出多少，不出也行，只要在千百年后说这个院子是我设计的就可以！"丽江很多房地产老板都是争着和他建立关系，我们也创造出了这样的机遇。但是有时候是犁来遮，有时候是耙来挡。败了，我又败给书记了。

正当和桂生与丽江市东巴文化研究院、丽江市设计院等部门商谈学校扩建操作方案、准备落实时，和邵忠却在和桂生不知情的情况下向丽江市非遗中心递交了一份之前写好的学校扩建方案申请，并已获批 50 万元经费。对于这件事情，和邵忠认为：

他们的规划一点都不现实，他们规划了上千万元，但现在找上千万的资金是不可能的。他们的设计不现实也不成立，现在市宣传部的江部长给了 50 万元，只能搞 50 万元的项目的意思了，该搞的全部可以搞了，河边的这个房子打算拆了，把院子也扩大。

于是，和邵忠便用这笔资金在 2015 年开展了学校的第二次扩建，涉及两座建筑的新增和一座建筑的移除。新建筑为学校南侧的上下各六间二层楼房和位于学校祭天场东北侧的洗澡间，移除建筑为原校园北侧的小教室。而对于此次改扩建，和桂生和弟子们表示出了极大的不满情绪，后来他们将村中出现百年不遇的冰雹灾害一事与此联系在一起。他们认为这不仅是不合礼法、不符传统的行为，且更是不近人情的做法。

首先，按纳西族传统不能建造六开间的楼房，而新建的二层楼房正是上下各六间的建筑样式，此举是对传统的不敬；

其次，洗澡间位于祭天场与"什罗"神殿的夹角处，众人认为洗涤凡

---

① 此类管理规定各地不一，在丽江市范围内，担任村委会书记、主任 15 年以上者，离职后有生活补贴，具体数额不详。

人世俗污垢的洗澡间竟建于神殿与祭祀神灵的神圣空间附近,有辱神灵,甚为不妥;

最后,师生表示被移除的小教室所用木料为和桂生带领弟子上山采伐而来,此建筑是建校所盖的第一所新房,有纪念意义不该轻易地拆移。

而据众人描述,洗澡间选址一事当时已经请丽江东巴文化研究院李德静、乡友杨树高等人规劝和邵忠,但无济于事。

和桂生:建这个房子(六间楼房)前,李德静、杨树高与和力民他们都说了但不起作用。建房子的申请都是我写的,但他认为是新主的书记说了算,主要原因是徐晴①给他搞了一个校长的聘书,就以他为准了,徐晴没有给他校长的时候他不敢在我面前这样搞。

在笔者后来与和圣典交流过程中,和东巴也表示此洗澡间的选址欠考虑,不该在本应除秽之地建盖藏污纳垢之所。而当问及和邵忠本人此次学校改建相关问题时,他表示楼房格局和洗澡间位置的出发点是为了充分利用学校有限空间,而小教室拆除是从校园规范整洁和未来修建防洪大堤等安全因素考虑。在众人的反对下,目前洗澡间虽建好但太阳能却未允安装,和桂生及其弟子表示,建房已经触碰底线,如要强行安装太阳能那就有发生更大冲突的可能。相较于性格耿直、行事风火的和桂生,和邵忠则显得深藏不露、老练精明。和桂生虽然有文化传承者的坚定信念和不懈的斗志,但在政治敏感和管理思维方面却有些差强人意。

(二)经费使用和教学管理的分歧

1. 新主东巴学校经费来源和支出方式

东巴学校没有固定的经费渠道,按到位经费的实际用途,主要可分为开班培训专用经费和学校建设经费两类。开班培训专用经费指由丽江市非遗中心下拨的东巴画传承基地开班经费,每次拨款额大约为7万元②。开班支出包括每期约30位学员,5位后勤服务人员,5位教师20天的餐费、补助及教材、教具等费用,其中的最大支出为培训期间餐费及教师补助。以2015年为期20天的第六期东巴画培训班为例,涉及29位学员、7位教师和5位服务人员,以人均30元/天计算,仅餐费一项就花费约2.5万元,教师补助花费2.1万元。另外,丽江市人民政府曾在2012年拨出10万元专款,开办过一期祭天东巴培训班,此类经费往往会在开班期间就用尽。自2006年学校开始动工建设以来,投入的建设经费约为200万元,经费来源为市、县级人民政府,文化部门和丽江各大文化产业相关民营企业,这类经费全

---

① 徐晴时任丽江市非物质文化遗产中心主任。
② 据和桂生介绍第一所拨的款项为5万元,其余为每年7万元。

部用于校舍建设、硬件投资方面。此外，学校还曾收到过一些本土企业赞助的仪式专用经费，如 2010 年玉水寨赞助的祭署仪式经费、2013 年丽江天雨集团赞助的祭祀"丁巴什罗"仪式经费等，此类经费在仪式活动后会略有剩余。

2. 经费支配权的转移

作为学校的实际管理者，2012 年前，和桂生不仅是所有到校经费的申请者，也对经费开支有较大的支配权。在此之后他逐渐失去了对学校经济的控制权，这有两方面的原因，一方面"丽江市非物质文化遗产中心"在 2012 年为新主村委会主任和邵忠颁发了新主东巴学校校长的聘任书，任命他为学校校长，并让他管理学校公章（之前由和桂生管理）；另一方面，中央"八项规定"出台后，上行下效，新主村委会开始对学校经费使用进行严格管控。这样一来，新主学校的行政管理权和经费使用权都被以和邵忠书记为代表的新主村委会掌握，和桂生从学校的实际控制者变为了虚有其名的副校长。无权支配自己从各部门申请的经费成了和桂生面临的最大问题，而对一个只上过初中二年级的民间东巴而言，每一次经费申请都是一次斗智斗勇的艰辛历程。

和桂生：我和领导是骗的骗、吵的吵、说的说。有一次和他们说，"如果你们非遗中心实在困难了，国家级东巴画传承经费给不起了，那就给我开一个证明，说今年的钱你们给不起了，签字盖章按手印。我会去省里要，省里不行去国家要，直接去北京要！"我和他们说，"我是来要纳西族文化传承的钱，并不是来给自己要钱花的！"我打过交道的领导中李德静老师是很不错的一个，开始会说给 100 张纸，最后是会给我 200 张。

自 2012 年起，这样争取下来的经费划拨到新主村委会账面之后，基本与他再无关系，且他的每一笔花销都要征得校长的批准。在和桂生给笔者讲述的如下两个故事中，我们也可以看出一个学校管理者在面对问题时的种种尴尬和困境。

和桂生：2014 年是最悲惨的一年，要了一辈子的钱也没有遇到过这么好的一个机会，你知道纳西族全国人大代表 YJS，她的主要联络东巴是我。到丽江之后，她给我打电话问有什么计划，我说我有扩建学校的想法，晚上 9 点我们见面时她直接在我面前和云南省文化厅领导打电话，她说需要 100 万资金支持东巴学校，对方说让我 5 天之内拿着申请去找他，还把传真号码也发给我们，说若来不及就给他们传真。随后丽江市教育局、玉龙县文广局负责人都来了，还有杨树高也和我们一起商量这个事情，一直谈到晚上 11 点。第二天早上 6 点，我一大早就高高兴兴地从丽江回新主，一到村里就去找书记拿公章，但是书记说无论如何也不能把公章给我，当时申请书也安排人在写了。百万的钱就这样消失了，大家都干着急，但是没有用，彻底的打仗败了。

而在具体支配已经申请到账的经费过程中，和桂生同样也遇到了问题。

和桂生：我们有一个四年级就开始学跳东巴舞的女孩，次次比赛都是跳主角，每次都拿前三名，最后一次拿了金奖。2012 年，这个娃娃有了天大的灾难，本来她妈妈在她 8 个月大的时候就丢下她改嫁了，2012 年 6 月她爸爸胃出血过世，此时她爷爷中风倒床 8 个月了。因为之前和玉水寨老板要来的 10 万祭署仪式经费只用了 3 万左右，她父亲去世的时候，我去和学校要 1000 块的经费想去安慰这个娃娃，但是学校不同意。2013 年 10 月，他爷爷也跟着去了，目前只有奶奶一个了和她相依为命，奶奶 68 的年纪了，还能干什么呢？这个娃娃后来上中学，因为成绩好，玉龙县民中来通知了，为了给她节约生活费，我千方百计让她去了巨甸五中。她说："和老师，我读书不知道自己能读到高中还是大学，但是阿奶去世之后我就没有去处了，我可不可以来您家？"我说："你只管读书就行了，以后可以来我家。但是别人家的孩子读书不成器父母会盖好房子，会给做好吃的。你是什么都不会有了，所以好好地去读书，只要我还活着，就算困难一点我也会供你，去读！"我这样说了[①]！

因为赞助孤儿这样的开支并不属于学校的经费使用范畴，所以和桂生一厢情愿的资助计划当时未能实现。目前和桂生找了一家台湾基金会资助女孩完成学业，他表示目前自己对学校经费的具体开支情况一无所知，学校经费给他留下的最大印象就是，自己申请下拨的经费很容易就会被用光，而一旦经费没了，又需要他去各单位化缘。

3. 教学的不同意见

2015 年第六期东巴画培训班结束后，新主东巴学校为参与培训的 29 名学员颁发了结业证书。东巴学校校长和邵忠对于结业的学员以及之前所做的教学工作比较满意。

笔者：当时我采访您的时候，您说东巴画、东巴舞和东巴经三门课程要一同教学，当时只是一个想法，现在看来已经付诸实践了？

和邵忠：东巴画不知道你看了没有，下面的木楞房里一房子都放着，现在有的学生超过老师了；东巴舞不是很厉害，东巴文书写现在老师不如学生的情况摆在眼前了。木琛老师是东巴画最厉害的一个了，画稿都是他在设计，他与和丽宝两位在教，但是学生画得比他们好看的出来两三个了。

---

① 女孩的奶奶于 2016 年 9 月去世，之后女孩搬来和桂生家并认其为干爹，现由和桂生承担其监护职责，目前女孩的生活费由一位昆明的商人资助。

东巴舞是教到新主完小里面了，参加了好几次县市里的比赛都获奖了。东巴学校这块，我的任务是圆满完成了。

和邵忠对学校传承实践的评价符合他在 2009 年做出的展望，"东巴画是国家级非物质文化遗产，也是世界记忆遗产组成部分。我们这里毕业的要三样都会，要保证会诵东巴经、会画东巴画、会跳东巴舞。"①但这仅仅是以他为代表的学校"官方"的意见，而包括和桂生在内的学校教师和学员却有着自己的想法。和桂生在 2015 年第一批东巴画培训班结业典礼上，做了题为"回顾六年八期传承总结"的报告，其中有这样一句话：

以上 6 年 8 期的培训已完成，传承基地老师们还有很多的传统经文和仪式还没有传授到学员中，还远远满足不了学员的要求，也满足不了民间的所求。但由于时间及经费原因，学生们要毕业了。②

在笔者与和桂生、和圣典及学校学员的交谈中，他们反映东巴学校一直以来所做的培训工作虽然提高了学员在经书、东巴画、东巴舞等方面的能力，但远未达到可以结业、毕业的程度，甚至一些被授予东巴画培训班结业证书的学员，至今还未创作出自己独立的东巴画作品。之所以能结业并授予结业证书是因为"书记传承面子"，此处的"书记"除了指涉 HSZ 外，也暗含他背后的一些相关政府部门和文化机构。

和桂生：客观地说一句的话，他们只是想让学校传承面子，非遗中心也是如此。我们是不一样，天天千方百计地希望学员成为真正的东巴，现在任何人的思想都是不平静的，越来越悲惨了。我想的和我想做的事情政府都允许的了，所有的上官都允许了，但是下官我却对付不了的意思了。

"不懂文化""没有信仰"的人来管理东巴学校，无形中给教师和学员造成管理者不重视文化的印象。

杨政元：书记是共产党员，他是非文化人员，纳西文化他不懂，也没有信仰。比如我们祭天的时候，不点他的名的话，他都不会来烧一个香，不了解的意思了，像祭天这样神圣的仪式他都不会烧香！

对教学和管理的意见不仅来自新主东巴学校的教师和学员，丽江市东巴文化研究院负责人也颇有微词。

李德静：HSZ 有点顽固，以前和他提过许多意见，但是他也没有去落实。他可能觉得学校也是一个可以凸显他政绩、体现个人权力的地方，文化的事情里面有太多地政治干预了就不行了。他其实更应该去做一些统筹的事情，而不是像现在，过多地干涉学校具体管理和教学问题。之前和他

---

① 朱永强：《丽江鲁甸新主村祭天仪式及其功能探究》，硕士学位论文，中央民族大学，2012 年。
② 和桂生：《回顾六年八期传承总结》，新主东巴学校内部资料，2015 年。

们建议成立一个由杨树高、木琛、和桂生与 HSZ 我们几人构成的，类似管理委员会的机构，这样学校的大事就可以一起商量，另外学校的规章制度细则也是不健全的，这个是两个存在的问题。

因为平时与和邵忠、和桂生两位学校负责人工作接触较多，李德静对他们的了解程度也较深，她的评价或多或少地代表了日常与新主东巴学校接触较多的丽江文化机构中部分负责人的态度。此外，新主东巴学校师生对每年 20 天的东巴画教学培训课程也存在较大的意见。如杨政元与和家龙作为历次培训的参与者一致认为，每期 20 天的课程学习因为时间短、内容杂，且教师态度、水平参差不齐而难以达到满意的效果。

4. 2016 年貌似缓和的关系

2016 年 8 月，和邵忠与和桂生的关系似乎有了缓和。8 月 7 日为新主村夏季祭天日，仪式结束后，两人在和桂生家厨房里就东巴学校 2016 年开班培训，未来管理等问题进行了深入交谈。

和桂生：昨天在我家里谈了两三个小时，我把未来的计划告诉了他，和他说财务章我不要，公章为什么要放在我这里的原因我也和他解释了。有时，我在丽江本来可以套一个项目，但写好申请需要盖章时如果没有章项目就套不下来。昨天我把个人注册的公司也给他看了，说是最后一次和他协商，若他不同意我明天就和玉龙县申请，让他们在我家大门挂一个牌子，学生也从学校搬过来，副校长这个臭名誉我不背了。他坐在那里一根接一根地抽烟，抽了差不多一包烟后说："桂生你说的是，你想的这些我永远都想不到，公章是要给你了，以后遇事我们一起商量，我先把章拿给你。"他说第二天早上叫我去丽江时候来拿章，还说让我先去丽江，他随后就来。

在与和邵忠摊牌之后，和桂生自 2012 年以来第一次获得了书记言语上的认同和支持，而且后来书记也确实把学校的公章给了他。当晚在学校晚餐之后，发生了和邵忠被酗酒村民挑衅的事件，一直在场的和桂生多次表示出对书记的维护。此次关系的缓和并非仅出于和桂生的摊牌，在新主村委会 2016 年度换届选举之后，长期在丽江工作的新主同乡会宴请了村委会新上任的领导班子，宴会上和邵忠表示，未来会以新的姿态为新主的发展服务，弥补自己以往工作的不足。定居丽江，之前在村中组织恢复祭风仪式的新主村人和邵晶也参与了同乡会的活动。

和邵晶：那天新班子上任后所有的村干部都一起来到丽江，和同乡会的一起吃饭，开了座谈会，大家聊到，既然做一个村官就要多为人民群众考虑，又要做老板又要做村官那是做不了的，他（HSZ）也表示要摆正角色。与其他村落相比，新主经济的发展至少落后了 20 年，书记的职责也不应该是这样的。东巴学校不是共产党书记的管理范围，他应该顾全局，为新主人民群众考虑，东巴学校过去一直以来都是传承文化的重要地方，应该交给一个懂文化的能人来管理，他去管理也不合适。

多方面的原因造就了两位校长的和好，然而这样的状态仅仅维系了两个月。2016 年 10 月，第二批东巴画传承人第一期开班期间，丽江市非物质文化遗产管理中心又一次将学校的公章从和桂生手中收走，这一次不是给书记管理而是直接由非遗中心接管。在笔者与和桂生的交谈中，他表示自己也累了，想和舅舅一样在家里种几亩地做个实实在在的农民，做点仪式，带几个学生。他说未来要在自家门口挂上他注册的"玉龙纳西族自治县复兴东巴文化传承协会"牌匾，在家里开展传承活动，这样就可以不看眼色、不听命令号令，自己踏踏实实地做传承了。

新主东巴学校两位校长的关系似乎让人琢磨不透，和桂生表示以后要关起门来在自己家里搞传承，更多是他一时的气话。不论在新主村、还是丽江东巴文化界，和桂生都是大家乐于谈论的人物，他是村民中的政协委员、东巴学校副校长和奔波于各个单位的"狂人"。两位校长争夺学校管理权的背后，是对潜在的经济利益和社会资源的竞争，更深层次原因基于传统文化主体与权利机制的对话。这一方面反映出传统文化在复兴过程中的"国家在场"，以及文化持有者对"国家"既依赖又试图摆脱权利机制掣肘的努力，另一方面也体现出权利机制对传统文化主体性的制衡并不以任何时间、空间为限制，它们之间此消彼长的关系主要受不同时期权利中心文化政策的影响。

三　"他者"眼中的新主东巴

纳西族是一个开放、包容的民族，东巴文化作为纳西族传统文化的核心建构，除了对文化"自我"的内省外，对于文化"他者"的关注也是其传统之一。对"他者"眼中新主东巴祭司群体的解读，有助于我们以别样的视角对该群体进行认知。

（一）村民眼中的新主东巴

1. 村民心中的"和老师"

1.1　一位被村民感激的传统文化传播者

村里人谈及已经在村中当了 30 多年祭司的和圣典时，多会表达出一种发自内心的感激和尊敬。作为新主村新老交替期间产生的祭司，和圣典是一位承前启后的东巴，日常既能与耄耋之年的老者闲谈，也与当打之年的村民们有共同的话语，部分村民家有两代逝者都是由和圣典主持开丧仪式的情况。而和圣典又是目前大东巴和世俊、和文质家族后代东巴中最年长、水平最高的人，因村中自古就延传着对先辈东巴大师们尊敬爱戴的传统，当下村民们对于和圣典的情感，自然也掺杂着对已故"东巴王"的敬意。很多年长的村民表示，和圣典主持东巴仪式之时，最具新主老一辈东巴的风格与气韵，他们尤为赞赏其主持开丧仪式时候的唱腔，认为他的腔调与中华人民共和国成立前村中老东巴并无二致，是对新主优秀东巴文化的继承和发扬。

杨荐：我小时候听过很多老东巴的唱腔，每个仪式的唱腔都是不一样的，鲁甸唱腔又和塔城区别，像祭署仪式就有 9 个不同腔调，因为我记性好，所以还记得一些。村里东巴中唯一继承了新主老一辈东巴唱腔的，就是五麻尤（和圣典），其他人诵经都不像！

杨荐是村中另一位受人尊敬的长者，当过近 20 年的村支部书记，也是村中的民歌高手，通晓东巴文化。他曾与村中的和开祥、和云彩等老一辈已故东巴有着不错的交情，并对和圣典东巴的唱腔赞许有加。他认为，当前的新主的东巴们不仅应该继承老一辈东巴博闻强识的传统，更应该保持和发扬老东巴们在历史上形成的极具区域特点的文化风格，这样才能体现"新主东巴"的特色，而和圣典是目前唯一一个能在仪式中延续"新主东巴"地域特色的祭司。

1.2　谦卑的"和老师"

和圣典在成为东巴祭司之前，曾有过 10 年的民办教师的经历，很多村民虽未随从和圣典学过东巴文化，但却是他做民办教师时的学生。身兼村中东巴私塾教师和东巴学校教师双重身份，村中东巴们又多与和圣典有师徒关系。所以，村民们在很多时候也以"和老师"称呼他，因在同村与和圣典年纪相仿的一辈人中，高中生并不多见，故村民们认为，有高中文凭的和圣典不仅是掌握东巴文化的大东巴，也是兼通汉文化的人。此外，村民们对和圣典在数十载学习、传播东巴文化的过程中所积累的数百册的东巴经典，虔诚负责的文化态度和广博厚重的文化功底也推崇不已。村民眼中的和圣典，除了在主持仪式时具备通融神灵鬼族的能力外，日常生活中还是一个为人谦和、做事谨慎、与人无争的智者能人。

2.　厂长"和桂生"

2.1　从"厂长"到"校长"

"厂长"是村民们对和桂生带有灰色性质的称呼，不仅他，村里东巴几乎人人都有一个外号，"厂长"这个外号更多是对和桂生年轻时不羁生活的一种写照。听村里人说，和桂生早年曾经有一个开粉丝厂的梦想，这个外号似乎暗含着村民对他梦想未能实现的调侃。2004 年，和桂生与村中几位东巴后人开始筹建东巴学校，2007 年学校初步建成，现已成为纳西族地区东巴文化传承的重要基地。"厂长"没能当成但和桂生却成了名副其实的"校长"。更有甚者将东巴学校称为"和桂生的东巴学校"或"和桂生的东巴庙",足以见得大家对和桂生多年来筹办、管理东巴学校所付出的努力的肯定。从一开始的冷眼旁观,被村里人认为是"疯子",到后来通过不懈的努力、克服种种困难得到广泛认可,和桂生一路走来颇为不易。

　　杨新俊:和桂生很是努力了一场,开始村里面人都是观望,甚至部分人有看他笑话的想法。学校一开始是和桂生坐在政府门口化缘化来的,起初他不会穿衣打扮,背着一个包包,一坐就是一天的,还真有点像化缘的。

　　在两位校长矛盾激化后,村民中有很多人为和桂生打抱不平,认为该让和桂生全权负责学校事务,学校应该让一个熟知传统文化的人来管理。

　　2.2　什么仪式都敢扛的人

　　从时间上看,和桂生并非目前新主东巴中最早主持仪式者,但他却是村中最"敢"主持仪式的东巴。2008 年,丽江古城曾举办了一次为汶川地震罹难者超度的法会,因涉及逝者太多、怨孽过重,在来自丽江各地的众多东巴都却步不前,不愿担任主祭司的情况下,和桂生主动承担起主祭司的职责。此后,无论是凶死者的开丧仪式,还是一尸两命事件的禳解仪式,和桂生都从不拒绝。只要是当事家庭有需求,又在其能力范围之内,他都尽量满足。这也使他在村民中树立了有求必应、敢作敢当,抛弃世俗观念为村民服务的东巴祭司的形象。因此,除鲁甸外,和桂生也在维西攀天阁乡、玉龙县巨甸镇等自己经常主持仪式的村落留下了较好的口碑。

　　(二)东巴教师眼中的新主东巴

　　木琛与和丽宝是东巴学校的特聘教师,为历次东巴画培训班的主讲教师,担任东巴画与东巴经书的教学任务,在所有教师中,他俩与新主东巴关系最为密切,因二者为人谦和低调,深受新主东巴和村民欢迎爱戴。作为丽江东巴界公认的全能型人才,木琛在东巴经、东巴画、东巴舞、东巴唱腔、面偶、编织等方面样样精通,尤以东巴画和东巴书法堪称一绝,目前东巴界无人能出其左右,东巴学校所使用的经文教材母本和画稿都出自其手。和丽宝是木琛的同事,供职于丽江市东巴文化研究院的他有太安东巴世家血统,也是文化机构中不可多得的年轻东巴,在东巴画和东巴经文教学方面经验丰富。两位教师因为工作关系,无论是在平日赴各地主持东巴仪式,还是在参与教学、交流等活动时都形影不离,一高一矮[①]的组合也成为丽江东巴文化界的"标配"。

　　2008 年,木琛与和桂生在丽江师范专科学校的东巴文化培训班上认识,

---

① 木琛身高约 1.9 米,和丽宝约 1.65 米左右。

当时木琛是培训班教师，和桂生为学员。评价新主东巴学校取得的成绩时，木琛认为和桂生在其中发挥了关键的作用，同时，他指出和桂生在东巴文化水平方面还有较大的提升空间。在他眼中，和桂生还是一个天赋异禀、悟性极高且有一定通灵能力的东巴。木琛听闻和桂生在多次仪式中看到了异象。

木琛：他的眼睛形状和眼神有点和跟常人不一样，他随时都说看见鬼了。有一次是在新主东巴学校"丁巴什罗"神开光之时，他去给鬼施饭，说看见了一位村中长者的魂魄，不久后听说这位老者就过世了；另一次他说在给我们单位一位同事家做仪式的时候，看见了在交通事故中死去者的亡魂。

对于新主的另外一位老朋友和圣典，木琛在肯定其在东巴文化造诣的同时，指出他在日常的东巴文化教学中显得有些保守，他认为新主著名东巴和世俊、和文质之所以能流芳后世，一个重要的原因就是培养弟子毫无保留，且有创新精神。

谈到新主的年青一代东巴，木琛以为他们中很多人从开始时的零基础，到目前有一定的经书识读和仪式操作能力也颇有进步，但在学习中仍缺乏主动性，学习热情不高，在课堂上并未表现出手不释卷、博采众长的学习态度。

木琛：他们在培训班上不是很主动，只选择性地学那些他们现实中有用的，如在东巴画教学中，超度"什罗"、禳鬼仪式中使用的卷轴画年轻东巴们就没有好好学，另外课堂上学了不明白之处，他们也不问。对他们那里不做的仪式就更没有兴趣，不好好学也不主动来问，像和金文这样用心的不多，作为老师我们也不能逼着他们学。

在他看来，新主年轻东巴学习热情不高还体现在，除了学校开班期间集中听课和日常与自己师傅学习外，他们很少与其他地方东巴交流取经，以往鲁甸东巴赴塔城、太安等地学习取经的精神在新主年轻东巴上极少体现。另外在仪式主持方面，木琛补充，除了和圣典、和桂生与和义三位主祭司外，年轻东巴参与度不够。而这并非是经文掌握不够，根本原因是在长期跟随师傅学习过程中形成了依赖心理，养成在仪式中习惯性为师傅充当助手的观念。木琛列举了塔城东巴师傅在仪式中通常会给徒弟分配经文的例子，认为参与仪式实践是未来新主东巴水平提高的必经之路。同时他还指出，东巴的文化态度会直接影响村民对传承文化的认知和认同，在和茂俊的婚礼上，就有村民以开玩笑的口吻与东巴商讨仪式与娱乐时间分配问题。

木琛：村民跟我们开玩笑说："一整天就你们几个做法事，到晚上了你们几个东巴不能诵经书了，我们年轻人也要唱歌跳舞！"意思让我们不再诵经了。

在和圣典与和桂生、和桂生与和邵忠两两关系方面，木琛与和丽宝都认为处理得不够理想。他们一方面表示和圣典与和桂生关系的疏离导致各自弟子之间的分派，不利于相互交流，影响了东巴群体的整体实力；另一方面，二人认为和桂生与和邵忠的关系的处理，不仅影响了教学的正常运转，也给外界对东巴学校的认知带来了负面影响。两位教师表示，虽然近年来新主村东巴文化传承取得了一定的成绩，被外界视为纳西族地区东巴传承保护的基地和示范点，但在自身拥有丰厚的文化土壤积淀，又有外部持续投入和关注的情况下，这样的成绩不尽人意，学校多年的传承，也多有未达到预期之处。

（三）官员眼中的新主东巴

与过往东巴文化"自在"传承不同，20 世纪末逐渐恢复传承起来的东巴文化传承，除了乡土东巴的文化自觉意识外，政府有关部门的大力支持，是东巴及其文化实践得以顺利开展的重要因素之一。故而，与政府有关部门及各级官员的交流就成了东巴们日常的重要活动，自然，彼此间会留下各种各样的印象。

1. 李锡眼中的新主东巴

1995 年起，丽江地区文化局、丽江东巴文化博物馆等部门先后帮扶塔城署明、宝山吾木等东巴文化土壤较好的村寨开始试点建立东巴文化传承点。

1999 年，丽江召开了首届"国际东巴文化艺术节"，这次活动不仅让民众以直观的艺术审美方式体验到充满宗教性和神秘性的传统文化，也重新确立了东巴文化在纳西族传统文化中的历史地位，并提出将长期局限于特定区域、宗教仪式和学术研究中的东巴文化重新"还于民间"的发展思路。

李锡：1999 年艺术节对东巴文化的定位，完全打破了东巴文化的宗教性、神秘性和学术性的传统，如果只有这三性，就扼杀了东巴文化的历史价值和地位。东巴文化是在丽江传统文化基础上形成的，但因为只有少数东巴使用，和大众似乎没有关系，所以也有人认为东巴文化是空中楼阁。我对这个问题进行了理论思考和实践探索，在江泽民访问丽江的时候有一期《新闻联播》出现了江泽民的头像，接着就播放了我在黑板上写的"东巴文化还给丽江"几个字的镜头。

在 2003 年举办的第二届"国际东巴文化艺术节"上，有关人士提出了学术国际化、产业市场化、传承民间化的东巴文化发展方针，加大了对传承点的扶持力度。这一年，当和桂生等人来到丽江东巴文化博物馆时，时任院长的李锡老师建议他们在新主村建立东巴文化教学点，以培养传承人的方式向政府及文化部门申请经费，并给予了他们最早的资助。李锡介绍，一开始重点扶持的塔城和宝山虽也取得了不错的成绩，但后来被鲁甸新主超越，有以下几方面的原因。

首先，"国家级非物质文化遗产东巴画传承基地"挂牌于新主东巴学校，为该区域文化传承带来了持续的资金和政策支持；

其次，鲁甸新主历史上出现了和世俊、和文质等东巴界公认的东巴大师，还有李霖灿等学者在 20 世纪 50 年代做的长期研究和宣传，使新主村不仅有较好的群众基础，也有一定的外界认知和认可度；

最后，他认为目前新主村有和桂生、和圣典与杨树高等人构成的人才团队，他们的协作保障了社区文化传承的稳定性与持续性。同时，他还将和桂生定位为复合型人才，认为其既是东巴，又在村中有一定威望且具备组织领导能力，是东巴文化民间传承的生力军，决定着民间文化传承的质量。

从上述可以看到，李锡给予了新主东巴较好的评价与期待，也说明他当年的眼光具有一定的前瞻性。

2. 李德静与新主东巴

2016 年初，一位 2015 年新主东巴画培训班获得结业证书的东巴找到现任丽江市东巴文化研究院院长的李德静，提出颁发的证书上面没有丽江市东巴文化研究院的印章，是不正规的，所以要求李德静为他颁发一本新的证书。作为东巴画传承基地的直管单位，2015 年丽江市非遗中心为培训了 6 年 8 期的东巴画学员举办结业典礼并颁发了结业证书，但历次培训活动重要的参与单位，丽江市东巴文化研究院的负责人并未受邀出席活动。在和多位平日与新主东巴学校关系较紧密的相关单位负责人的接触中，笔者发现，各相关单位之间也存在着微妙的关系。被和桂生视为恩人的李德静未出现在东巴画培训班结业典礼上，虽让新主东巴感到意外但却是他们无力左右的。从东巴学校成立至今，作为两家在丽江范围内开展东巴文化研究和传习工作的专业权威机构，丽江市东巴文化研究院与丽江市东巴文化博物院一同为新主东巴学校提供了大量的师资和教材支持，也通过直接或间接的方式为学校注入过开班经费。在丽江，民间东巴有困难就找东巴研究院女院长，似乎成了当前不成文的规矩，"女院长"也成为各地东巴心目中值得信任的"老大姐"。对与自己合作了多年的东巴学校和东巴群体，李德静有自己的一些看法。

她认为经过多年的发展之后，目前新主东巴群体的整体实力在纳西族地区处于中上水平，村中年轻东巴的数量和质量都在逐年稳步提升中。但除了东巴学校组织的活动外，村民自发组织的仪式不多，与四川俄亚、香格里拉白地等传统文化保留较好的地区相比，村民参与度不够高。对于校长 HSZ，李德静认为他作为一个非东巴文化专业人士，做好管理者的统筹工作即可，不该对学校建设、教学活动的具体细节进行过多的行政干预，学校也不应成为相关部门凸显政绩的地方。并指出在过去具体决策时，东巴学校主要领导缺乏与研究院、博物馆等机构负责人的协商与沟通，导致在学校管理建设和教学中屡次出现问题。在李德静看来，与她接触过的各地东巴文化传承骨干中，和桂生是最具责任心的一位，有主见、善于学习且文化传承积极性较高，但是存在口无遮拦、行事缺乏细腻的缺点。

李德静：和桂生也有问题，农民思维较重，我也是一直提醒让他不要口气太大，村里面不要太自我；但他是一个愿意干事、追求效率的人，而且常到各处学习，这种精神是可贵的！

对于东巴学校在管理和教学方面的问题，李德静建议未来成立一个由研究院、博物馆、非遗中心负责人和两位现任东巴学校负责人等人员组成的学校管理委员会。一方面，委员会可按照民主协商、投票决定的方式对学校重大事项进行决策；另一方面，委员会的资源优势也将有助于解决学校发展中一直面临的经费申请和政策支持问题。

（四）企业家眼中的新主东巴

2009 年，玉水寨生态旅游有限公司将一尊高约 1.86 米、宽约 0.75 米的"丁巴什罗"铜像赠予东巴学校，2010 年学校举行了盛大的"什罗"神像开光仪式，成为"玉水寨"景区之外第二个有"丁巴什罗"神殿的地方。除了赠予铜像之外，玉水寨董事长和长红在学校筹建之初还给予过建校经费和仪式开展方面的赞助，目前每年为学校提供一定管理费用。此外，玉水寨还在东巴学校设立丽江市东巴文化传承协会传承基地，授予学校"合和院"和"丽江市东巴文化传承协会新主分会"的牌匾。然而在 2010 年 8 月，丽江市非遗中心将东巴学校设为"国家级非物质文化遗产东巴画传承基地"后，东巴学校与玉水寨的关系逐渐疏远，这主要源于和长红在东巴文化传承方面与非遗中心等部门之间存在不同意见，他一直觉得政府相关部门在新主的文化传承活动是"插花式"的面子工程，体现政绩的色彩较为浓重。对于政府将东巴画传承基地设在离城较远的新主村的行为，他则表示这无形中给传承活动增加了成本。多次到过新主的和长红对新主两位"东巴师"的传承工作给予肯定的同时，对学校管理中存在的问题也表示出看法。

和长红：新主村老百姓对传统文化需求多，教师和学生都不错。我的初衷是东巴文化传承保护，是一个民族的文化保护，包括民族品质、道德观以及对周边民族的态度等。现在要钱是他们（和桂生等）最厉害了，有些时候我也曾听其他东巴说"书是我们（外聘教师）教，钱是他们（管理者）分，政绩也是别人（政府）体现"这样的话。

作为丽江规模较大的本土民营企业，玉水寨以"东巴圣地"作为企业的宣传招牌，核心景区设计和表现都以东巴文化为支撑，生态文化旅游的服务理念和项目产品亦以传统文化为核心内容。与众多受益于传统文化的民营企业不同之处在于，玉水寨在发展过程中也为东巴文化的保护传承，尤其是东巴文化传承人的培养做出了积极的努力，成为体制之外最具实力的东巴文化扶持企业和传承人培养基地。基于这样的原因，玉水寨成为新主东巴学校极力争取的对象，但由于双方与政府部门的不同关系，彼此之间暂无更大范围合作的可能性。

通过以上分析，我们看到了村民、外聘东巴教师、文化部门官员和企业负责人对于新主东巴群体和东巴学校的不同看法。村民心中，东巴祭司是值得尊重和信赖的"好邻居"，他们以坚守文化传统的方式守护着村落的安宁与祥和。东巴教师的评价主要涉及东巴学员学习过程中出现的问题以及村中两位东巴教师和校长之间的关系，他们认为学员在学习过程中的被动态度、对文化整体性把握的欠缺以及三位村中文化骨干尴尬的关系，使多年的东巴文化传承实践并未达到最理想的效果。从他们的评价不难看出，两位教师对新主东巴群体有较高的文化期待。在丽江市东巴文化博物馆前任负责人和丽江市东巴文化研究院现任院长看来，在外部宽松的政策环境和内在优越的条件推动下，新主村发展成为当前纳西东巴文化恢复的标志性区域，但学校管理方面存在的行政干预等问题，需要通过成立学校管理委员会与多部门民主协商的方式解决。有多年文产开发和传统文化传承经验的和长红评价，在传承文化之外，新主东巴学校也逐渐沦为政府政绩体现和管理者个人利益获取的场所。三种不同身份者的见解，一方面受各自社会角色的影响，另一方面也体现出学校以及东巴群体在多年发展中存在的客观问题，此对于东巴文化的保护传承或多或少都会产生影响。

小　结

本章从"舅舅和外甥之间的关系""校长与副校长之间的分歧""'他者'眼中的新主东巴"三个部分对新主两位东巴师傅的关系、学校管理者之间的分歧和外界对新主东巴的评价等内容进行了阐述。村中两位东巴教师实际为传统思维与现代意识的代言者，他们之间的"不和"一定程度上反映的是传统与现代之间的碰撞，体现出不同时代在他们身上留下的烙印。二者的矛盾存在于日常生活的方方面面，社区运转和文化的结构需要在这种"不和"中寻找动态平衡。学校两位管理者之间的分歧体现的是国家机器与文化传承者之间的博弈，反映了"国家在场"对当下民族文化保护与传承的牵涉，以及传统文化的"自在性"向"自觉性"转变的背后逻辑与机制。村民、东巴教师、官员和企业家对新主东巴群体评价的意义在于能让我们从"他者"的视角介入群体的文化实践,在文化政策相对开放,传统文化逐渐成为一种经济资源的当下,文化在一种多元网络空间运行,面临来自各方的挑战和威胁,多元视角的解读能使我们更全面、深刻地把握传统文化现状和存在的问题。

结　语

作为民间传统文化的掌握者，目前新主东巴群体主要通过教学传承和仪式开展两种形式进行实践活动，这也是历史上纳西族东巴参与社会活动的主要方式。对于新主东巴群体而言，"文化主体性"和"文化自觉"这样的概念或许是生涩怪诞的，然而在传统文化主体性缺失的当下，他们所做的工作却是对"文化自觉"最好的诠释。

一　文化主体性及文化自觉

文化主体性及文化自觉两个概念通常同时出现，文化自觉既是文化主体性的表现形式之一，也是文化主体性的形成条件。

（一）文化的主体性

主体性思想源于传统西方哲学，与对象化的客体成为一对矛盾统一体，一般认为具有能动性的人对客体化、对象化的自然的加工和改造成为探索世界及其本质的活动之一。其中"能动性的人"是主体性思想的承载者和体现者，谈论文化主体性，通常以"从自己出发、以自己为主，为我"为基本立场。因此，"所谓文化主体性，即是指一种文化在与外来文化相遇时，既能自觉自省，又能自尊自重，且在此基础产生积极的适应性与创造性。"[1]对于文化的主体性，不同的研究者还有以下的解释，江宁康认为，"民族文化的主体性是在历史发展过程中逐渐确立的、由本民族的所有成员一致认可并且自发维护的一种民族文化意识。"[2]学者封德平以为，"中华民族文化主体性实际上就是中华民族中的成员对其主体文化的自我认同性，简言之，即中华民族文化上的自我认同性。"[3]学者杜运辉认为，国家是文化的主体，作为服务国家机器正常运转的必要手段，中国文化的主体性体现于"保持本民族的独立地位，不屈服于外民族的侵略和奴役；高度的民族自觉，也就是对本民族的历史、现状和未来的客观认识；本民族改造客观世界的自

---

[1] 郝书翠：《中国文化主体性的迷失及其学理背景》，《东北师范大学学报》（哲学社会科学版）2015年第1期。
[2] 江宁康：《略论建构中华民族的文化主体性》，《兰州学刊》2004年第3期。
[3] 封德平：《中华民族文化主体性建构下的中国传统文化建设》，《齐鲁学刊》2015年第6期。

强不息、艰苦奋斗精神"等三个方面。因此，"一个民族的文化主体性可以说就是以对本民族文化的全面认识为基础、保障本民族文化独立发展的主动精神。"①中国台湾学者朱高正用"文化主体意识"来指涉文化主体性，作为一个民族独有的历史文化传统，为对其"做有意识的省察"，"就是对自己的民族文化重新予以认识，从而接受传统，承认传统为我们所自有、独有、固有，进而批判传统，超越传统，从而创新传统"②。学者贾艳丽和袁新华则认为文化主体性包括"文化自觉、文化自信、文化自省和文化自强"③等方面的内容，强调只有通过文化自觉、文化自信和文化自省等手段，达到文化自强的目标，才能实现文化主体性的回归和重塑。

（二）传统主体性缺失及文化自觉的提出

通过以上学者的分析可以看到，文化主体性一方面是传统文化在不断与异文化的接触中，以坚守传统文化核心为基础，采用发展、创新思维理解文化的一种态度；另一方面也是通过传统文化创造力制造社会影响的过程。学者们对文化主体性进行概念界定的同时，也对自鸦片战争以来中国文化主体性缺失带来的社会和文化问题进行了反思，而重构文化主体性成为反思的核心。这种反思过程中以费孝通先生提出的"文化自觉"理论最具代表性和影响力，一方面费孝通深谙中国传统文化精髓且受过西方近代人类学严格的学科训练，另一方面，这个理念的提出还受"学以致用"学术出发点影响。在其看来："知识分子的本钱就是有知识，有了知识就要用出来，知识是由社会造出来的，不是由自己想出来的。从社会中得到的知识应该回报于社会，帮助社会进步，这就是'学以致用'。'学以致用'本身就是中国的传统，意思就是说，得之于社会要回报于社会。我是跟着中国这一传统进行我的工作的，这也是我的志向。这志向并不是我自己想出来的，而是跟着中国的传统学来的。但是我是通过吸收新的知识来把传统精神贯彻出来，我希望这样做，做得如何我自己不敢说。"④费孝通将他经历的中国社会变迁形容为"三级两跳"，"三级"是指农业社会、工业社会和信息社会；"两跳"指中国从传统的农业社会转变为工业化社会和当代所展开的中国从工业化走向信息化。围绕着这"三级两跳"而展开，费孝通先后对乡村工业化、小城镇、区域发展模式、中华民族多元一体格

① 杜运辉：《中国现代文化主体性之重建——张岱年与现代新儒家文化主体性思想之比较》，《南开学报：哲学社会科学版》2015 年第 2 期。

② 朱高正：《康德批判哲学的启蒙意义——谈文化"主体意识"的重建》，《哲学研究》1999 年第 7 期。

③ 贾艳丽、袁新华：《文化主体性的构建与中国传统文化的传承》，《学术研究》2016 年第 8 期。

④ 费孝通：《重建社会学与人类学的回顾和体会》，《文化与文化自觉》，群言出版社 2016 年版，第 321 页。

局和全球化问题等进行了研究。"具体地看，费孝通的相关思考大致体现在两个问题上：一是在西方外来文化面前，传统文化能做出怎样的抉择；二是机器生产所可能带来的人的'异化'困境如何解决。"①在对中国传统文化与现代性、中国现代性与西方社会现代性等关系问题做了深入思考之后，费孝通提出了"多元一体""文化自觉"等民族学、人类学学科中国化过程中的核心概念，成为当今研究中国乃至世界民族、族群关系和文化主体等问题的关键议题。李友梅认为："对于费孝通而言，'文化自觉'的重要意义就是获取'文化主体性'，但'文化主体性'的实现不能仅仅局限于本民族内部的文化适应和文化革新，而且取决于民族文化在全球化条件下对人类命运的贡献"②。"文化自觉是一个艰巨的过程，首先要认识自己的文化，理解所接触到的多种文化，才有条件在这个正在形成中的多元文化的世界里确立自己的位置，经过自主的适应，和其他文化一起，取长补短，建立一个有共同认可的基本秩序和一套与各种文化能和平共处、各抒所长、联手发展的共处条件。"③"文化自觉"一方面是对传统文化的扬弃，另一方面还包含对外来文化的吸收，它所倡导的是一种多元文化的和谐共荣，在这个意义上，"文化自觉"体现出其普世性价值的愿景。

　　具体而言，费孝通先生提出文化自觉的一个重要着眼点便是基于西方文化中"天人对立"和中国哲学"天人合一"的对待自然的不同态度。不同的文化背景下产生的不同态度不仅影响着人与自然的关系，通过影响社会关系中最基础的结构组成，其也影响着社会中人与人之间的关系和文化的整体建构。对于"天人对立"中的"人"，费孝通认为，"这里的'人'字实则是指西方文化中所强调的利己主义中的'己'字，这个'己'字不等于生物人，更不等于社会人，是一个一切为它服务的'个人'。在我的理解中，这个'己'正是西方文化的核心概念。"④这里的"人"和"己"作为一种利益核心体的代表，在西方的文化中是一种发挥能动性的"改造者"和"征服者"，与自然和社会存在逻辑上的对立关系。费孝通认为"西方文化里的个人主义加上人通过自己创出的文化，取得日益进步的现代生

　　① 李友梅：《文化主体性及其困境——费孝通文化观的社会学分析》，《社会学研究》2010 年第 4 期。

　　② 李友梅：《文化主体性及其困境——费孝通文化观的社会学分析》，《社会学研究》2010 年第 4 期。

　　③ 费孝通：《文化论中人与自然关系的再认识》，《文化与文化自觉》，群言出版社 2016 年版，第 444 页。

　　④ 费孝通：《文化论中人与自然关系的再认识》，《文化与文化自觉》，群言出版社 2016 年版，第 389 页。

活内容，于是在西方的文化里不仅把人和自然对立了起来，也把文化和自然对立了起来。"①而在中国的传统文化中，"'己'是应当'克'的，即应当压抑的对象，克己才能复礼，复礼是取得进入社会、成为一个社会人的必要条件。扬己和克己也许正是东西方文化差别的一个关键。"②在被费孝通形象比喻为"三级两跳"的近现代中国社会的几次变革中，我们对传统文化的"天人合一"思想的摒弃，和对西方以"天人对立"思想为核心的文化体系、价值观念的"拿来主义"做法，已经让拥有五千年文明的东方大国叫苦不迭，文化不仅未能成为推动国家发展的软实力，甚至在很多领域成为发展的瓶颈和短板。

在全球范围内，西方社会在工业革命以后的 300 多年时间里，虽然物质财富得到了快速的发展，但以"天人对立""利己主义"等思想为主导的社会发展模式逐步表现出弊端，社会内部结构和外部环境都面临着诸多问题。世界大战、环境恶化、种族问题、恐怖袭击、经济危机、贫富分化等难题困扰着人们的日常生活与国家的稳定统一。在中国，目前面临的较大问题，一方面表现为 20 世纪末改革开放以来物质文明高速发展与社会制度和精神文化的脱节、不对称，这造成社会发展的种种不平衡，引发了各种社会矛盾和潜在的不稳定因素；另一方面，中国还面临着西方拜金主义、享乐主义、利己主义等价值观念带来的文化入侵及背后"颜色革命""宗教殖民"等潜在危机。这种情况下，费孝通提出的"文化自觉"理论，强调以传统文化为立足点，在重新认识文化的社会性和历史性的基础上，调整文化的价值观，发挥传统文化的主体性，以"和而不同"的文化态度和"天人合一"的文化生态理念，运用文化的手段应对中国社会发展中出现的问题。一些研究者认为，以文化自觉为路径发挥和坚持中国传统文化的主体性，一方面有助于我们认识、理解当前中国发展过程中存在的诸多社会文化问题，另外也能为我们如何理性解决这些问题带来启发，同时这也是维护中国文化安全的重要内容，"文化主体性一旦丧失，那就意味着一个国家、一个民族的历史被斩断了，其民族精神和传统也就丧失了。"③ 由此看来，在社会发展进程中践行"文化自觉"理念，维护传统文化的主体性是新时期国家稳定繁荣、民族自尊自立自信的重要保障。

---

① 费孝通：《文化论中人与自然关系的再认识》，《文化与文化自觉》，群言出版社 2016 年版，第 387 页。

② 费孝通：《文化论中人与自然关系的再认识》，《文化与文化自觉》，群言出版社 2016 年版，第 389 页。

③ 胡健：《树立文化自信：要摆脱自负和自责》，《解放日报·新论》2016 年 8 月 2 日第 10 版。

二　东巴文化的主体性及新主东巴群体的文化自觉

纳西族具有悠久的历史和文化传统，作为中华传统文化的有机组成部分，在中国的近代化和现代化过程中，尤其在政治变革和经济全球化的过程中，纳西传统文化也同其他中国传统文化一道面临着被冲击和解体的困境。作为纳西传统文化核心组成部分的东巴文化在这个过程中逐渐体现出其自身的文化主体性，东巴群体正是在传统文化主体性主导下开展文化自觉实践，这也带来了传统文化的复兴。

（一）东巴文化的主体性

东巴教兼具原始宗教和人文宗教特点，表现在信仰层面为万物有灵、自然崇拜、祖先崇拜、英雄崇拜和图腾崇拜等多重信仰形式并存，暗含着社会化的世俗观念。其中，万物有灵观念构成了东巴教的信仰的基石，自然崇拜为最广泛的表现形式，这两方面内容衍生发展出"东巴文化的自然观和生态观"[①]。至今仍在纳西族地区流传的祭天仪式、祭署仪式就是集中体现纳西族积极进取、自强不息的价值观，天人合一、与自然和谐共处的生态文化观的民俗活动。其次，祭祀"三多"仪式、超度"什罗"仪式、祭祀战神仪式等宗教活动中，则体现出纳西族人对英雄祖先保疆卫土、惩恶扬善、造福于民的己身责任感的赞颂。另外，在其他一些东巴教仪式中，与邻为善、尊老爱幼、爱人如己、感恩报德这样的世俗伦常也贯穿其中。综合以上，东巴文化具开拓进取的价值观，天人合一的自然生态观，心系家国的己身责任感和感恩仁爱的人伦观，这些成为东巴文化主体性的内涵和具体内容。

东巴文化兼含多民族、多元宗教文化元素，这主要受到纳西族迁徙过程和后期聚居区域内与多民族、多宗教互动的影响。东巴文化中，藏传佛教和苯教的文化元素较为突出，此外也受道教和汉地佛教的影响，长轴画卷《神路图》[②]就是东巴文化兼容多元文化的极好例证。文化构建中的多元因素一方面极大地丰富了东巴文化的内容和形式，另一方面也使得东巴文化表现出兼容并蓄、包容开放的特质，使传统文化在漫长的发展过程中形成一种既能保持主体文化核心内涵，又善于接纳、汲取异文化长处的特质。这种文化胸怀是东巴文化发挥文化主体性的内在支撑和动因。

东巴教处于原始宗教向人为宗教过渡的特点，使其又具有较强的可塑性。相比于原始宗教教义、教规的非完整性、规范性，东巴教在教义和仪

[①] 杨福泉：《东巴教通论》，中华书局2012年版，第12页。

[②] 《神路图》中关于多元文化融合的论述详见杨福泉《从〈神路图〉看藏族宗教对东巴教的影响》，另《浅谈〈神路图〉中的藏传佛教因素》中也有论及。

式规程等方面已具备一定的规范性和严整性，并在应对具体社会事件时体现出其在特定区域内一定的文化影响力和灵活机动的"中间优势"。如丽江东巴群体曾于 20 世纪 50 年代举行过"抗日阵亡将士超度法会"，在 21 世纪也多次为地震罹难者举办了超度法会，这正是这种"中间优势"的体现，在具体的实践活动中，它转化为东巴文化自身的可塑性。而在目前的社会和文化转型期，东巴文化的可塑性为其文化主体性的发挥提供了现实可能性。

综上所述，笔者分析了东巴文化主体性的内涵和具体内容、内在支撑和动因及现实可能性。作为一种"形成于纳西族生产生活历史长河中，植根于广大民众中，活着的充满生命力的，亲和力很强的开放性文化"[1]。东巴文化自产生以来，其发展和完善都在自身文化主体性的主导下进行，主体性的不断升华同时也使传统文化内容更为丰富。20 世纪中叶，由于政治运动频繁，许多传统文化活动被迫停止，使东巴文化主体性失去载体步入迷失；21 世纪末期，东巴文化的复兴带来了文化主体性的回归，而新主东巴群体则是这一回归的见证者和参与者之一。

（二）新主东巴群体的文化自觉

作为一种产生于社会生产生活实践，又服务于社区管理运转的文化形态，东巴文化具有极强的社会功能和现实意义。虽然文化土壤已经改变，但在近 30 年的复兴过程中，它仍体现出强劲的自我调节和社会适应能力，而东巴群体则是其中的主导者。

1. 文化传承方面的自觉实践

在旧时，东巴祭司作为传统文化的代言人，不仅要负责周邻村寨的日常仪式主持和传道授徒工作，还身负医者、匠人等身份。在农业社会，东巴祭司实际担任着农业生产的组织者、本土知识的传承者、宗法制度的管理者、家族权威的掌控者的多重角色。如今，纳西族地区的东巴按照活动范围可大致分为乡村东巴和城市东巴两类，乡村东巴即为传统意义上的东巴，他们日常生活以从事农业生产为主，兼负村寨传统文化持有者身份；城市东巴是指服务于旅游文化企业或是服务于研究机构的东巴，该群体已经脱离农村社会，东巴文化和传统技能成为其谋生的手段。相比农村中的东巴，城市东巴的仪式主持大都有商业展演性质，他们的教学传承工作也更多是一种市场行为。前述中，我们已经得知新主东巴都有着或多或少的城市工作经历，但除个别外现均已经返回家乡，回归传统东巴祭司的行列。对于"农村—城市—农村"这个过程，我们可以理解为是新主东巴群体在处

---

① 和品正、和钟泽：《纳西族与东巴文化》，中国民族摄影艺术出版社 1999 年版，第 1 页。

理传统文化与主流文化之间关系时所做出的，关于传统文化未来发展的道路选择。这样的选择一方面源于新主东巴群体与异文化长期接触中形成的文化自信、文化自觉，另一方面基于他们在旅游服务过程中对自身行业参与现状的不满。多位在丽江有从业经历的东巴都表示，在服务期间他们深感自己和所持有的东巴文化只是雇主用来获取商业利益的一种工具，除了获得经济报酬时瞬间的快感外，更多是无奈和孤独。与异文化持有者的接触，是新主东巴认知不同的文化观念，自我反省并形成文化价值观、增强传统文化自信的过程；与雇主间关系的解读过程则加深了群体文化反思的力度和文化自觉的速度。重新回到村中的新主东巴群体的文化实践活动，正如费孝通所言，是对自己的文化有了"自知之明"后，积极调试并形成"文化转型的自主能力"的体现，后来新主村文化复兴之路也证明了传统文化在社区"取得决定适应新环境、新时代的文化选择的自主地位"①。倘若没有与异文化的碰撞和旅游业的刺激，村民对传统文化的价值认可，和基于这种认可之上的文化自觉必将经受更多的曲折。

在具体的文化实践方面，新主村东巴群体仍以教学传承和仪式开展为主，此外，还增加了抄写东巴经文的方式。首先，在仪式的开展领域，除了在社区内恢复常见仪式外，还继承了中华人民共和国成立前常到维西、巨甸、塔城等地做仪式，与各地东巴进行文化互通、交流合作的传统；且群体还会受邀参与一些丽江企业、文化机构和传统文化推崇者家庭的仪式主持工作；仪式在满足社区居民日常生活需求之外，也成为群体社会的交流手段和诉求表达的方式。其次，在教学方面，新主不仅保留有家族/家庭东巴传承和社区私塾教学方式，还创新发展了学校东巴文化教学传承方式。学校传承方式最早是由新主"东巴王"和世俊提出，但即便在新主东巴文化发展的极盛时期也未能成行，而目前，新主东巴学校已成为丽江民间东巴培养的重要基地，教学规模和教学影响都在丽江首屈一指。最后，东巴经文抄写团队是群体中最具时代性的文化传承团体，近年来通过与政府部门和文化机构项目制合作等方式，以东巴经文整理抄写、仪式标准化运作等手段开展创新型文化传承模式，该模式既能解决参与东巴的经济收入问题，也兼备教学和传承的功能。

2. 东巴群体文化自觉的引申

作为新时期东巴文化发展的开拓者，和桂生也是新主东巴中最具创新精神的个体，除负责学校正常运转外，他对新主村和学校未来的发展都有

---

① 费孝通：《反思·对话·文化自觉》，《费孝通全集》第十六卷，内蒙古人民出版社 2009 年版，第 22 页。

自己的规划。一方面，他设想以东巴文化为核心元素打造村寨生态文化旅游产业，这不仅能为新主村带来丰厚的经济回报，也能解决学校文化传承的经费问题。

另一方面，他构思创建学校电商平台、成立文化公司，以文产推广的形式将年轻东巴创作的东巴画、东巴书法和临摹的东巴经书推向市场，扩大传统文化影响力的同时也解决更多文化传承者的生计问题。

杨树高是丽江文化界的知名人士，供职于丽江市地方史志办，而东巴家族血缘的身份又使他成为新主东巴群体与各级政府和文化部门之间的桥梁，在新主东巴文化复兴过程中，他的努力得到了村民和各参与部门的高度肯定。杨树高认为在未来发展中，新主村应该争取与外地高校、科研机构建立长期合作关系，尝试以东巴学校为平台，搭建东巴文化的产学研基地，做到传统文化的可持续发展。

此外，在与新主村多位东巴后裔的交流中，笔者发现，无论当前家中是否有人学习东巴文化，家长都极力支持、赞成后代加入东巴文化的学习队伍。其中一个重要的原因就是家族东巴文化传统使他们肩负文化传承的责任感，他们中无不以先祖东巴文化传承事迹为荣者。笔者认为，这与目前地方政府对东巴文化的扶持政策和东巴文化在国际国内得到广泛关注和认可的现状不无相关。而村民们对于国家文化政策的准确把握和外部环境的敏锐识读，也是其文化自觉的前提条件。

可以看出，无论是东巴祭司、学校管理者或是普通村民，他们都立足于各自的身份和立场，积极主动加入村寨的文化活动中。这不仅为传统文化在新主村的复兴提供了坚实的基础，也使各种身份的参与者在实践中得以分享传统文化的惠泽，并在一个互动的循环中使民族传统文化得以延续。

新主东巴群体文化实践与"场域"

在本研究中可以看出，新主村东巴群体的文化实践活动处于一个各种关系交织、各方利益主体明争暗斗的"场域"中。"布迪厄指出：'作为一种场域的一般社会空间，一方面是一种力量的场域，而这些力量是参与到场域中去的行动者所必须具备的；另一方面，它又是一种斗争的场域。就是在这种斗争场域中，所有的行动者相互遭遇，而且，他们依据在力的场域结构中所占据的不同地位而使用不同的斗争手段，并具有不同的斗争目的。与此同时，这些行动者也为保持或改造场域的结构而分别贡献他们的力量。'"① 在这个"场域"中，传统文化的力量、国家在场的力量、

---

① 高宣扬：《当代法国思想五十年》下，中国人民大学出版社2005年版，第514页。

全球化的力量并存，东巴祭司、村民、政府部门、文化机构和文化研究者作为实践的行动者相互依存。行动者们在各自背后力量的支配下，以东巴文化为焦点展开了一系列"斗争"，演绎出东巴文化兴起—发展—高潮—衰落—复兴，这一过程的漫长画卷。

从另外的角度看，"一个场也许可以被定义为由不同的位置之间的客观关系构成的一个网络，或一个构造。由这些位置所产生的决定性力量已经强加到占据这些位置的占有者、行动者或体制之上，这些位置是由占据者在权力（或资本）的分布结构中目前的、或潜在的境域所决定的对这些权力（或资本）的占有，也意味着对这个场的特殊利润的控制。另外，这些位置的界定还取决于这些位置（与其他位置统治性、服从性、同源性的位置等等）之间的客观关系"①。从新主东巴文化的发展过程中，我们可以看到，在以东巴群体及其文化实践活动为核心的"场域"内，其内部不同的"位置占有者"之间，相互形成"客观关系"，这些"客观关系"紧密联系，环环相扣，编织成一个"文化之网"或"关系—结构之网"。在这些"客观关系"中，最为基础的是传统文化与自然、与村民的关系，它们无处不在，是网络结构存在的根基；而传统文化与国家权力之间的关系处于网络结构的关键节点，决定着网络的稳固性和持续性。在网络结构中，东巴祭司群体充当联结不同"位置占有者"的角色，也是维系"场域"存在和驱动其运转的动力，各时期祭司群体的数量和质量也决定了网络结构和"场域"空间大小和结构稳定。对不同"位置占有者"背后的资本和权力机制而言，它们所占"位置"不是一成不变的，其在网络结构中的位置及对场域的重要性，取决于它们各自的社会属性和它们与传统文化的利益相关性。

在东巴群体的实践活动中，东巴祭司是能动性的主体，东巴文化的主体性及由此引发的群体文化自觉成为场域中的重要"文化惯习"，它加强、加深了群体文化资本的可塑性，增强了群体在实践中的能动性。另外，新主村东巴祭司、其文化实践与研究者之间也形成了特定的"场域"，从 19 世纪 50 年代开始，场域内各主体就存在互动。这种互动在提升区域东巴文化的知名度和社会影响力的同时，也可能会引发群体的文化误读②。

---

① ［法］皮埃尔·布迪厄著：《布尔迪厄访谈录—文化资本与社会炼金术》，包亚明译，上海人民出版社 1997 年版，第 142 页。

② 较为严重的误读为，在《新主志》编写过程中，由于李霖灿在纳西学研究领域的影响力，欲将其列为"文化基层"四字的提出者，而经多位长者核实，实际情况并非如此。

三　存在的问题

尽管新主村东巴文化传承取得了诸多成绩，但仍存在一些不足。东巴群体文化实践中存在的问题主要来自政府、学校和群体本身三个层面。

（一）政府层面的问题

政府层面的问题主要表现为地方政府对东巴学校的资金、政策支持缺乏力度，监管不到位、不合理以及对东巴群体扶持力度薄弱。除过去建盖校舍的固定资金投入外，目前，政府对东巴学校的政策和资金支持主要体现在历次"国家级非物质文化遗产东巴画"培训班开班期间，每次投入 7 万元左右，经费使用捉襟见肘。作为国家级非遗项目，每年都有一定数额的传承经费可供地方管理部门申请划拨，据笔者侧面了解，实际到校经费和申请划拨经费之间仍有较大出入。另对于每次 20 天的东巴画培训班，无论是教师、学员还是一些东巴文化专家都认为未达到最佳效果，很多专家和学员对课程设置的合理性提出质疑。相比而言，业内和外界对 2012 年市政府主导的祭天文化培训活动较为认可，与历次东巴画培训班中东巴画、东巴经、东巴舞等多项课程短期内填鸭式教学不同，祭天培训活动在 30 天时间内集中对仪式所用经典、仪式规程、仪式操作过程的系统教学，使学员基本具备了该仪式的主持能力，由此引发后来多地祭天仪式恢复[①]，产生了实质性的效果。

另外，关于新主东巴学校的身份归属问题，目前仍未有明确的定位，丽江市文化局、丽江市非物质文化遗产管理中心、丽江市东巴文化研究院和丽江市东巴文化博物院，是四家与东巴学校发生联系较多且有相关挂牌的单位和部门，但四个单位都未对学校采取实际监管工作，他们之间亦无较好的沟通与协调。市文化局和非遗中心任命村委会书记代管学校的做法更是诟病颇多。从地方政府对新主东巴群体的扶持角度看，除了每年给非遗传承人发放少量补助外，便无其他更多具备实际操作性的扶持方案，放眼整个纳西族地区，其很多方面的扶持力度甚至不及民营企业玉水寨。此外，从省市级申请的经费下拨到下级主管部门后，有逐级克扣的现象，新主东巴学校在一定程度上也成为不同主体攫取经济利益和社会声誉的工具。

（二）学校内部问题

东巴学校作为东巴群体日常活动的重要场所，如今已经变成了新主东巴文化传承的一张名片，但学校管理成为目前诸多村民和关注学校发展者较为担忧的问题。客观上，学校存在规章制度不健全，管理涣散、无序问题，主观上，学校日常维护及教学活动过于依赖管理者意志。在笔者的调

---

① 该年度恢复祭天仪式的村寨中，个别地方由于祭司未能完全掌握经典，后来也有中断者。

查期间，甚至曾发生管理者禁止东巴学员在学校中抄写经书的情况，当然，这也绝非是单方面造成的问题。作为社区内的一种现实和潜在的社会资源，学校管理权成为各方关注的一个焦点，每年开班时经费的支配权和不定期的校舍建设工程实际更是像磁石一样吸引着大家的目光。作为目前的实际管理者，新主村"一把手"HSZ 给外界留下了"不熟悉东巴文化的人管理学校"的刻板印象；学校的前期管理者和桂生则被诟病为"行事鲁莽""做事没有头脑"。另外，学校两位财务人员工作的合理合法性，两位后勤人员的不作为等问题也受到外界的质疑。到底是要"懂文化"但无太多管理经验的和桂生来管理东巴学校，还是"懂政治"的 HSZ 继续担任管理者？抑或能寻得一位既能把握东巴文化脉络又深谙管理之道的负责者接管学校？管理问题能否妥善解决，将关系学校未来文化传承的思路，也会影响新主东巴群体、村民和外界的文化信心和热情，左右社区未来的传统文化发展方向。

（三）群体内部问题

传统文化实践过程中存在的第三个主要问题源自新主东巴群体内部，村中两位影响力较大的东巴教师不但在很多时候形同陌路，他们两人各自的弟子也很少在传统文化方面相互交流学习。从东巴经典的把握和具体仪式操作能力来看，和圣典东巴及其弟子实力较强；但在社会资源占有和创新能力方面，和桂生与弟子占有优势。两个群体之间虽存在较大的交流借鉴、合作提高空间，但一直未能形成合力，无益于个体、群体水平提升的同时，亦给外界对新主东巴群体的评价带来诸多负面影响。

附　　录

附录一　和圣典收藏经书编目

mɯ³³lɯ⁵⁵du³¹dzʅ³¹ne¹³tsʰo³¹ze³³lɯ⁵⁵ɣɯ³³ʂʅ³³sʅ³¹lɑ³¹tʂu⁵⁵pʰər³¹《美丽董主和崇忍利恩解生死结经》

sv⁵⁵mi³³ku⁵⁵《小祭家神仪式经》

sv⁵⁵dɯ³¹kʰv³¹·su⁵⁵mi³³gu⁵⁵《大型迎请·祭家神仪式经》

sv⁵⁵dɯ³¹kʰv³¹ • tʂʰə⁵⁵ʂu⁵⁵《大祭家神仪式•除秽经》

sv⁵⁵kʰv³¹ • su⁵⁵xɑ³³ʂɻ³¹《祭家神•献饭经》

sv⁵⁵kʰv³¹ • bæ³³mi³³tʂɻ⁵⁵wɑ³¹me⁵⁵《祭家神•点油灯经》

sv⁵⁵kʰv³¹ • nɯ³¹dzər⁵⁵dzæ³³dzər⁵⁵wɑ³¹me⁵⁵《请家神•求吉求富经》

mi^{55}zv^{31}mi^{55}pv^{55} · gə^{33}k^{h}e^{55}ʂə^{55}wɑ^{31}《迎亲送亲·说吉利话经》

sv^{55}k^{h}v^{31} · li^{33}to^{33}p^{h}i^{55}t^{h}e^{33}ɣɯ^{33}wɑ^{31}me^{55}《祭家神·丢弃面偶祭祀署神经》

mi^{55}zv^{31}mi^{55}pv^{55} · tɑ^{33}tse^{33}wɑ^{31}me^{55}《迎亲送亲·进门经》

mi^{55}zv^{31}mi^{55}pv^{55} · k^{h}ue^{55}ʂə^{55}t^{h}e^{33}ɣɯ^{33}wɑ^{31}me^{55}《迎亲送亲·说吉利话经》

sv⁵⁵duɯ³¹kʰv³¹ • mu³³dze³³tʰe³³ɣuɯ³³wa³¹me⁵⁵《大祭家神仪式·献牲经》

sv⁵⁵kʰua³¹kʰuɯ⁵⁵ • ta³³so³³pʰæ³³ • nu³³dzər⁵⁵dzæ³³dzər⁵⁵tʰe³³ɣuɯ³³wa³¹ me⁵⁵《钉家神桩·拴流苏·牵富裕福分经》

sv⁵⁵mi³³gu⁵⁵ • xa³³ʂɿ³¹tʰe³³ɣuɯ³³waɑ³¹《小祭家神仪式·献饭经》

sv⁵⁵mi³³gu⁵⁵ • pɑ⁵⁵mɑ³¹pɑ⁵⁵tʰe³³ɣuɯ³³wɑ³¹me⁵⁵《小祭家神仪式·为新人抹酥油经》

sv⁵⁵mi³³ku⁵⁵·bæ³³mi³³tʂʅ⁵⁵tʰe³³ɣɯ³³wa³¹me⁵⁵《小祭家神仪式·点油灯》

sv⁵⁵kʰv³¹·se³³do³³tsʰʅ⁵⁵·tʂʰə⁵⁵ʂu⁵⁵·kua⁵⁵u⁵⁵·bæ³³mi³³tʂʅ⁵⁵tʰe³³ɣɯ³³wa³¹《祭家神仪式·设神坛·除秽·撒祭粮·点油灯经》

mi⁵⁵ʐv³¹mi⁵⁵pv⁵⁵·gə³³kʰue⁵⁵ʂə⁵⁵wa³¹《迎亲送亲·说吉利话经》

mɯ³³py³¹·ɕy³¹tʂʅ⁵⁵tʰe³³ɣɯ³³wa³¹《祭天仪式·烧香经》

muɯ³³py³¹ • ku⁵⁵ɕy⁵⁵ • kʰa³³tʂʰǝr³³sa⁵⁵wa³¹me⁵⁵《祭天仪式•许愿•点神药经》

muɯ³³py³¹ • tsʰo³¹bǝr³³sa⁵⁵tʰe³³ɣɯ³³wa³¹me⁵⁵《祭天仪式•人类迁徙记经》

tʂʰu⁵⁵pa³³dɯ³¹dʑi⁵⁵tʰe³³ɣɯ³³wa³¹me⁵⁵《烧大天香仪式经》

tʂʰu⁵⁵pa³³dʑi⁵⁵ •so³³to³³ •kv³³tʂu⁵⁵mæ⁵⁵tʂǝr⁵⁵wa³¹me⁵⁵《烧大天香仪式•求吉仪式•上卷末尾经》

no⁵⁵bv³¹ • mu³³dze³³xɑ³³ʂʅ³¹ • no⁵⁵dzæ³³tsər⁵⁵wɑ³¹me⁵⁵《祭祀畜神仪式 •
献饭 • 拉福分经》

no⁵⁵bv³¹ • tsʰo³¹bər³³sɑ⁵⁵lər³³ʂu⁵⁵ • ku⁵⁵ɕy⁵⁵《祭畜神仪式 • 人类迁徙记 •
反省过错 • 许愿经》

sv⁵⁵kʰv³ • ¹se³³do³³tsʰʅ⁵⁵ • tʂə⁵⁵ʂu⁵⁵ • kuɑ⁵⁵u⁵⁵ • bæ³³mi³³tʂʅ⁵⁵tʰe³³ɣɯ³³
wɑ³¹《祭家神仪式 • 设神坛 • 除秽 • 撒祭粮 • 点油灯经》

ʂər⁵⁵lər³³nv⁵⁵ • sʅ³³mi⁵⁵mɑ³¹tso³³ko⁵⁵ʂv³³mɑ³¹pv⁵⁵wɑ³¹《超度 "什罗" •
送走害死 "什罗" 的斯密毛佐经》

k^{h}ua^{33}p^{h}v^{55}dʑ^{33}p^{h}v^{55}t^{h}e^{33}ɣɯ^{33}wa^{31}me^{55} 《抛弃祭司的过失罪经》

ʂər^{55}lər^{33}nv^{55} · tʂæ^{31}gv^{33}k^{h}u^{33}p^{h}u^{33}wa^{31} 《超度"什罗"·开启四方柜经》

xe^{31}zɿ^{33}p^{h}i^{31} · le^{31}tʂ^{h}ə^{55}zər^{31}t^{h}e^{33}ɣɯ^{33}wa^{31} 《神路图·镇压驱赶污秽气经》

ɕi^{33}nv^{55} · gv^{33}kɯ^{55}bə^{33}wə^{33}gv^{55}we^{33}p^{h}ər^{31}wa^{31}me^{55} 《超度死者仪式·捣毁崩人的九个寨子经》

ʂər⁵⁵lər³³tsʰe⁵⁵dʐu⁵⁵wɑ³¹me⁵⁵《超度"什罗"仪式·藏文经》

ʂər⁵⁵lər³³nv⁵⁵·luɑ³¹so³³kʰu³³pʰu³³wɑ³¹me⁵⁵《超度"什罗"仪式·神路图解经》

li³³y³¹zo³³ɣɯ³³le³³xe³¹xæ⁵⁵tʰe³³ɤɯ³³wɑ³¹me⁵⁵《开丧仪式·孝子背皮口袋祭拜经》

ʂər⁵⁵lər³³tsʰe⁵⁵dʐu⁵⁵《超度"什罗"·册忠经》

şər⁵⁵lər³³nv⁵⁵・gə³³ba³¹tʰv³³tʰv³¹・dv³¹xɯ⁵⁵na³¹pʰər³¹《超度"什罗"・解开黑毒海经》

ɕi³³nv⁵⁵・pʰv³³ʂʅ³³li³³ʂu³¹《超度死者・寻找墓地经》

li³³y³¹zo³³gə³³mu³³du³³《用整张牛或者羊皮充气祭祀亡灵经》

la³³mu³³nv⁵⁵li³³tʰa³¹dʑi⁵⁵《烧"丽塔"超度"丁巴什罗"的妻子拉姆经》

muɯ³³py³¹tsʰo³¹bər³³sɑ⁵⁵ • mɯ³³dze³³xɑ³³ʂɿ³¹《祭天仪式 • 人类迁徙记 • 献牲经》

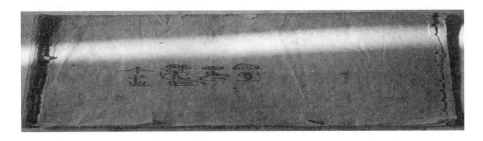

tɕʰi³³mi¹³y³¹kæ³³fe³¹lo³¹ • mu³³dze³³xɑ³³ʂɿ³¹tʰe³³ɣɯ³³《清明在坟前献饭经》

gu³³dzɿ³¹tʰv⁵⁵tɕʰi³³wa³¹me⁵⁵《开丧 • 出殡经》

y³¹iə⁵⁵¹tʰe³³ɣɯ³³《开丧 • 献绵羊经》

py³¹tʂv³³tʰe³³ɣɯ³³《请东巴经》

ku³³ʂu⁵⁵lɑ⁵⁵《给死者制作五行绸饰经》

æ³³dzər³³mi⁵⁵ • tsʰv³³tsu⁵⁵tʂʰu³¹tsu⁵⁵《种收庄稼·给死者献早晚饭经》

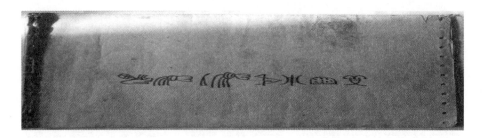

lo⁵⁵ku⁵⁵tɕʰi³¹ku⁵⁵《给死者魂路带饭经》

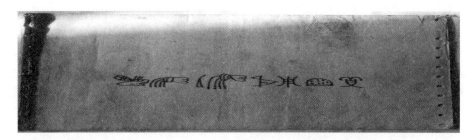

ʂ̩³³kɯ³¹pv⁵⁵·tʂʰu³³sæ³³pv⁵⁵tʰe³³ɣɯ³³wɑ³¹me⁵⁵《送重丧经》

ʂər⁵⁵lər³³gv³³tʰv³³tʰe³³ɣɯ³³wɑ³¹me⁵⁵《超度"什罗"·东巴教主出处与来历经》

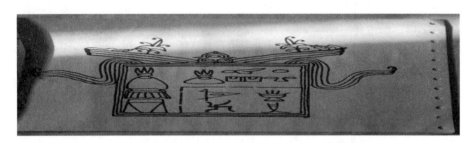

gu³³dzo³¹tʰv⁵⁵tɕi³³ʐ̩³³pʰu³³wɑ³¹me⁵⁵《开丧仪式·开路经》

ʂər⁵⁵lər³³mi³³kʰə³¹pʰv⁵⁵tʰe³³ɣɯ³³wɑ³¹me⁵⁵《"丁巴什罗"抛弃过失罪经》

tʂua³¹dæ³³nv⁵⁵·la³³tʰv³³la³³pɯ⁵⁵wa³¹me⁵⁵《超度男英雄·虎的来历与出处》

la³³mu³³nv⁵⁵·kʰa³³li³³pʰi⁵⁵《超度拉姆·以放里多替身的方式抛弃过失罪经》

ɕi³³ʂʅ³³ɕi³³nv⁵⁵du³³mu³¹to³³mɑ³³du³³mu³¹《开丧超度规程和放多玛的规程》（旧）

ʂər⁵⁵lər³³nv⁵⁵·dzər³¹tʂæ⁵⁵tæ⁵⁵ʂʅ³³ʂu³¹o³¹sɑ⁵⁵《超度"什罗"仪式·降威灵·求吉经》

ɕi³³ʂɿ³³kv³³ · le³³xe³¹xæ⁵⁵wɑ³¹me⁵⁵《开丧仪式·孝子孝女祭规经》

ɕi³³ʂɿ³³ɕi³³nv⁵⁵du³³mu³¹ to³³mɑ³³du³³mu³¹《开丧超度规程和放多玛的规程》（新）

ɕi³³ʂɿ³³kv³³ · mu⁵⁵dzər³³wɑ³¹me⁵⁵《开丧·挽歌》

ɕi³³ʂɿ³³ɕi³³nv⁵⁵ · gu³¹tʂæ⁵⁵wɑ³¹me⁵⁵《开丧超度·献冥马经》

ɕi³³ʂ̩³³ɕi³³nv⁵⁵ • ʐ̩³³sɿ⁵⁵tʂər³³tʰv³³tʰe³³ɣɯ³³wɑ³¹me⁵⁵《开丧超度・敬酒经》

ʂər⁵⁵lər³³gv³³tʰv³³tʰv³³tʰe³³ɣɯ³³wɑ³¹me⁵⁵《东巴教主出处与来历经》

lɑ³³mu³³nv⁵⁵ • le³¹tʂʰə⁵⁵ • to³³mɑ³³pʰi⁵⁵《超度拉姆・以放里多替身的方式抛弃过失罪经》

ʂər⁵⁵lər³³nv⁵⁵ • bæ³³mi³³tʂɿ⁵⁵《超度"什罗"・点油灯》

ʂər⁵⁵lər³³nv⁵⁵·mi³³kʰə³¹le³¹tʂʰə⁵⁵kʰu³³bv³³dʑi³³ɑ³³tɕi⁵⁵tɕʰi³¹dzu³³ʐuɑ³¹《超度"什罗"·抛弃过失罪经》

iə³³ko³³gu³¹kæ³³gu³¹to⁵⁵tʰe³³ɣɯ³³wɑ³¹me⁵⁵《开丧超度·生死分解经》

ɕi³³ʂl̩³³ɕi³³nv⁵⁵·tse⁵⁵mi³³kɯ⁵⁵《开丧超度·为多次婚配的女死者放鸡伴偶经》

ɕi³³ʂl̩³³kv³³gə³³ʐɣ⁵⁵ɕi³³ɑ³³bɑ³³nɯ³³tsʰo³¹ze³³pʰər³³dɯ¹³to⁵⁵ko³¹kæ³³kʰɯ⁵⁵wɑ³¹me⁵⁵《开丧·入西阿爸给崇仁普督放替身经》

ɕi³³nv⁵⁵ • gv³³ʂu³³gv³³tse⁵⁵wɑ³¹me⁵⁵《超度死者·请舅舅组织仪式道场经》

ʂʅ³¹kʰv³¹ʂʅ³¹ha⁵⁵ʂʅ³¹kʰu⁵⁵ʂʅ³¹pʰu³³ʂʅ³¹dər⁵⁵pʰər³³ʂʅ³¹o³¹ʂər⁵⁵ʂʅ³¹kʰu³³tɕʰi³³《请署神·侍署觉·开署门·解署结·送署归五种经》

ga³³nv⁵⁵tʰe³³ɣɯ³³ • du¹³gə³³i³¹ʂʅ⁵⁵bu³³dzo³³py³³bv³¹nɯ³³ • ɕy⁵⁵xər³¹mi³³tʰv³¹tsʅ⁵⁵ • ga³³pʰi⁵⁵ga³³le³³ʂu³¹《超度胜利者·美丽董主的祭司带着柏树火把寻找丢失的胜利者经》

æ³¹tɕy³¹tsʰʅ³¹zi⁵⁵ʂv³³wɑ³¹me⁵⁵《开丧·鸡鸣醒鬼经》

ɕi³³ʂ̩³³ɕi³³nv⁵⁵·dzʐ̩ʰər³¹dzʐ̩³³mi⁵⁵《开丧超度·给死者献饭经》

to⁵⁵kʰɯ⁵⁵gɑ³¹pa³¹dzi⁵⁵tʰe³³ɣɯ³³wa³¹《禳垛鬼·烧香经》

ʂər⁵⁵lər³³nv⁵⁵·ʂər⁵⁵lər³³pʰi⁵⁵·ʂər⁵⁵lər³³ʂu³¹·dv³¹xɯ⁵⁵na³¹pʰər³¹tʰe³³ɣɯ³³《超度"什罗"·失"什罗"寻"什罗"·解毒鬼的黑海经》

ɕi³³nv⁵⁵dʑi³¹pʰər³³dʑi³³ku⁵⁵tʰe³³ɣɯ³³wɑ³¹《超度死者·祭司法袍的出处与来历经》

la³³mu³³nv⁵⁵•ŋi³³uə³³ʂæ³³xɯ⁵⁵tʰv³³•dv³¹xɯ⁵⁵na³¹pʰər³¹wa³¹me⁵⁵《超度拉姆•解染秽血海和毒鬼黑海经》

æ³³dzər³³mi⁵⁵•lo⁵⁵ku⁵⁵tɕʰi³¹ku⁵⁵《收种庄稼•给死者带魂路饭》

kʰɯ⁵⁵dzo³¹nv⁵⁵tʂu⁵⁵•æ³³dzər³³mi⁵⁵xa³³ʂʅ³¹tʰe³³ɣɯ³³wa³¹《开丧超度•亡灵的献饭经》

Wa³³dzu³³bæ³¹mæ³³sʅ³¹ly³¹《五孔贝占卜经》

ʂv³¹gv³¹ · ʂv³¹ʑi⁵⁵ʂv³³《祭署·唤醒署神》

ʂv³¹gv³¹ · se³³tsuɑ³³ko⁵⁵mu¹³ne¹³ʂv¹³æ³¹《祭署·色爪够姆和署斗争》

ɕiə³³tɕʰy³¹ʂv¹³æ³¹《祭署·署鹏斗争》

ʂv³¹dɯ³¹gv³¹kv³³gə³³mu³³dze³³ · æ³¹ku⁵⁵iə⁵⁵ · æ³¹nɯ³³ku⁵⁵ɕy⁵⁵ʂv³¹tʂʰər³³
kʰɯ⁵⁵tʰe³³ɣɯ³³《祭署·用鸡放生许愿给署点药经》

ʂv³¹gv³¹xɯ³¹me⁵⁵《祭署·求雨经》

ʂv³¹gv³¹gə³³la³³lər³³la³³tse⁵⁵nɯ¹³dze³³zo³³miə³³ɕy³¹tʂər⁵⁵me⁵⁵wa³¹《祭署·拉乐拉则家和泽若缪许家的故事》

ʂv³¹gv³¹·kʰu³³tɕʰi³³pʰi⁵⁵tʰe³³ɣɯ³³《祭署·送走守门的署头目经》

ʂv³¹gv³·ʂv³¹dɯ³¹kʰv³¹·ʂv³¹sa⁵⁵wa³¹me⁵⁵《祭署·迎请署神经》

ʂv³¹gv³•ʂv³¹tɕʰy⁵⁵zuɑ³¹•ʂv³¹ku⁵⁵ɕy⁵⁵•ʂv³¹tʂʰər³³kʰɯ⁵⁵tʰe³³ɣɯ³³《祭署•还署债•许愿•放署药经》

ʂv³¹dɯ³¹gv³¹ʂv³¹kʰv³¹•ʂv³¹sɑ⁵⁵wɑ³¹me⁵⁵《祭署•迎请署神经》

to⁵⁵kʰɯ⁵⁵do³³æ³³ʂv⁵⁵æ³³dzv³³we³³pʰer³¹《禳垛鬼•黑白战争》

ʂv³¹gv³¹•kʰu³³tɕʰi³³pʰi⁵⁵tʰe³³ɣɯ³³《祭署•送走守门的署头目经》

bæ³¹mæ³³sʅ³¹ly³¹wɑ³¹《两孔贝占卜经》

gɑ³³lɑ³¹zʅ³³tʂu⁵⁵py³¹ɕy⁵⁵xər³¹nɑ³³dɑ³¹dzi⁵⁵tʰɑ⁵⁵pʰər³¹tsʰʅ⁵⁵《求寿仪式·建塔经》

dzər³¹tʂæ⁵⁵dɯ³¹tʰe³³ɣɯ³³wɑ³¹《求寿仪式·大降威灵经》

ga^{33}la^{31}zη^{33}tʂu^{55}py^{31} · y^{33}pʰər^{33}ər^{31}mæ^{33}ɕiə^{55}《求寿仪式·从拴绵羊绳尾看吉凶经》

ga^{33}la^{31}zη^{33}tʂu^{55}py^{31} · dʐər^{31}ʂu^{31}tʰe^{33}ɯ^{33}《求寿仪式·求威灵经》

ga^{33}la^{31}zη^{33}tʂu^{55}py^{31} · kʰv^{55}by^{33}z$\eta^{33}$by^{33}《求寿仪式·求年求寿经》

ga^{33}la^{31}zη^{33}tʂu^{55}py^{31} · pʰv^{33}la^{31}sa^{55} lv^{31}ka^{33}tsʰη^{55}《求寿仪式·迎请神灵·求发展神时候向龙神求保佑》

ɡa³³la³¹zɿ³³tʂu⁵⁵py³¹ • y³¹kʰo⁵⁵dʑi³³pʰər³³dʐ³³na³¹xua⁵⁵《求寿仪式占卜书·宰羊黑水白水做占卜》

ɡa³³la³¹zɿ³³tʂu⁵⁵py³³ • la³³lər³¹ɕiə⁵⁵《求寿仪式占卜书·用羊内脏看吉凶》

so³³ʂua³¹dʑi⁵⁵ tʂʰə⁵⁵ʂu⁵⁵ • i³³dər³³la³³mu³³tsʰe³¹sɿ⁵⁵kv³³sa⁵⁵《求寿仪式经书·除秽·烧除秽火·迎请十三位吉祥的大东巴的妻子依端拉姆降临》

ɡa³³la³¹zɿ³³tʂu⁵⁵py³¹ • ʂv³¹dɯ³³ɡv³¹ʂv¹³ɡɯ³¹ tʰa⁵⁵pʰər³³tʂʰɿ⁵⁵《求寿仪式·为署神建白塔》

ga³³la³¹ʐ̩³³tʂu⁵⁵py³¹·dzy³¹na⁵⁵zo⁵⁵lo³³gv³³xa³¹tʰv³³xa³¹pɯ⁵⁵《求寿仪式·人类的发展神在局那若罗神山上的来历》

ga³³la³¹ʐ̩³³tʂu⁵⁵py³¹·ʂv⁵⁵nɯ³dzæ³³dzǝr⁵⁵dziǝ³¹bv³³ga³³tɕʰi³³gu³¹ku³³pʰu³³wa³¹me⁵⁵《求寿仪式·牵来家神和富豪的福泽来·请"九补"神打开谷仓门将其装进去》

ga³³la³¹ʐ̩³³tʂu⁵⁵py³¹·dzǝr³¹kʰa³³tɕʰ̩³³dzǝr³¹ha³³ʂ̩³¹³tʰe³³ɣɯ³³《求寿仪式·牵来威灵·给威灵献饭经书》

ga³³la³¹ʐ̩³³tʂu⁵⁵py³³·mɯ³³zo³³kʰa³³ɕi³¹kʰa³³lo¹³kʰa³³nɯ³³dʐ̩³³dv⁵⁵《求寿仪式·抵挡柯兴柯勒降下的灾祸》

ga³³la³¹zʅ³³tʂu⁵⁵py³¹·ga³³pʰi⁵⁵ga³³le³³ʂu³¹ga³³tʂʅ³³kʰm⁵⁵《寻找胜利神点神药》

ga³³la³¹zʅ³³tʂu⁵⁵py³¹·ŋv³¹dzo³¹xæ³¹dzo³¹wo³¹dzo³¹tʂʰu³¹dzo³¹tso⁵⁵wɑ³¹me⁵⁵《求寿仪式·给主人建金桥银桥绿松石和墨玉的桥·让吉祥来到他家》

ga³³la³¹zʅ³³tʂu⁵⁵py³³·dzi³³sa⁵⁵dzu³³《求寿仪式·请净水》

ga³³la³¹zʅ³³tʂu⁵⁵py³¹·xuɑ³¹tʂu³³xuɑ³¹kʰv³³ga³³la³¹gə⁵⁵bv³³ga³³la³¹gə⁵⁵mu³³xuɑ³¹kʰɯ⁵⁵wɑ³¹me⁵⁵《请发展神·噶老够步·噶老够母降下发展神》

ga³³la³¹zɿ³³tʂu⁵⁵py³³ • ga³³la³¹xa³³ʂɿ³¹《向战神献饭》

ga³³la³¹zɿ³³tʂu⁵⁵py³³ • dʐər³¹ʂu³¹《求寿仪式 • 求威灵》

ga³³la³¹zɿ³³tʂu⁵⁵py³³ • sɿ³³pʰv³³dzə³¹bv³³ka³³tɕʰi³³mɯ³³kʰu³³pʰu³³pʰv³³la³¹tʂv³³《求寿仪式 • 请斯普玖布神开天门降天神》

ga³³la³¹zɿ³³tʂu⁵⁵py³¹ • lv³¹xa³³ʂɿ³¹《求寿仪式 • 给龙神献饭》

ɡɑ³³lɑ³¹zɿ³³tʂu⁵⁵py³³ · lər⁵⁵bu³¹ʂu³¹ ly⁵⁵tʂu⁵⁵《求寿仪式·求福寿·中册》

ɡɑ³³lɑ³¹zɿ³³tʂu⁵⁵py³³ · ɡɑ³³lɑ³¹y³¹mu³³kʰɯ⁵⁵dv³¹tsɿ³³ɡɯ³³no³³wo³¹me⁵⁵
《求寿仪式·献绵羊·求福泽》

ɡɑ³³lɑ³¹zɿ³³tʂu⁵⁵py³³ · zɿ³³ter³³lɑ³³mu³³sɑ⁵⁵《求寿仪式·迎请依端拉
姆经》

ɡɑ³³lɑ³¹zɿ³³tʂu⁵⁵py³³ · kʰv⁵⁵zɿ³³mæ⁵⁵tsu⁵⁵《求寿仪式·求年岁·下册》

ga³³la³¹zɿ³³tʂu⁵⁵py³¹ • pʰv⁵⁵la³¹xa³³ʂɿ³¹ tʂʰu⁵⁵pa³³dzi⁵⁵《求寿仪式·给神灵献饭·烧天香》

ga³³la³¹zɿ³³tʂu⁵⁵py³³ • xua³¹tʂv³³xua³¹kʰv³¹xua³¹kʰɯ《求寿仪式·迎请降下人类发展神》

ga³³la³¹zɿ³³tʂu⁵⁵py³³ • ga³³tʰv³³ga³³pɯ⁵⁵ • nu³¹dzər⁵⁵dzæ³³dzər⁵⁵ʂv⁵⁵kʰv³¹gæ³³kʰv³¹《求寿仪式·胜利神的出处来历·牵吉祥富裕·迎请家神胜利神》

ga³³la³¹zɿ³³tʂu⁵⁵py³³ • xɯ³¹dzər³¹tʂæ⁵⁵ • o³¹me³³kʰv³¹ • xɯ³¹dzæ³³dzər⁵⁵《求寿仪式·牵福分·富分·威风》

ɡa³³la³¹zɿ³³tʂu⁵⁵py³¹ • dv³¹tsɿ³³tʂʰər³³ɣɯ³³ɡɯ³³ • tʂʰər³³kɯ⁵⁵tʂʰər³³sɑ⁵⁵《求寿仪式•净水壶•点神药》

ɡa³³la³¹zɿ³³tʂu⁵⁵py³³ • zɿ³¹lv³³tɯ³¹ • pʰv³³la³¹sɑ⁵⁵ • xe³¹ku⁵⁵iə⁵⁵《求寿仪式•开坛经•迎请神灵》

ɡa³³la³¹zɿ³³tʂu⁵⁵py³¹ • y³¹tʰv³³y³¹pɯ⁵⁵ • i⁵⁵mu³¹xua⁵⁵《求寿仪式•绵羊的来历出处•解梦》

ɡa³³la³¹zɿ³³tʂu⁵⁵py³¹ • ɡə³³ba³¹lər³¹sɑ⁵⁵ • bu³¹lər⁵⁵ʂu³¹ • kv³³tsu⁵⁵ • dzər³¹tʰy⁵⁵《求寿仪式•学生跪地求福分的种子•降威灵给下面的人•上册》

gɑ³³lɑ³¹zɿ³³tʂu⁵⁵py³¹・ɕy³³zər³³by³³bv³¹sɑ⁵⁵・tɑ⁵⁵xɑ³³mu³³sɑ⁵⁵《求寿仪式・请金木水火土五方祭司》

gɑ³³lɑ³¹zɿ³³tʂu⁵⁵py³¹・ɕy⁵⁵xər³¹le³³dʑ³¹pɑ⁵⁵tʰv⁵⁵《求寿仪式・建造柏木梯子・刨梯子的台阶》

gɑ³³lɑ³¹zɿ³³tʂu⁵⁵py³³・iə³³mɑ³¹tsu⁵⁵bɑ³³dʑi⁵⁵《求寿仪式・给优麻战神烧天香》

gɑ³³lɑ³¹zɿ³³tʂu⁵⁵py³¹・gə³³bɑ³¹lər³¹sɑ⁵⁵・bu³¹lər⁵⁵ʂu³¹mæ⁵⁵tsu⁵⁵・dʑər³¹tʰy⁵⁵mæ⁵⁵tsu⁵⁵《求寿仪式・学生跪地求福分的种子・降威灵给下面的人・下册》

ɡɑ³³lɑ³¹zɿ³³tʂu⁵⁵py³¹ · du³³mu³¹ · mɯ³³lɯ⁵⁵du³¹dzu³¹du³¹kʰe⁵⁵wɑ³¹me⁵⁵《求寿仪式规程·美丽董主的故事》

ɡɑ³³lɑ³¹zɿ³³tʂu⁵⁵py³¹ · lv³¹ly⁵⁵bæ³³mi³³tʂɿ⁵⁵ · bu³³ʐɿ⁵⁵ŋʐ³¹bu³³ʐɿ⁵⁵ku⁵⁵《求寿仪式·塑龙神·向龙神索新路·开新路》

mɯ³³py³¹ · tʂʰə⁵⁵ʂu⁵⁵ɕy³¹tʂɿ⁵⁵《祭天·除秽烧香》

mɯ³³py³¹ · tsʰo³¹bər³³sɑ⁵⁵ · mu⁵⁵dze³³xɑ³³ʂɿ⁵¹《祭天·人类迁徙记》

mɯ³³py³¹·ku⁵⁵ɕy⁵⁵kʰɑ³³tʂʰər³³sɑ⁵⁵《祭天·放生·求取神药》

mɯ³³py³¹·mu⁵⁵dze³³xɑ³³ʂɿ⁵¹《祭天献饭经书》

py³³pʰɑ³¹kuɑ⁵⁵ʂu³³《祭司求福分经书》

ʂv³¹tʂʰər³³kʰɯ⁵⁵《给署神点药经》

py³¹ly³³kʰu³³・tʂʰu³³py³¹tʂʰu³³kʰu³³pʰi⁵⁵《开坛经・把不祥之物抛弃》

tɕi⁵⁵kv³³py³³・tʰv³³pɯ³³pɯ⁵⁵pɯ³³kʰɯ⁵⁵dzo³¹wɑ³¹《退口舌的出处与来历规程经》

tɕi⁵⁵kv³³by³³・ʐv³¹kʰv³¹tʰe³³ɣɯ³³《退口舌・请仇人经书》

o³³tsʰʅ³¹py³¹・bu³³pʰv⁵⁵・tʂʰv³³tɕʰi³³tʰe³³ɣɯ³³《退口舌经・抛弃过失罪・将口舌是非鬼送出去》

kuɯ^{31}py^{31}·lər^{55}tʂɭ^{55}·mu^{55}dze^{33}xɑ^{33}ʂɭ^{31}《祭星·生祭·献饭》

luɯ^{55}ʂu^{55}luɯ^{55}py^{31}《祭祀猎神经》

ze^{31}me^{33}mu^{33}dze^{33}ze^{31}tʰv^{33}ze^{31}puɯ^{55}《祭则和枚·生献·则的出处来历》

ze^{31}me^{13}xɑ^{33}ʂɭ^{31}tʂʰər^{33}kʰuɯ^{55}du^{33}mu^{31}《祭则和枚·熟献·点药的规程》

li^{33}to^{33}to^{33}ma^{33}p^{h}i^{55}《放里多多玛经》（被血污染水源地后举行·祭署·
索多求吉烧大天香等用）

do^{33}sa^{31}wa^{33}t^{h}v^{55}ts^{h}o^{33}ze^{33}li^{55}yɯ^{33}ka^{33}lɯ^{33}tɕ^{h}y^{55} tʂər^{55}dzo^{31}《除秽经·
多撒瓦土·崇仁利恩和高勒趣的故事》

dzər^{31} tʂæ^{55}t^{h}e^{33}ɣɯ^{33}《加威灵经书》

ʂər^{55}lər^{33}gv^{33}t^{h}v^{33} kv^{33}tʂu^{55}《"丁巴什罗"传》

tʂʰu⁵⁵pa³³dzi⁵⁵《烧天香》

sæ³³do³³dzi⁵⁵ʂ̩⁵⁵ʐ̩³¹ʂu⁵⁵《祭"三多"神·龙神》

ɕiə³³tɕʰy³¹to³³mɑ³³no⁵⁵《送修曲面偶解除不吉经》

pʰv³³la³¹kʰv⁵⁵bu³³ne¹³tsʰo³³bu³³《天神的寿岁和他们舞谱》

bər³¹tɕʰy³³ɕi³³so³³do³³mɑ³³no⁵⁵《送三个补曲西索垛面偶经》

kɑ³³le³¹tɕʰy⁵⁵o³¹ʂər⁵⁵《高勒趣招魂经》

bɯ³³ɣɯ³³mɑ³¹de³³no⁵⁵《为女性禳解经》

pʰv⁵⁵tsʰ̩³³we³³lv⁵⁵o³¹ʂər⁵⁵tʂər⁵⁵dzo³¹《招魂经》

be³¹dɑ³³sɑ⁵⁵be³¹tɕiə⁵⁵mi³³xuɑ⁵⁵dzi³³xuɑ⁵⁵tʂʰə⁵⁵xuɑ⁵⁵《请白当神为夭折儿童除秽禳解经》

lər³³tsʰʅ³¹tʰv⁵⁵mu³³kʰu⁵⁵ɕy⁵⁵《赶勒鬼·献牲经》

dɑ³³kv³³xuɑ⁵⁵ly tʰe³³ɣɯ³³《制皮鼓绘咒经》

dʑi³¹kv³³gɑ³³tsʰʅ⁵⁵tʰe³³ɣɯ³³《建新房房顶设置胜利神经》（普米族用经）

pu³¹ba³³pʰər³¹xua⁵⁵ pu³¹ba³³na³¹xua⁵⁵tʰe³³ɣɯ³³《绘制白色和黑色净水壶除秽经》

kʰa³³zər³³sa⁵⁵《迎请四头神卡冉经》

dzɿ³¹tɕʰy⁵⁵zua³¹《还树债经》

tʂʰə⁵⁵gv³¹tʰv⁵⁵ly⁵⁵tʰv⁵⁵ma⁵⁵dæ³¹kʰua³³《大除秽·中卷下卷·送丹鬼经》

tʂʰə⁵⁵gv³¹xa³³do³¹gv³³ŋi³³lv⁵⁵pʰər³¹mæ⁵⁵tʂu⁵⁵tʂʰə⁵⁵tsʰ̩³³pv³³tʰe³³ɣw³³《人秽解开·送秽鬼经》

tʂʰə⁵⁵gv³¹so³³ʂua³¹pʰər³¹tʰv³³《大除秽·解秽火把的出处》

tʂʰə⁵⁵gv³¹tʂʰə⁵⁵dzu³³zua³¹tʂʰə⁵⁵tsʰ̩³¹tʰv⁵⁵mæ⁵⁵tʂu⁵⁵du³³mu³¹《大除秽·还秽贵债把秽鬼送出去·后期规程经》

tʂʰə⁵⁵gv³¹·ka³³le³¹ka³³tɕʰy⁵⁵·dzi³³mi⁵⁵dzi³³tʂv¹³·tʰa⁵⁵zi³³la³³mu³¹·dzi³³xw³¹dzi³³lv¹³·tʂər⁵⁵dzo¹³《大除秽·高勒趣等四家的除秽故事》

tʂʰə⁵⁵pʰər³¹gv³¹ • by³¹mæ⁵⁵tər⁵⁵ • tsʰv³³tɕʰɿ³³tʰe³³ɣɯ³³《大除秽・末尾送秽》

tʂʰə⁵⁵gv³¹ • pʰv³³la³¹gv⁵⁵be³³gv³¹ • la³¹mi⁵⁵ʂər³³me³³xe¹³ • so³³ʂua³¹na³¹tʰv³³《大除秽・九位天神和七位仙女・黑色火把的出处来历》

tʂʰə⁵⁵gv³¹ • do³¹sa³¹la³³tʰv⁵⁵ • tʂer⁵⁵dzo³¹《大除秽・多萨拉土神的出处来历》

tʂʰə⁵⁵gv³¹ • mɯ³³lɯ⁵⁵du³¹dzɿ³¹ • tʂʰə⁵⁵tʂua³³dzi³³mu³¹ • ziə³¹la⁵⁵di³³du¹³ • tsʰue⁵⁵la³¹dzi³¹mu¹³ • tʂer⁵⁵dzo³¹《大除秽・美丽董主和优拉丁董两家人秽气的出处来历》

ʂɿ³³kʰu³³tər⁵⁵py³³tsʰo³¹bər³³tʰv³³《关门死·人类迁徙记》

tər⁵⁵ŋi⁵⁵wa³³·za³¹tsɿ³¹·na³³tɕʰi³³tsɿ³¹·ʂæ³³dzi³³tsɿ³¹tʰe³³ɣɯ³³《看闭日行星轨迹·天狗下凡·灾日经》

na³¹ɕi³³ʂə⁵⁵kʰa³³mu³³zi³³kuə¹³ʐɿ¹³pe³³kə⁵⁵pʰv³³《纳西谚语·日英语翻译》

gə³³kɯ³¹bæ³¹·kɯ³¹mu³³ŋi³³tsər³¹xo⁵⁵kɯ³¹ɣɯ³³kɯ³¹bæ³¹·ŋi⁵⁵gə³³kʰv⁵⁵bæ³¹《值日星·二十八星宿占星术》

do³¹sɿ³¹ly³¹tʰe³³ɣɯ³³《看异象书》

ɕi³³y³¹bu³³ɣɯ³³xa³³tɕʰi³¹tsɿ³¹ • dze³³wə³³bu³¹tʰo³¹xa³³tɕʰi³¹tsɿ³¹ • kʰv⁵⁵dʑi³³
tsɿ³¹《占气运•年灾经书》

tʂʰer³³ɣɯ³³sɿ³³ly³³ • pʰər³³tsɿ³³ɕiə⁵⁵ • pa³³kə³¹tsɿ³¹ • pʰər³¹sa³³ŋa³¹sa³³ly³¹
《药典•卦书•巴格占卜书》

ly³¹tʰe³³ɣɯ³³ • gɯ³³sɿ³¹ly³¹ • mɯ³³gv³³sɿ³¹ly³¹《占雷书》

wo³¹tʰe³³ɕiə⁵⁵ • pʰv³³la³¹sɑ⁵⁵《施占卜术前请神经》

dʑi³³tse³¹dʑi³³zɻ³¹ʂu⁵⁵ • xɑ⁵⁵tse³³ʂu⁵⁵ • mu³¹xɑ⁵⁵gɑ³³lɑ³³ʂu⁵⁵ • tʰv³³ʂu⁵⁵ • dzo³³ʂu⁵⁵《祭水·火塘等日常用品管理神鬼经》

ɕi³³gu³¹ɕi³³tsʰər³³me³³gə³¹xuɑ⁵⁵ly³³wɑ³¹me⁵⁵《解病咒语经》

tsɻ³³tsɻ³³ku⁵⁵ku³³tʰe³³ɣɯ³³wɑ³¹me⁵⁵《占卜经》

zi⁵⁵mu³³sʅ³¹ly³¹tʰe³³ɣɯ³³《解梦经》

pa³³kə³¹·xe³³gə³³kʰv⁵⁵gə³³ŋi³³gə³³dʐ³¹gə³³·gu³¹sʅ³¹ly³¹《用巴格图看年月日时解病图》

y³¹by³¹tʰe³³ɣɯ³³wɑ³¹me⁵⁵《祭祖》

be³¹dæ³³pʰv³³lɑ³¹sɑ⁵⁵·be³¹dæ³³pʰv³³lɑ³¹pv⁵⁵wɑ³¹《迎请·送白当神经》

to⁵⁵kʰɯ⁵⁵ • kʰɑ³³ly⁵⁵pʰi⁵⁵《消灾仪式·抛弃过失罪经》

to⁵⁵kʰɯ⁵⁵ • py³¹ly³³kʰu³³《消灾仪式·开坛经》

to⁵⁵kʰɯ⁵⁵ • ko³¹kæ³³kʰɯ⁵⁵《消灾仪式·放替身经》

o³³tsʰʅ³¹py³¹ • tɕʰi³¹do³¹tsʰe³¹xo⁵⁵ly³³tʰv³³tʂər⁵⁵dzo³¹ • kʰɑ³³ly⁵⁵to³³mɑ³³pʰi⁵⁵
《祭窝鬼·十八界的出处来历·用放面偶把过失罪丢弃经》

xər³³la³³luɯ³¹kʰɯ⁵⁵ • tsʰʅ³³ʂʅ⁵⁵iə³¹ʂʅ⁵⁵nv⁵⁵ • y³¹æ³¹la³¹ta⁵⁵《祭风仪式·将羊和鸡祭献给非正常死亡的人》

xər³³la³³luɯ³¹kʰɯ⁵⁵ • lv³³bər³³lv³³za³¹《祭风仪式·鲁般鲁饶》

xər³³be³³sa³¹ʑi⁵⁵we³³de³³mi³³tsʰʅ³¹zər³¹tʰe³³ɣɯ³³《大祭风·请萨依伟登大神压鬼经》

tʰər³¹by³¹tʰər³¹kʰv³¹tʰər³¹dzu³³ʐua³¹tʰe³³ɣɯ³³《请呆鬼压呆鬼还欠呆鬼的债经》

xər³³pv⁵⁵tʰe³³ɣɯ³³《送风鬼经》

xər³³lɑ³³lɯ³¹kʰɯ⁵⁵·tse³³ŋi³³mɯ³³tʰv³³pɯ⁵⁵《大祭风·牲畜的出处和来历》

xər³³lɑ³³lɯ³¹kʰɯ⁵⁵·lv³³bər³³lv³³zɑ³¹kv³³tʂu⁵⁵mæ⁵⁵tʂu⁵⁵《祭风仪式·鲁般鲁饶·头尾卷经》

xər³³kʰɯ⁵⁵me³³gə³³bɯ³³tsʰ̩³¹py³¹tʰe³³ɣɯ³³wɑ³¹me⁵⁵《祭风仪式·祭绝育户的鬼经》

o³³tsʰʅ³¹py³¹ • dʑi³³lo⁵⁵to³³ma³³pʰi⁵⁵wa³¹me⁵⁵《祭窝鬼•把口舌是非鬼的替身放到别人家的经》

dzv³³pu⁵⁵dzv³³le³¹ • dʑi³³tʰv³³o³³tʰv³³kʰɯ⁵⁵dzo³¹《退口舌是非鬼经规程》

nɯ³³py³¹o³¹py³¹ • tər³¹tse³¹py³¹me³³gə³³tʰe³³ɣu³³ wa³³me⁵⁵《祭祀未能的到照料就过世的人的经》

xər³³la³³lɯ³¹kʰɯ⁵⁵ • lv³³bər³³lv³³za³¹《祭风仪式•鲁般鲁饶》

xɑ³³by³³du³³by³³ • xɑ³³do³¹gv³³ŋi³³lv⁵⁵pʰər³¹tʰe³³ɣɯ³³《哈若九兄弟与斯若九兄弟分家和解结经》

mi⁵⁵ʐu³¹mi⁵⁵pv⁵⁵ • kʰue⁵⁵ʂə⁵⁵wɑ³¹me⁵⁵《祝婚歌》

bæ³³mi³³tʂʅ⁵⁵《开丧点油灯》

ɕi³³ŋv⁵⁵æ³³dzʅ³³ • mi⁵⁵lo⁵⁵ke⁵⁵tɕʰi³³ke⁵⁵《开丧献饭经》

ɕi³³ʂ³³ɕi³³ŋv⁵⁵kv³³y³¹tʂv³³vɣ³³ɣɯ³¹ɕy⁵⁵《开丧超度·杀猛额鬼》

tɕy³¹dzo³¹《开丧·鸡鸣献饭经》

y³¹lɑ³¹sɑ⁵⁵y³¹zə⁵⁵《开丧·给死者献羊经》

xər³³lɑ³³lɯ³¹kʰɯ⁵⁵ tsʰo³¹bər³³tso³³dzo³¹《大祭风·人类迁徙记》

tʂʅ³³ku³³pʰu³³《破土经》

tsʰʅ³¹py³¹py³³tsv³³wɑ³¹me⁵⁵《请神降神经》

ʂʅ³³kʰuɑ³³tʂv⁵⁵《唤死者声音经》

tʂʰər⁵⁵py³³tʰe³³ɣɯ³³《声明死者辈份经》

ɕi³³ʂʅ³³·tɕi⁵⁵kv³³py³¹《退口舌是非鬼》

wa³¹dzʅ³³mɯ³³ɣɯ³¹ɕy⁵⁵《为多次婚配的女性死者杀猛额鬼》

ɑ⁵⁵li⁵⁵dzv³³《年轻夭折者祭祀经》

bu³¹iə⁵⁵æ³¹iə⁵⁵《给死者献猪献鸡经》

ku³³ʂu⁵⁵lɑ⁵⁵《给死者制作五行绸饰经》

lu⁵⁵pʰɑ³³o³¹ʂər⁵⁵《为死者招四方魂魄经》

o³¹ʂər⁵⁵sɑ⁵⁵y³¹《为死者接气招魂经》

bæ³³mi³³tʂʅ⁵⁵ue³³mə³³dɑ³¹gɯ³³《男性过世·点油灯·乌蒙达舞蹈经》

æ³¹tɕy³¹æ³³dzər³³mi⁵⁵《鸡鸣·收种庄稼·献饭经》

mu⁵⁵pv⁵⁵tʰe³³ɣɯ³³wɑ³¹me⁵⁵《挽歌》

py³¹n̠i³³ly³¹lu³³《女性过世·点油灯经》

æ³³dzər³³mi⁵⁵tsʰv³³tsu⁵⁵tʂʰu³¹tsu⁵⁵《种收庄稼·给死者献早晚饭经》

gu³³dzo³¹tʰv⁵⁵tɕʰi³³・ʐ̩³³pʰu³³wa³¹me⁵⁵《开丧・开路经》

lo⁵⁵ku⁵⁵tɕʰi³¹ku⁵⁵《给死者魂路带饭经》

ba³³da³¹pʰi⁵⁵・dzər³¹xa³³pʰi⁵⁵・xa³³ʂ̩³³《给非正常死亡的人献饭经》

tʂʰu⁵⁵pa³³dzi⁵⁵tʰe³³ɣɯ³³wa³¹me⁵⁵《烧天香经》

ʂæ³³ʂe³¹ʂu⁵⁵tʰe³³ɣɯ³³wɑ³¹《祭神山经》

se³³dzɹ³³xɯ³¹dzɹ³³《大祭风・说难道以经》

ʂər⁵⁵lər³³nv⁵⁵se³¹kɯ³³to³³ʂæ³³《超度"什罗"咒语经・"色肯东山"》

ʂər⁵⁵lər³³nv⁵⁵tɕiə³¹tʂʰu³³《超度"什罗"咒语经》

ʂər⁵⁵lər³³gə³¹pv⁵⁵mi³³hua⁵⁵《超度什罗·送什罗经》

ʂər⁵⁵lər³³nv⁵⁵le³¹tʂʰə⁵⁵bu³³nɑ³¹gv³³bu³¹pi³¹《超度什罗·神路图解》

ɕi³³nv⁵⁵tʰe³³dʑi⁵⁵tʂhər³³kʰɯ⁵⁵《开丧超度·烧旗·点药经》

ɕi³³nv⁵⁵gv³³dʑi³³tʰv³³pɯ⁵⁵sŋ³³pʰər³¹tɑ³³so³³tʂhər³³nɑ³¹sŋ⁵⁵tʂər³¹tʰv³³sŋ³³ɕy³¹
wɑ³¹《开丧超度·衣服·白羊毛流苏·黑祭酒的出处与来历》

ɛi³³ʂʅ³³mu⁵⁵ɕy³³ly³³pʰe⁵⁵pʰər³³le⁵⁵《开丧超度·以香占卜翻书经》

附录二　和世俊《祭祖》经书（局部）

附录三　新主村东巴画作品^①（一）《丁巴什罗》
（东巴教祖师）

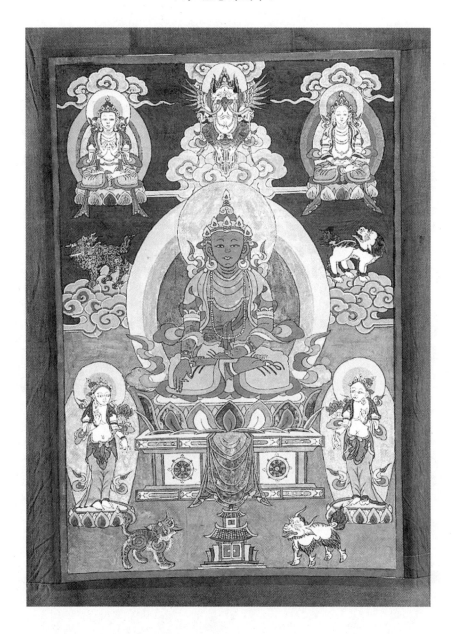

———————————
① 木琛打稿，新主东巴上色，以下 4 张同上。

新主村东巴画作品（二）《美丽董主》（寿星）

新主村东巴画作品（三）《阿明什罗》

新主村东巴画作品（四）《署神》（自然神）

新主村东巴画作品（五）《诺托森》（家神）

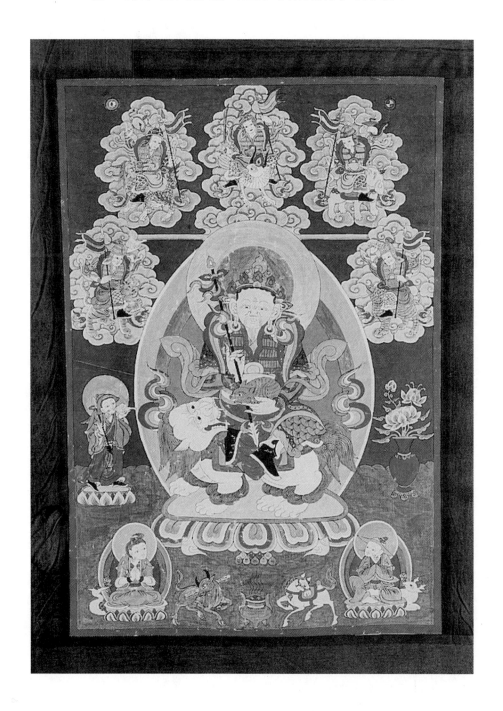

新主村东巴画作品（六）·和灿峰作品《萨利威登》①（局部）

① 以下两幅作品为和灿峰独立完成。

新主村东巴画作品（七）·和灿峰作品《优麻战神》（局部）

参考文献

外文文献

Naxi and Moso Ethnography, Edited by Michael Oppitz and Elisabeth Hsu. Volkerkundemuseum, 1998.

Core Concepts in Cultural Anthropology, Robert Lavenda, Emily Schultz. McGraw-Hill Humanities, 2007.

Visions of Culture: An Introduction to Anthropological Theories and Theorists, Jerry D. Moore, AltaMira Press, 2008.

A History of Anthropological Theory, Paul A. Erickson, Liam D. Murphy, University of Toronto Press, 2010.

译著

［美］艾凯：《世界范围内的反现代化思潮》，贵州人民出版社 1991 年版。

［美］马歇尔·萨林斯：《别了，忧郁的譬喻：现代历史中的民族志学，人类学与西南民族》，李怡文译，云南大学出版社 1998 年版。

［美］约瑟夫·洛克：《中国西南古纳西王国》，刘宗岳译，云南美术出版社 1994 年版。

［美］詹姆斯·克利福德、乔治·E. 马库斯：《写文化》，高丙中等译，商务印书馆 2006 年版。

［英］维克多·特纳：《仪式过程——结构与反结构》，黄剑波、柳博赟译，中国人民大学出版社 2006 年版。

［英］霍布斯鲍姆、兰格：《传统的发明》，顾杭、庞冠群，译林出版社 2004 年版。

［英］吉登斯：《现代性的后果》，田禾译，译林出版社 2011 年版。

［法］皮埃尔·布迪厄：《实践感》，蒋梓骅译，译林出版社 2003 年版。

［法］皮埃尔·布迪厄：《布尔迪厄访谈录——文化资本与社会炼金术》，包亚明译，上海人民出版社 1997 年版。

［法］杜尔干：《宗教生活的初级形式》，林宗锦、彭守义译，中央民族大学出版社 1999 年版。

［德］米歇尔·奥皮茨、［瑞士］伊丽莎：《纳西、摩梭民族志——亲属制、

仪式、象形文字》，白主编，刘永清、洛洪等译，杨福泉校，云南大学出版社 2010 年版。

[德] 韦伯：《新教伦理与资本主义精神》，于晓、陈维纲等译，生活·读书·新知三联书店 1987 年版。

专著、论文集

鲍江：《象征的来历》，民族出版社 2008 年版。

白庚胜、杨福泉编译：《国际东巴文化研究集粹》，云南人民出版社 1993 年版。

白庚胜：《东巴神话研究》，中国社会科学文献出版社 1999 年版。

白庚胜：《色彩与纳西族民俗》，中国社会科学文献出版社 2001 年版。

白庚胜、和自兴主编：《玉振金声探东巴——国际东巴文化艺术学术研讨会论文集》，社会科学文献出版社 2002 年版。

包亚明主编：《布尔迪厄访谈录——文化资本与社会炼金术》，上海人民出版社 1997 年版。

白義：《西方纳西学论集》，民族出版社 2013 年版。

陈烈：《东巴祭天文化》，云南人民出版社 2000 年版。

邓应章、郑长丽：《纳西东巴经跋语及跋语用字研究》，人民出版社 2013 年版。

方国瑜：《方国瑜纳西学论集》，民族出版社 2008 年版。

方国瑜、和志武：《纳西象形文字谱》，云南人民出版社 1982 年版。

费孝通：《费孝通学术文化随笔》，中国青年出版社 1996 年版。

费孝通：《江村经济——中国农民的生活》，商务印书馆 2001 年版。

费孝通：《乡土中国》，北京出版社 2005 年版。

费孝通：《文化论中人与自然关系的再认识》，《文化与文化自觉》，群言出版社 2016 年版。

费孝通：《反思·对话·文化自觉》，《费孝通全集》第十六卷，内蒙古人民出版社 2009 年版。

郭大烈、杨世光主编：《东巴文化论》，云南人民出版社 1991 年版。

郭大烈编：《纳西族研究论文集》，民族出版社 1992 年版。

郭大烈、和志武：《纳西族史》，四川人民出版社 1994 年版。

郭大烈：《纳西族文化大观》，云南民族出版社 1999 年版。

郭大烈：《纳西族传统文化及保护》，云南社会科学出版社 2001 年版。

郭大烈：《郭大烈纳西学论集》，民族出版社 2008 年版。

郭大烈：《论民族自尊与文化传承》，云南民族出版社 2011 年版。

郭大烈：《关于东巴文化及其研究》，郭大烈、杨世光编《东巴文化论集》，云南人民出版社 1985 年版。

郭大烈：《打开纳西文化宝库的金钥匙——评〈中国少数民族古籍总目提要·纳西族卷〉》，《论民族自尊与文化传承》，云南民族出版社 2011 年版。

高志英：《藏彝走廊西部边缘——民族关系与民族文化变迁研究》，民族出版社 2010 年版。

郭于华：《仪式——社会生活及其变迁的文化人类学视角》，《仪式与社会变迁》，社会科学文献出版社 2000 年版。

高宣扬：《布迪厄的社会理论》，同济大学出版社 2004 年版。

甘雪春：《走向世界的纳西文化——20 世纪纳西文化研究述评》，云南大学出版社 2006 年版。

甘雪春：《大洋彼岸的目光——美国学者眼中的中国西部少数民族文化》，云南人民出版社 2003 年版。

高宣扬：《当代法国思想五十年》下，中国人民大学出版社 2005 年版。

和志武：《纳西东巴文化论》，吉林教育出版社 1989 年版。

和志武、郭大烈：《东巴教的派系和现状》，郭大烈、杨世光主编《东巴文化论集》，云南民族出版社 1985 年版。

和力民：《20 世纪 90 年代东巴文化研究评述》，和自兴、郭大烈等编《丽江第二届国际东巴文化艺术节研讨会论文集》，云南人民出版社 2005 年版。

和力民：《丽江东巴教现状研究》，白庚胜、和自兴主编《和力民纳西学论集》，民族出版社 2010 年版。

和力民：《论东巴教的派系及其特点》，白庚胜、和自兴主编《和力民纳西学论集》，民族出版社 2010 年版。

和力民：《东巴经典大破译——写在〈纳西东巴古籍译注全集〉出版之际》，白庚胜、和自兴主编《和力民论集》，民族出版社 2010 年版。

和少英：《纳西族文化史》，云南人民出版社 2011 年版。

李霖灿编著，和才读音、张琨标音：《纳西族象形标音文字字典》，云南民族出版社 2001 年版。

李霖灿：《李霖灿纳西学论文集》，白庚胜等主编，民族出版社 2015 年版。

吕大吉主编：《宗教学纲要》，高等教育出版社 2003 年版。

吕大吉：《宗教学通论新编》，中国社会科学出版社 1998 年版。

李国文：《人神之媒——东巴祭祀面面观》，云南人民出版社 1992 年版。

李友梅、肖瑛等著：《社会认同：一种结构视野的分析》，上海人民出版社、格致出版社 2007 年版。

木丽春：《东巴文化揭秘》，云南人民出版社 2005 年版。

牟钟鉴：《探索宗教》，宗教文化出版社 2008 年版。

彭兆荣：《人类学的理论与实践》，民族出版社 2007 年版。

瞿明安、郑萍：《沟通人神——中国祭祀文化象征》，四川人民出版社 2005 年版。

宋光淑主编：《纳西东巴文化研究总览》，云南大学出版社 2006 年版。

陶云逵：《陶云逵民族研究文集》，民族出版社 2012 年版。

王筑生：《人类学与西南民族——国家教委昆明社会文化人类学高级研讨班论文集》，云南人民出版社 1998 年版。

王铭铭：《社会人类学中国研究》，广西师范大学出版社 2005 年版。

王铭铭主编：《西方人类学名著提要》，江西人民出版社 2006 年版。

王晓朝编：《宗教学基础十五讲》，北京大学出版社 2003 年版。

杨知勇：《宗教·神话·民族》，云南教育出版社 1991 年版。

杨正文：《杨正文纳西学论集》，民族出版社 2008 年版。

杨福泉：《纳西族与藏族历史关系研究》，民族出版社 2005 年版。

杨福泉：《纳西族文化史论》，云南大学出版社 2006 年版。

杨福泉：《杨福泉纳西学论集》，民族出版社 2009 年版。

杨福泉：《东巴教通论》，中华书局 2012 年版。

杨福泉：《丽江县第一件东巴石雕文物的发现和考察记》，白庚胜、郭大烈主编《纳西族考古文物资料汇编》，云南民族出版社 2001 年版。

杨筑慧：《传统与现代——西双版纳傣族社会文化研究》，中国社会科学出版社 2009 年版。

云南省社会科学院东巴文化研究所：《纳西族东巴教仪式资料汇编》，云南民族出版社 2004 年版。

赵心愚：《纳西族与藏族关系史》，民族出版社 2014 年版。

古籍和地方史料

（晋）常璩著，汪启明等译校：《华阳国志译注》，四川大学出版社 2007 年版。

（明）徐弘祖著，褚绍唐、吴应寿整理：《徐霞客游记·滇游日记七》，上海古籍出版社 1980 年版。

（明）陈文修、李春龙、刘景毛校注：《景泰云南图经志书校注》，云南民族出版社 2002 年版。

（明）刘文征撰，古永继校：《滇志》，云南教育出版社 1991 年版。

丽江县县志编委会：《丽江府志略·礼俗篇》（雪上堂藏版本），乾隆八年纂修版 1991 年版。

丽江纳西族自治县志编纂委员会：《丽江纳西族自治县县志》，云南人民出版社 2001 年版。

云南少数民族古籍整理出版规划办公室编：《纳西东巴古籍译著》（一），云南民族出版社 1986 年版。

云南少数民族古籍整理出版规划办公室编：《纳西东巴古籍译著》（三），云南民族出版社 1989 年版。

东巴文化研究所编译：《纳西东巴古籍译著全集》第 1 卷，云南人民出版社 1999 年版。

东巴文化研究所编译：《纳西东巴古籍译注全集》第 2 卷，云南人民出版社 1999 年版。

东巴文化研究所编译：《纳西东巴古籍译注全集》第 55 卷，云南人民出版社 1999 年版。

东巴文化研究所编译：《纳西东巴古籍译注全集》第 87 卷，云南人民出版社 1999 年版。

期刊论文

杜运辉：《中国现代文化主体性之重建——张岱年与现代新儒家文化主体性思想之比较》，《南开学报》（哲学社会科学版）2015 年第 2 期。

费孝通：《反思·对话·文化自觉》，《北京大学学报》（哲学社会科学版）1997 年第 3 期。

费孝通：《试谈扩展社会学的传统界限》，《北京大学学报》（哲学社会科学版）2003 年第 5 期。

费孝通：《关于"文化自觉"的一些自白》，《学术研究》2003 年第 9 期。

封德平：《中华民族文化主体性建构下的中国传统文化建设》，《齐鲁学刊》2015 年第 6 期。

范可：《全球化语境下的文化认同与文化自觉》，《世界民族》2008 年第 2 期。

冯俊：《全球政治理念的新解读——评高宣扬〈当代政治哲学〉》，《北京大学学报》（哲学社会科学版）2011 年第 4 期。

戈阿甘：《东巴神系与东巴舞谱》，《文艺研究》1998 年第 3 期。

宫留记：《布迪厄的社会实践理论》，《理论探讨》2008 年第 6 期。

郝书翠：《中国文化主体性的迷失及其学理背景》，《东北师范大学学报》（哲学社会科学版）2015 年第 1 期。

和少英、黄彩文：《从民族学/人类学的视角看文化建设》，《云南民族大学学报》（哲学社会科学版）2008 年第 1 期。

和少英：《纳西文化研究的拓荒者与奠基者——李霖灿》，《思想战线》1992 年第 1 期。

和爱东、杨鸿荣：《试论东巴画与东巴文化的关系》，《思想战线》2010 年第 S1 期。

和力民：《东巴经典大破译——写在〈纳西东巴古籍译注全集〉出版之际》，《民族团结》1998 年第 2 期。

和力民：《试论东巴文化的传承》，《云南社会科学》2004 年第 1 期。

和力民：《纳西族东巴舞蹈研究的过去、现在和未来》，《体育学刊》2013 年第 3 期。

和力民：《东巴教的性质——兼论原始宗教界说》，《思想战线》1990 年第 2 期。

和继全：《民族传统文化的课堂传承研究——基于纳西东巴典籍教学传承的案例》，《教育学术月刊》2012 年第 5 期。

和继全：《东巴文切音字的再发现及其特征》，《民族学刊》2013 年第 2 期。

江宁康：《略论建构中华民族的文化主体性》，《兰州学刊》2004 年第 3 期。

贾艳丽、袁世新：《文化主体性的建构与中国传统文化的传承》，《学术研究》2016 年第 6 期。

李友梅：《文化主体性及其困境——费孝通文化观的社会学分析》，《社会学研究》2010 年第 4 期。

林易：《布迪厄实践理论述评》，《北方论坛》2009 年第 5 期。

纳日碧力戈：《灾难的人类学辨析》，《西南民族大学学报》（人文社会科学版）2008 第 9 期。

宋蜀华：《论中国的民族文化、生态环境与可持续发展之间的关系》，《贵州民族研究》2002 年第 4 期。

陶东风：《社会科学的反思——读布迪厄的〈反思社会学引论〉》，《开放时代》1999 年第 4 期。

王文兵：《文化自觉的方法论思考》，《思想战线》2007 年第 2 期。

解玉喜：《布迪厄的实践理论及其对社会学研究的启示》，《山东大学学报》（哲学社会科学版）2007 年第 1 期。

许苏民：《思想史研究：从自在走向自为——三论中华民族的文化自觉》，《天津社会科学》2008 年第 5 期。

杨筑慧：《牛：一个研究西南民族社会的文化视角》，《广西民族研究》2014 年第 4 期。

杨成胜、李思明：《交融：在结构中闪光——对特纳"阈限交融"思想的再诠释》，《世界民族》2009 年第 1 期。

杨杰宏、张玉琴：《东巴文化在学校传承现状调查与研究》，《民族艺术研究》2009 年第 6 期。

杨德鋆：《东巴音乐述略》，《云南民族学院学报》1983 年第 4 期。

张美川：《布迪厄的实践理论及其反思效果》，《北方工业大学学报》2006 年第 2 期。

赵旭东：《从社会转型到文化转型》，《中山大学学报》（哲学社会科学版）2013 年第 3 期。

张天勇：《论现代性与全球化的关系》，《新疆财经学院学报》2006 年第 1 期。

周大鸣：《文化转型：冲突、共存与整合的意义世界》，《民族论坛》2011 年第 11 期。

赵琦、袁理春等：《云南新主天然植物园主要经济真菌介绍》，《福建农业科技》2007 年第 3 期。

朱高正：《康德批判哲学的启蒙意义——谈文化"主体意识"的重建》，《哲学研究》1999 年第 7 期。

学位论文、会议论文

冯莉：《民间文化遗产传承的原生性与新生性——以纳西汝卡人的信仰生活为例》，博士学位论文，天津大学，2012 年。

宫留记：《布迪厄的社会实践理论》，博士学位论文，南京师范大学，2007 年。

刘丽伟：《纳西族东巴画的形式解读》，硕士学位论文，华东师范大学，2011 年。

朱永强：《丽江鲁甸新主村纳西族祭天仪式及其功能探究》，硕士学位论文，中央民族大学，2012 年。

杨亦花：《和世俊、和文质东巴研究》，第十六届世界人类学与民族学大会，研讨论文，2009 年。

报纸

萧霁虹：《视野宏阔发微阐幽——杨福泉著〈东巴教通论〉简评》，《云南日报》2013 年 7 月 20 日第 7 版。

胡健：《文化自信：坚守中国的文化主体性》，《解放日报·新论》2016 年 8 月 2 日第 10 版。

电子文献

《纳西族》，2015 年 7 月 27 日，http://www.gov.cn/guoqing/2015-07/27/content_2903126.htm，2016 年 11 月 25 日。

丽江市统计局：《丽江市 2005—2015 年国民经济和社会发展统计公报》，2010 年 10 月 19 日—2016 年 4 月 16 日，http://www.tjcn.org/ tjgb/201604/ 32793_3.html，2016 年 11 月 25 日。

《鲁甸乡基本情况》，2014 年 12 月 8 日，http://ylnxld.yulong. gov.cn/Item/333. aspx，2016 年 11 月 25 日。

玉龙县民族宗教事务局：《玉龙县 2015 年度民族情况统计》，2016 年 2 月 19 日，http://ylnxmzzj.yulong.gov.cn/Item/2039.aspx，2017 年 2 月 10 日。

云南省水利厅：《2015 年云南省水资源公报》，2016 年 8 月 16 日，http://www.yn.gov.cn/yn_zwlanmu/yn_tjdt/201608/t20160816_26546.html，2016 年 12 月 10 日。

东巴协会：《关于开展东巴学位评定的决定》，2011 年 3 月 21 日，http://dongba.lijiang.com/content/?129.html，2016 年 10 月 5 日。

《中共中央文件选集十二（1939—1940）》，《中央关于积极参加国民党区的小学教育与社会教育的指示》，http://cpc.people.com.cn/GB/64184/64186/66643/4490339.html，2017 年 2 月 10 日。

其他文献

李育群：《区县分社后玉龙县开局时期的主要工作》，《玉龙往事——纪念玉龙纳西族自治县成立五十周年》，中共玉龙纳西族自治县委员会、玉龙纳西族自治县人民政府编，丽市文广新（2011）内资字第 24 号，2011 年。

和力民：《玉龙纳西族自治县新主村东巴文化传承资源调查》，东巴文化研究所内部资料，2010 年。

《鲁甸乡结合民族文化创新基层党建工作典型材料》，鲁甸乡政府，2010 年。

徐永康：《固本强基　创新思路　奋力推进鲁甸经济社会全面发展——在鲁甸乡第十届人民代表大会第二次会议上的报告》，鲁甸乡第十届人民代表大会第二次会议材料，2014 年。

徐永康：《鲁甸乡人民政府关于 2015 年工作总结暨 2016 年工作计划的报告》，2015 年鲁甸乡政府工作报告，2015 年。

和桂生：《回顾六年八期传承总结》，新主东巴学校内部资料，2015 年。

致　谢

　　七年光阴，似箭。鲁甸新主，似一位老朋友，在故乡的方向，始终和我遥望。

　　文章终成，也算是对那片土地和故去的东巴大师的交代，或是遥拜。

　　缘于新主，我也成为每年都可以在祭天神坛前跪拜的人，大幸。

　　感谢"阿普术主"、和文质大师、和政才大师……还有新主村每一位故去的东巴祭司们。

　　感恩我的导师杨筑慧教授，师从八年，不离不弃，恩重如山，同时也要感谢杨老师的先生苍铭教授的关照！

　　感谢中央民族大学每一位我的课业教师，谢谢。

　　感谢给我帮助的纳西乡友和纳西学研究领域的前辈们，谢谢你们的研究和宝贵的意见。

　　感谢和圣典东巴、和桂生东巴、和义东巴、和国新东巴、和秀文东巴、和春生东巴、和树杰东巴、和茂俊东巴、和家龙东巴、和应龙东巴、和灿峰东巴、和金文东巴、杨政元东巴、和春新东巴、和家武东巴和两位和乾东巴。

　　感谢和世宣奶奶、杨六斤奶奶、和述典爷爷、和兆选爷爷、杨德茂爷爷、杨荐先生、和邵晶先生、和邵仑先生、和芳先生……谢谢你们给我讲故事，还有美酒佳肴。

　　谢谢同门、同班和同舍邻舍的博士们，感谢你们的照顾，加油！

　　感谢玉溪师范学院传习馆的每一位同事，谢谢你们给我提供宽松的工作环境。

　　感谢几位帮我整理材料的纳西族同学们。

　　感谢"喜莱坞"公司的每一位朋友，谢谢鼓励。

　　最后，要感谢我的家人，老朱、老余、阿布大、阿布三、刘老师还有阿纳，辛苦了！你们是我前行的动力！

　　愿丁巴什罗神保佑！三多神保佑！

2017 年初春，魏公村